U0900807

西北民族大学一流本科课程（保险法）建设项目资助

西北民族大学教育教学改革研究项目“立德树人视域下的课程思政高质量建设研究——以经济法律课程为例”（2023XJYBJG-30）阶段性成果

西北民族大学教育教学改革研究项目“‘三全育人’视域下经济类课程思政建设与基层党建的互动互联”（2023XJYBJG-31）阶段性成果

西北民族大学自编教材

保险核保与理赔

理论及实务

孙阿凡　主编

中国社会科学出版社

图书在版编目（CIP）数据

保险核保与理赔：理论及实务 / 孙阿凡主编.
北京：中国社会科学出版社，2024. 8（2026. 1 重印）. --（西北民族大学自编教材）. -- ISBN 978-7-5227-4032-4

Ⅰ. F840. 4

中国国家版本馆 CIP 数据核字第 2024GR2094 号

出 版 人　季为民
责任编辑　刘晓红
责任校对　阎红蕾
责任印制　戴　宽

出　　版　中国社会科学出版社
社　　址　北京鼓楼西大街甲 158 号
邮　　编　100720
网　　址　http://www.csspw.cn
发 行 部　010-84083685
门 市 部　010-84029450
经　　销　新华书店及其他书店

印　　刷　北京君升印刷有限公司
装　　订　廊坊市广阳区广增装订厂
版　　次　2024 年 8 月第 1 版
印　　次　2026 年 1 月第 2 次印刷

开　　本　710×1000　1/16
印　　张　17. 5
字　　数　280 千字
定　　价　99. 00 元

凡购买中国社会科学出版社图书，如有质量问题请与本社营销中心联系调换
电话：010-84083683
版权所有　侵权必究

前 言

核保与理赔是保险经营的核心环节。核保是保险公司通过一定的标准从投保风险中筛选出可保风险的过程，即对不同风险程度的投保标的进行分类，按不同标准予以承保、确定费率，从而保证承保业务的质量，提高经营效益。理赔是发生保险事故或依照保险合同的约定，保险公司通过受理报案、现场查勘、责任判定、损失核定等流程与手段，对保险事故的发生以及造成的财产损失或人身伤害履行保险金赔偿或给付责任的行为和过程。理赔作为保险经营的最后一道环节，有利于充分发挥保险的经济补偿职能，为社会再生产过程提供保障，充分反映保险业务的经济效益。整体上，核保与理赔工作在保险业务功能的有效实现中必不可少。

本书主要分上下两篇，上篇由第一章至第三章组成，主要介绍保险核保与理赔的理论基础，包括第一章核保与理赔的基础：风险；第二章核保与理赔的基本理论；第三章核保与理赔应遵循的基本原则。下篇由第四章至第七章组成，主要介绍核保与理赔的实务及案例，包括第四章财产保险的核保与理赔实务，涉及企业财产损失保险、家庭财产保险、工程保险、货物运输保险、机动车辆保险、责任保险，以及信用、保证保险；第五章人身保险的核保与理赔实务，涉及寿险、健康险、意外伤害保险、团体保险；第六章核保与理赔中的欺诈及防范；第七章典型案例。在吸收以往教学及研究成果的基础上，结合教学需求，本书注重保险核保、理赔业务的流程和实务操作，通过理论与实务、实务与案例的结合，更好地凸显核保与理赔工作的特殊性及其重要性，增强相关理论知识学习的实践性、适用性，有助于提升学习者的保险实务能力。由于笔者的知识有限，书中的错误和不足在所难免，恳请学界同人提出批评。

本书在写作过程中参考了大量文献，对直接引用的文献尽可能一一列出，对参阅的文献同样一一列出，如有遗漏，实非故意，敬请原文献作者谅解。在此对所有引用文献和参阅文献的作者表示诚挚的谢意！也对中国人民财产保险公司、平安保险公司、太平洋保险公司多位朋友的帮助、支持与指正表示衷心感谢！

孙阿凡

2024 年 1 月 18 日

目　录

上篇　理论基础

下篇　实务与案例

上　篇

理论基础

第一章

核保与理赔的基础：风险

第一节　风险概述

一　风险的概念与特征

（一）概念

风险没有唯一的定义。在传统上，风险被定义为不确定性，根据这一界定，风险包含以下内涵：一是指灾害事件发生与否的不确定性；二是指损失发生的不确定性，或损失程度的不确定性等。结合风险防范与管理的需求，学者逐渐将风险与不确定性作出区分，“风险”经常被用于出现某种结果的概率具有一定准确性的情况，这种情况可以用客观存在的“可能性”衡量，如未来结果的可能性，损失的可能性，从预期或希望的结果反向偏离的可能性，等等。“不确定性”则被用于无法计算概率的情况。[①] 结合这种区分，越来越多的学者将风险定义为引致损失的事件发生的一种可能性。这种定义强调需存在“损失的事件”，“事件”并非特指“不幸事件”，“可能性”不完全等同于“不确定性”，“不确定性”也仅仅只是风险的特征之一。因此，不能将风险直接界定为“不确定性”。[②]

---

① ［美］乔治·E. 瑞达（George E. Rejda）、迈克尔·J. 麦克纳马拉（Michael J. McNamara）：《风险管理与保险原理》（第十版），刘春江译，中国人民大学出版社2015年版，第4页。

② 魏华林、林宝清主编：《保险学》（第四版），高等教育出版社2017年版，第11页。

（二）特征

1. 客观性

客观性强调不依赖人的意识而存在。在人类社会中，自然界的存在、社会的变迁、物质的变动、生命的存亡等都由各自的内部因素决定，由超出人们主观意识的客观规律决定，人类无法彻底改变。与之对应，风险也呈现客观性。随着科技进步和经营管理能力的改进，人类认识、管理和控制风险的能力日益增强，但面对客观存在的风险，只能在一定时空内改变风险存在和发生的条件，进而在一定程度上降低风险的发生频率和损失程度，无法彻底消除风险。正是风险的客观存在，才决定了保险活动、保险制度存在的必要。

2. 普遍性

在人类社会发展和个体生命的存续中，风险无处不在、无时不有。对个体生命而言，从出生到死亡，会面临生、老、病、残、死、意外伤害等风险，既有地震、洪水等自然风险，也有战争、失业、经济危机等社会风险。对企业而言，则会面临自然、市场、投机、战略、技术、经营、财务等各种风险。随着科技的发展、社会的进步、人类的进化，新型风险不断产生，造成的事故损失也越来越大。这些普遍存在的风险对人类社会生产和生活构成威胁，需要进行合理的预防、转嫁，这种客观需求使保险有了存在的必要和发展的可能，即“无风险、无保险”。

3. 不确定性

风险的客观性、普遍性意味着其发生有一定的必然性，但发生的具体时间、地点、对象以及造成的后果是不确定的。一是空间上不确定，即风险发生的具体地点是不确定的。二是时间上不确定，即便确定某种风险肯定要发生，但发生的确切时间往往是无法确定的。三是损失程度不确定，风险产生的结果，即每次风险事故发生所造成的损失程度事先是无法预知的。

4. 损害性

人类之所以恐惧风险，除风险发生普遍又具有不确定性外，更在于风险会产生一些人们不希望发生的经济效应和社会效应，给生产生活带来消极的、负面的影响，尤其会带来一定的利益损害。物质利益的损害可以用货币进行衡量；但人身利益的损害，如死亡、残疾，很难用金钱衡量、弥补。这就要求人类需采取一定的措施来应对或化解风险。

5. 发展性

风险与人类社会的共生共存，决定了社会的进步发展同时会带来风险的发展。尤其是近现代层出不穷的高科技，从原子弹爆炸到核能的广泛利用，从杂交水稻到克隆技术的推广，从彩色电视到遍布全球的互联网，在便利生活、推动社会发展的同时，也诱发了诸多的新风险，凸显了风险的发展性，这也为保险的发展创造了空间。

6. 可测定性

人类在发展的历史长河中，不断地积累、总结应对与化解风险的经验，积极利用科技手段，提升认识、管理和控制风险的能力。在实际中，就个体风险而言，是随机的、不可预知的。但就风险总体而言，利用数理统计原理及方法，对一定时期内特定风险发生的频率和损失情况进行总结、分析，依据概率论及大数法则，对其未来发生的可能性和损失率是可以得出基本正确的预测结论的。随着面临风险的个体数量的增加，实际损失与预期损失会越来越接近。这就使风险同时具备了客观存在的确定性和发生的不确定性，为未来的转嫁与分散提供了可能。风险的可测定性也成为保险费率厘定的基础。

二　风险的基本要素

从风险的构成来看，风险有风险因素、风险事故和损失三个基本要素。

（一）风险因素

风险的发生需具备一定的诱因。这些引起或增加风险事故发生的频率或扩大损失程度的原因和条件即风险因素。风险因素是风险事故发生的潜在原因，也是造成损失的内在或间接原因。根据性质的不同，其通常可分为有形风险因素与无形风险因素。

1. 有形风险因素

有形风险因素也称实质风险因素，是提高损失发生的频率或严重性的物理条件，又称物质风险因素，通常与人无关。如结冰路面增加汽车事故的可能，建筑物所处的地理位置增加垮塌的可能，没有锁好门增加失窃的可能，等等。在保险实务中，有形风险因素引起的损失风险大多属于保险责任范围。

2. 无形风险因素

无形风险因素是与人的心理或行为有关的风险因素，包括道德风险因素和心理风险因素。

道德风险因素是因人们的不诚实或居心不良、有不轨企图等而增加损失的频率或严重程度。如假造保险事故从保险公司骗保、欺诈索赔、虚报索赔额度、故意烧毁投保的未出售商品，甚至通过谋杀被保险人非法取得人寿保险赔偿金等，这些都属于道德风险因素。道德风险是保险业务中的常态，在各类型保险业务中普遍存在，相较于有形风险，这种风险很难控制。保险人往往尝试通过认真核保和一系列保险条款，如免赔额、等待期、除外责任等控制道德风险。

心理风险因素也称态度风险因素，是指由于人们主观上的疏忽或过失，粗心或对损失的冷漠态度，造成了损失的频率或严重程度的增加。如忘记关房门方便了窃贼入室盗窃，在拥挤的道路上突然变道却不做出示意，将汽车钥匙留在没有锁门的车上增加失窃的可能等，诸如此类的粗心大意行为明显增加了损失概率。

道德风险因素侧重人的恶意行为，心理风险因素侧重人的疏忽行为，基于主体的共性，通常合称为人为风险因素。

（二）风险事故

风险事故，也称风险事件，指损失发生的原因。对损失而言，风险因素是诱因，是引起损失的间接原因；风险事故是媒介，只有通过风险事故的发生才能导致损失。如果房子因火灾而被烧毁，那么风险事故，或者损失的原因，是火；如果汽车因碰撞后起火而烧毁，那么风险事故，或者损失的原因，是碰撞。由此可见，风险事故和风险因素的区分有时并不是绝对的。例如，暴雨，如果是其导致的积水直接使人溺水而亡，就是风险事故；如果是其造成洪灾后引发疫病而使人死亡，则是风险因素，疫病才是风险事故。判定某个事件是风险事故，还是风险因素，以是否直接引起损失为标准。

（三）损失

损失是指非故意的、非计划的、非预期的经济价值的减少，“非故意、非计划、非预期的”和“经济价值的减少”这两项要素缺一不可，否则就不构成损失。[1] 损失包括直接损失、间接损失，有形损失、无形损失，损失频率、损失程度等。

其中，损失频率和损失程度是度量风险大小的指标。损失频率，也称损失机会，指一定时间内一定数目的危险单位中可能受到损失的次数，通常以分数或百分率表示，即损失频率=损失次数/危险单位数。损失频率因客观风险的不同而存在差异。损失程度是标的物发生一次事故损失的额度，损失程度=实际损失额/发生事故件数。在风险的发生过程中，损失频率与损失程度一般成反比，即损失频率很高时，往往损失程度较低；损失频率较低时，损失程度却较大。

总之，风险是由风险因素、风险事故和损失三者构成的统一体。风险因素引发风险事故，风险事故导致损失。

三 风险管理

风险的存在会产生一些人类不希望发生的社会效应和经济效应，如造成物质损失、身体残疾、生命结束等，引发人们的焦虑和恐惧，需要提高应急基金规模，占用社会一定的商品和服务等。这些负面效应需要采取一定手段进行干预、减轻，由此产生了风险管理的需求。

（一）概念

风险管理是经济单位认识、控制和处理风险的主动行为集合，要求经济单位通过风险的识别和衡量，研究风险的发生、变化规律，估算可能造成的损害，进而采用合理的经济及技术手段对风险进行处理，以期用最低的成本获得最大的安全保障。

（二）风险管理的基本程序

风险管理旨在以合理的成本尽可能减少不确定消极因素的可能性及其影响。为此，需要权衡降低风险的收益与成本，制定风险管理策略，识别风险并量化其不确定性程度和损失程度，从而减轻消极影响。风险管理的实质是识别、筛选、控制、降低风险，在实务中分为以下五个环节。

1. 风险识别

风险识别是确定引发风险事故的潜在因素的行为。作为风险管理的

---

① 魏华林、林宝清主编：《保险学》（第四版），高等教育出版社2017年版，第14页。

起点，需要在风险事故发生前，运用一定的方法、技术对尚未发生的、潜在的风险进行判断和归类，鉴定其性质，辩证地分析所涉及的内、外部因素及相应的风险事件，厘清产生风险事故的原因、条件。识别风险又可以进一步分为感知风险、分析风险。感知风险是识别风险的基础，只有通过感知，了解风险是什么，才能进一步分析并寻找导致风险事故发生的条件因素，为拟定风险处理方案、进行风险管理决策提供信息；分析风险是在感知基础上的深化，是对潜在风险影响的深入估测。

2. 风险估测

风险估测是在风险识别的基础上，通过资料分析，利用概率和数理统计方法，估计和预测风险事故的发生概率和可能造成的损失程度。概率是不确定事件的确定性程度，通常，概率越大表示随机事件出现的可能性就大；反之，则越小。实际中，当随机事件的大量出现中呈现几乎一致的规律时，就可以得出某种肯定。因此，风险估测可以通过风险的定性、定量分析，为制定合理的风险应对措施提供科学依据。

3. 风险评价

风险评价是在风险识别、估测的基础上，综合考虑风险发生概率、影响范围、损失程度及其他因素，得出系统发生风险的可能性及其危害程度，并与权威公认的安全指标比较后确定危险等级，进而决定是否采取以及如何采取控制措施。与此同时，还需要考虑风险处理的成本费用，结合可能得到的收益以确定具体风险的处理措施及手段。

4. 选择风险管理技术

根据风险评价结果，借助先进的信息技术与管理科学，全面、系统地识别复杂系统风险，进而采取有效技术控制、预防风险的发生，是风险管理中的重要一环。风险管理技术分为控制型和财务型两类，前者的目的是降低损失频率、减少损失范围，以改变意外事故发生、损失扩大的各种条件为主要手段；后者的目的是提供基本方式，消纳发生损失的成本，如提供基金、订立保险合同等，对无法控制的风险通过财务上的安排予以化解或提前安排补偿。① 不同的风险技术有不同的适用范围和

① 田玉敏：《风险管理技术在火灾风险管理中的应用》，《消防科学与技术》2000 年第 1 期。

功能，需针对实际情况合理选择。

5. 评估风险管理效果

风险管理效果是对风险管理技术适用性、收益性的衡量，通过效果评估，可以为未来的风险管理提供更科学的依据。实务中，多采用成本—效益分析方法，结合风险管理的整体要求，具体实施的可行性、有效性，强调能否以最小的风险成本取得最大的安全保障，进而判断风险的处理对策是否为最佳。

四 风险的控制手段

风险控制是指风险管理者采取各种措施和方法，对风险事件发生的可能性及损失予以干预，以降低损失频率、降低损失的严重程度。风险控制包括多种手段，主要可概括为以下几种类型。

（一）风险规避

风险规避即“知难而退、有所不为”，行为主体有意识地放弃某些风险行为，完全避免特定的损失风险。比如，由于天气原因临时取消购物计划；汽车生产企业将可能有安全隐患的汽车召回，避免可能承担的法律责任。

简单的风险规避是一种消极的风险处理办法。不接触某些风险行为，可以将损失概率降为零，但风险往往与收益相伴而生，放弃风险行为的同时，也意味着放弃了潜在的目标收益。在现实中，一般只有在有比较、有选择余地的情况下才有效，例如，主体极端厌恶有关风险；对同样目标的实现有风险更低的其他选择；无法消除或转移风险，无能力承担风险或承担后得不到足够的补偿。之所以有这些条件，一方面是因为现实生活中，并不是所有的风险都可以回避，例如，人类自身的生老病死，地震、海啸等自然灾害，能源危机、经济危机等；另一方面是风险的客观性、普遍性决定了无法全部被回避，通常在回避了某个或某些风险后，仍会产生新的风险，例如，为避免交通事故而选择步行，但仍然存在被撞的风险。

（二）预防风险

预防风险，即通过完善管理或增加防害设施，以阻止损失发生或降低损害程度，比如，通过监测司机、严禁酒精或毒品、严格执行安全规则等减少卡车事故；公共建筑物需预留消防通道、配备灭火器等降低火灾损失。但因人类认知能力有限、资源有限，无法事无巨细地样样防范，也使预防风险只能部分有效。

（三）转移风险

转移风险，即把风险和潜在的经济后果转移给他人，包括非保险的转移和保险方式的转移。非保险转移需要与他人提前达成协议，借助合同、租约或承包等方式，将风险转移给其他参与者。例如，在与建筑公司签订的修建新厂房合同中，注明建筑企业在修建厂房过程中要对厂房发生的任何损失负责；也可以在合同中插入止损条款，要求一方当事人为了另一方的利益承担法律责任。保险转移即通过与保险公司的合作，将风险转移给保险公司，这也是使用最广泛的风险转移方式。

（四）自留风险

自留风险，即当事人对风险损失自行承担，常常通过建立自有后备基金，如储蓄、公积金等，来应对突发性损失。采用自留风险，通常在没有其他应对方法、可能发生的最大损失并不大、损失是高度可预期的等几种情况下使用。这种方法可以降低费用，鼓励预防损失，但会受到财力的限制，出现资金闲置、影响生产与生活等弊端，尤其当自留的损失可能高于不购买保险所节省下来的保费所承保的损失时，反而会增加损失。

（五）抑制风险

抑制风险指在损失发生时或发生后，为降低、缩小损失程度而采取的相关措施，在防灾防损技术中体现明显。例如，为有效抑制风险，可提前将仓库物品分类堆放，将易燃易爆品单独存放，并做好周边防燃防爆工作，通过将风险单位分割、分离减轻可能的损失。在实际中，损失程度较高，风险又无法避免、转嫁时常采用抑制手段。

（六）寻求社会救助

救助指个人、社会团体或政府对遭受灾害事故的社会成员提供物质帮助和补偿的行为。虽然社会救助可得到较大范围的风险化解，但被动性明显，只有在得到社会支持的前提下才能实现，难以应对大面积灾害。

（七）分散风险

分散风险指将少数受害者无力承担的不特定风险损失分摊给社会上

的大多数成员，如合伙、公司、互助团体、保险等。

相比之下，通过购买保险的方式转移并分散风险才是应对风险的最佳选择。众所周知，保险的基本运作机制是“以少积多，以多济少”，即由经济个体少量出资后汇集成保险基金，专门对受灾个体进行救助，这种救助既不会对社会经济运行造成影响，又能较好地解决灾害补偿，是“利用人类利己心，达到共济目的”的风险社会化分担方式的可行实践。一方面，每个社会个体都可能遭受不测危险，但实际遇险的只占少数，意味着可能遭受同类危险的多数个体更多情形下仅属于损失分担者。这种客观性与不确定性为风险社会化分担奠定了客观基础。另一方面，风险的发生尽管具有不确定性，但在一段时期、一定范围内，同一类风险的发生概率具有一定规律，并在科技手段应用中得以预测，为风险概率的计算及保险经营提供了数理统计基础。由此，也使保险成为分散风险的最有效机制，社会化程度最高。

第二节 可保风险

一 概念

可保风险即可保危险，指可以被保险公司接受或可以向保险公司转嫁的风险。保险旨在化解风险带来的损失，但并非所有的风险都是保险的对象。为了稳定社会经济秩序，避免诱发道德危险，通常只有可保风险才属于保险对象。

二 可保风险的要件

保险的对象是对风险的一种特殊专业选择，只有符合要求的风险才能成为可保风险。可保风险是保险关系的客体，需同时具备如下要件。

（一）风险必须具有纯粹性

风险可以分为纯粹风险与投机风险。纯粹风险指仅仅存在损失或没有损失两种可能的情况，唯一可能的结果是负面的损失和中性的无损失，绝无获利可能。如过早死亡、巨额医疗费用，火灾、雷击、洪水、地震等引起的财产损失。投机风险指既有损失的可能，也有获利的可能，如股市风险、赌马、房地产投资、自己从事的商业活动等，这些情形下，盈利和亏损都可能发生。保险人一般只承保纯粹风险，但也有极少数例外，例如有些保险公司会为机构的投资组合以及市政债券面临的潜在损失承保①。

（二）必须有大量的风险单位

保险的核心机制是分散风险，这种分散性要求可保风险需具有普遍性，即需要有大量的风险单位。在理想情况下，应当存在面临相同风险事故或风险事故集合的大量基本类似但不必完全相同的风险单位。② 随着时间的推移，损失数据能够累积起来，也能够让保险公司基于大数法则比较准确地预测这一群体作为整体所遭受的损失。损失成本也就可以在承保范围内的所有被保险人之间进行分摊。

（三）风险的发生应具有可能性、偶然性、不确定性

为维护保险的严肃性及其社会效益，对每个风险单位而言，都是可能会遭遇风险的。不可能发生的风险、发生概率极低的风险不应列入保险。

与此同时，风险发生与否不确定，发生的具体时间、地点、原因和损失程度也不确定，必须由超出当事人意料之外的因素偶然引发，并非投保人故意行为所致。这是因为大数法则的基础是事故随机发生，故意行为导致的损失，当事人通常可以知道发生时间，并不属于随机事件。因此，如果故意造成的损失或非随机损失大量发生，未来损失情况的预测就会非常不准确，并把肯定要发生的风险、发生时间确定的风险排除在外，增加保险人理赔的负担。通常不确定性以保险关系成立时为依据，以投保人的主观认知为视角，根据一般人的知识、能力、经验加以判断。

（四）风险的发生应具有未来性

保险是对未来发生的风险予以分摊，已经发生的风险应排除在外。但签订保险合同时双方不知道危险已经发生的，仍有保险的可能，产生追溯保险。所谓追溯保险，是指保险责任期间追溯到保险期间开始前的

---

① ［美］乔治·E. 瑞达（George E. Rejda）、迈克尔·J. 麦克纳马拉（Michael J. McNamara）：《风险管理与保险原理》（第十版），刘春江译，中国人民大学出版社 2015 年版，第 8 页。

② ［美］乔治·E. 瑞达（George E. Rejda）、迈克尔·J. 麦克纳马拉（Michael J. McNamara）：《风险管理与保险原理》（第十版），刘春江译，中国人民大学出版社 2015 年版，第 27 页。

某个时点的保险，包括法定追溯保险和约定追溯保险。

（五）危险的程度及范围需具有可测性

危险的程度及范围需具有可测性是确定保险人责任的必要要件。只有能够通过数理统计可以确定损失率的危险，保险人才能提前预测可能承担的最大责任，进而根据经营需求确定是否承保。规律性弱、无法测定的危险，如罢工、地震等，保险公司通常会直接拒保。与此同时，同质性也是需要考虑的要素之一。

第二章

核保与理赔的基本理论

第一节 核保基本理论

一 保险核保的概念与作用

（一）核保的概念

核保，是指“审核承保条件”，即寻求与标的风险状况相适应的承保条件的过程。承保条件主要指保险责任范围（包括基本条款、扩展条款、承保协议中有关的内容等）、保险金额（保险限额）、费率、免赔额度、交费方式、费用（经纪费用、服务成本等），等等。[①] 具体体现为保险公司为维护良好经营，在签订保险合同前，对将要承保的新业务加以全面评价和选择，对可能面临的风险进行估测，结合自身承保能力，综合决定是否接受投保申请，以及采取何种费率、何种条件进行承保。

核保的实质，是保险公司对投保标的的选择。保险公司通过核保来辨别投保风险的程度，对承保条件、标的风险进行事前衡量，使可能接受承保的风险品质趋于一致，从而保证承保业务的质量，提高经营效益。其中的关键条件是以多大的费率匹配风险，可以既保证投保人的需求，又保障保险公司的自身经营利润。如果不经过该环节的选择，则必然会出现不符合承保要求的投保标的被承保，从而降低承保质量，影响保险人的经营效益，甚至会造成保险公司的亏损或倒闭。

① 张洪涛、王国良主编：《保险核保与理赔》，中国人民大学出版社 2006 年版，第 4 页。

（二）核保的作用

核保是保险承保的关键环节，对保险经营具有非常重要的意义。

1. 有利于减少和防止逆选择与道德风险，稳定保险经营

从保险公司的主观方面来讲，核保是为了剔除劣质的不保风险，提高承保质量。保险产品经营与实体物品经营不同，每位潜在客户的独特性代表着个体风险与损失可能性不同，为确保保险经营稳定并能正常支付赔偿，保险公司需兼顾“首”“尾”。“首”即把好承保关，通过制定保险标的风险的评估方法，对意欲转嫁的风险进行审核。一方面，可以做好“严进”，防范错误承保不具有可保性的风险，排除不合格的或风险过高的保险标的，提高业务质量，减少和防止逆选择和道德风险给保险经营带来的不利影响；另一方面，可以提高业务质量，辨别投保标的的风险程度，使可接受承保的同质风险符合大数法则，并将风险事故发生概率与预计的损失率接近，从而保证保险经营的顺利进行。“尾”即把好理赔关。

2. 有利于提高承保利润

对保险公司来说，除风险管理和提供保障外，还具有融资和投资职能。这使保险业务和保险资金运用在现代保险企业运营中具有同等重要的地位，承保利润和投资利润也是保险公司经营利润的两个主要来源。但是，向社会提供保险保障，并以此为他人提供保险服务和保险保障来获得相应的利润回报，是保险公司的主营业务，也是其作为特殊市场经营主体的体现。承保质量的提高，直接影响着保险公司主营业务利润的提高。在保险业务中，通过规范、严格的核保，可以帮助保险公司对承保风险进行有效选择和控制，排除高赔偿风险，从而使总体业务的实际损失率等于或低于预定损失率，减少赔付支出，稳定承保利润，增加公司竞争力。

3. 有利于实现保险费率的公平性

通过对风险程度的评估和风险分类，并在此基础上分别核定承保条件，可以使投保人根据保险公司对其承担风险的大小支付相应的保险费，实现保费负担的公平合理，保证善意投保人的利益。[①] 之所以能产

① 邓大松、向运华主编：《保险经营管理学》（第二版），中国金融出版社 1999 年版，第 193 页。

生这一效果，是因为通过核保，剔除了不保风险，对高风险进行了加费，从而使投保人客观上能享受到投保同类风险支付相同价格的待遇，保证了保险对全体保险客户的公平性。

4. 有利于保险人的科学化经营

人类社会中的风险种类千差万别，保险人在核保中对各种风险进行识别、分类，并作出选择，长此以往，就会形成一套源自实践、行之有效的风险分类原则，进而培养出一批具有大量实际经验的专职核保人员。这样，保险人就能不断提高业务质量，保证保险经营的科学化。

总之，核保在保险公司的业务活动中具有举足轻重的作用，正确核保有利于实现保险业务的良性发展。

二　保险核保与承保的关系

（一）承保的概念

在保险公司业务流程中，承保是与理赔相对应的一个概念，二者分别代表保险业务的开始与结束。

对保险公司而言，以一定的成本获取最大利润，进而盈利，是作为保险经营主体的主要追求，也是经营中最具综合能力的目标。基于保险产品的特殊性，以及分散风险并增加利润的经营目标，保险公司必须对投保标的进行必要的审核，并通过合同条款强化控制，整个审核、控制的过程就是保险承保。承保作为一项专业性、技术性很强的工作，范畴上有广义与狭义之分。广义的承保包含业务拓展、业务选择、收取保费、签发保单等在内的一系列活动过程；狭义的承保则不包含展业过程，在此基础上可界定为保险合同的签订过程，即保险公司承保人员对投保人的投保要约，依据有关法律、法规、条款和自身经验，进行研究和审核，并最终决定是否接受的过程，具体包括要约、承诺、审核、定费、最终签订保险合同等环节。①

（二）承保的作用

1. 承保是其他一切保险活动的基础

科学的保险经营是实现风险大量和风险选择的有机统一。承保作为风险选择的开始，意味着保险关系的正式成立，通常体现为保险合同的

① 江生忠、祝向军主编：《保险经营管理学》，中国金融出版社 2001 年版，第 153 页。

签订。从整个保险活动流程来看，承保后才有保险合同的履行、风险的转嫁、损失的承担等保险活动，没有符合规定的有效承保，其他保险活动皆为纸上谈兵。

2. 高质量的承保是保险公司稳定经营的基础

只有在承保环节，通过控制道德风险、选择可保风险，将大量不保风险和低质量的投保标的拒于保险人承保范围之外，确定险种、提高承保质量，才能稳定公司经营。高质量的承保要求严把承保关，对投保标的认真选择，对符合承保标准的标的及时签单，树立公司的高效形象；对于规模大、风险很分散、管理水平高的投保标的，可以结合公司情况，适当降低费率，以提高公司市场竞争力；对于风险十分集中、管理水平低下的投保标的，则应大胆拒保，降低公司承担的风险。

3. 承保是保险公司利润最大化的主要来源

保险公司的业务经营利润主要来自保险费。这就要求保险公司应尽量扩大承保面，积极拓展业务，但如果承保金额超出了公司的承保能力，或者为了拓展业务，承保了大量高风险的业务，尽管增加了保费收入，却破坏了保险公司财务的稳定性，则也会直接导致公司利润的下降，无法实现利润最大化。因此，利润最大化原则要求承保风险与盈利相一致。保险公司既要考虑业务规模的扩大、保费的增加额，还要考虑未来可能承担的赔付责任，在承保时严格区分风险，积极吸纳承保优质标的，控制甚至拒绝承保管理差、风险高的劣质标的。

（三）承保与核保的关系

在保险经营业务中，承保一般分为核保与签单两个环节。核保是保险人审核有关投保单证，研究可能的风险，进而决定是否接受、如何接受投保申请的行为。当核保环节的审核、查验任务完成，并符合保险业务经营要求时，就进入了签单环节，签单就是保险合同的缮制。

由此可见，核保是承保的一个重要环节，也是是否承保、如何承保的关键前提。保险公司只有进行了核保，才会选择是否承保，以什么条件、何种费率去承保。因此，核保的结果直接影响承保。但有时为完整地论述核保行为，也会涉及保险合同的缮制情况，以及核保结果的具体体现。

三　核保业务的主要内容

保险核保业务主要包括核保选择和核保控制两个方面，二者相辅相成、缺一不可。核保选择是核保控制的前提，核保控制是为了更好地保障核保选择实现保险经营目标。

（一）核保选择

核保选择通常表现在两个方面：一是在可保风险范围内，尽量选择承保同质风险标的，从而在尽可能多的风险和标的基础上，使风险可以得到量的测定，并保证风险的分散、分摊和经济补偿职能的履行。二是剔除不符合可保风险条件或范围的投保标的。

1. 核保选择针对的风险

核保选择的目的在于抑制保险公司经营中面临的逆选择风险。逆选择普遍存在于保险市场中，在其他条件相同的前提下，高概率风险的投保人比低概率风险的投保人更愿意选择投保。由于现实中的保险人与投保人之间存在明显的信息不对称，当潜在投保人比保险人更了解自己可能遭受风险概率的真实情况时，就会发生逆向选择。若保险人对投保人的风险潜在情况不加区分，进行统一定价时，高风险潜在投保人的投保积极性会明显高于低风险潜在投保人，这会增加保险人的偿付成本、经营成本，迫使保险人提高承保价格。当承保价格提高后，前期已投保的低风险潜在投保人会因价格成本增加而拒绝或减少购买，进而继续拉升保单持有人的平均风险水平。而保险人为保障经营利益被迫继续提价，又一次进入承保的逆选择。最终，保险市场会出现两种情况：一是保险的风险集中和风险分散机制无法真正发挥作用，二是出现低风险的潜在投保人购买少于实际需要的保险而其他人不投保的“平衡状态”。[①] 无论哪一种情况，高风险的潜在投保人都会比低风险的潜在投保人购买更多的保险。

虽然保险法律法规、保险合同都会要求投保人遵循最大诚信原则，但作为“理性经济人”的投保人往往以个人利益为重，保险业务中也会尽可能为己谋利。因此，投保人利用信息不对称，隐瞒真实风险状

---

① ［美］肯尼斯·S. 亚伯拉罕（Kenneth S. Abraham）：《美国保险法原理与实务》（第四版），韩长印等译，中国政法大学出版社 2012 年版，第 6—7 页。

况，从而产生交纳低额保费、转移较大危险损失的逆选择。只要投保人比保险公司掌握更多关于投保标的的信息，逆选择问题就始终会存在，想要完全消除逆选择的难度极大。对保险公司而言，通过核保选择，尽可能地充分认识投保标的的风险种类，准确评价风险程度并决定是否接受投保，在一定程度上可以减少逆选择对保险经营带来的不利影响。可见，核保选择可以避免保险公司无条件承保的盲目性，通过对投保风险的主动选择，使集中于保险保障之下的风险单位不断地趋于质均划一，有利于承保质量的提高。

2. 核保选择的方式

将保险合同的签订视为静态承保的时间节点，以承保为核心的核保选择包括事前选择和事后选择。

（1）事前选择。事前选择指保险公司根据投保风险的具体情况决定是否承保，此时保险合同尚未签发。由于保险合同签订的要约人是投保人，承诺人是保险公司，而承诺决定着保险合同的成立与否。因此，保险公司作为承诺人而享有的合同签发前的事先选择权，使其处于主动地位，即可基于自身利益考虑，对投保风险超过平均风险的标的拒保或有条件地承保。事前选择主要包括“人”和“物”两个方面。

第一，对“人”的选择，即对投保人或被保险人的确定。保险经营活动中，投保人或被保险人始终控制着保险标的，这种密切关系对保险风险有着直接影响。同时也要求保险公司在分析保险标的风险可能性时，需兼顾预期投保人的影响可能性，尽可能选择那些实际损失记录不会超过定价费率中假设的损失记录的投保人。在实务中，投保人是否具有合格的保险利益，投保人与被保险人的品德、信用、行为等都可能对保险事故的发生、损失的大小产生影响，因此，保险公司需做好审核、选择。

第二，对“物”的选择，即对保险标的的选择。保险标的是保险合同所要保障的具体对象，也是保险公司未来是否承担、如何承担赔偿责任的直接判定依据，直接关系到保险公司的经营效益。这就致使保险公司需要把好审核关，既要做好不同性质风险标的的归类，还要依据分类标准对具体标的作出合理选择，剔除可能影响经营的保险标的。在实务中，应以标的本身发生损失的可能性为重点。

（2）事后选择。事后选择即在保险合同成立后，对已经承保的保险标的根据风险状况进行淘汰选择。即对因风险状况发生变化，导致风险水平超出承保标准的保险标的进行淘汰。实务中体现为以下方式：一是保险合同期满后，保险公司不再续保；二是按照保险合同规定的事项注销合同；三是保险公司发现被保险人有明显误告或欺诈行为的，可以中途终止承保，解除保险合同。《中华人民共和国保险法》（以下简称《保险法》）第 16 条对上述情况作了明确规定。①

（二）核保控制

保险公司对投保风险作出合理的核保选择后，需结合经营需要进一步明确承保条件，该环节即核保控制，主要涉及两个方面的内容。

1. 核保控制针对的风险

核保控制针对两大类风险。

第一，逆选择风险。保险公司基于利润追求，往往会对一些风险较大的标的予以承保，但这类标的的投保人逆选择行为倾向经过核保选择后并没有完全消除，保险公司为了避免承担因此而引发的较大风险，必须通过核保控制抑制此类逆选择风险。

第二，道德风险。道德风险是指由于个人的不诚实或居心不良而增加损失的频率或严重程度。② 通常有狭义与广义之分。狭义的道德风险指被保险人或保险受益人为获得保险金可能会故意损毁保险标的；广义的道德风险则涵盖了被保险人避免损失发生而尽的注意义务弱于其未投

---

① 《保险法》第 16 条："订立保险合同，保险人就保险标的或者被保险人的有关情况提出询问的，投保人应当如实告知。投保人故意或者因重大过失未履行前款规定的如实告知义务，足以影响保险人决定是否同意承保或者提高保险费率的，保险人有权解除合同。前款规定的合同解除权，自保险人知道有解除事由之日起，超过三十日不行使而消灭。自合同成立之日起超过两年的，保险人不得解除合同；发生保险事故的，保险人应当承担赔偿或者给付保险金的责任。投保人故意不履行如实告知义务的，保险人对于合同解除前发生的保险事故，不承担赔偿或者给付保险金的责任，并不退还保险费。投保人因重大过失未履行如实告知义务，对保险事故的发生有严重影响的，保险人对于合同解除前发生的保险事故，不承担赔偿或者给付保险金的责任，但应当退还保险费。保险人在合同订立时已经知道投保人未如实告知的情况的，保险人不得解除合同；发生保险事故的，保险人应当承担赔偿或者给付保险金的责任。保险事故是指保险合同约定的保险责任范围内的事故。"

② ［美］乔治·E. 瑞达（George E. Rejda）、迈克尔·J. 麦克纳马拉（Michael J. McNamara）：《风险管理与保险原理》（第十版），刘春江译，中国人民大学出版社 2015 年版，第 7 页。

保时注意义务的行为倾向。[①] 被保险人注意义务的监控成本较高，保险人无法事无巨细地掌握全面信息，因而导致信息不充分，这就致使道德风险无法避免并持续存在整个保险运行过程中，对保险经营构成威胁，尤其是直接影响被保险人的防损动机和减损动机。道德风险的产生源于两个方面：一是期望损失必须有赖于被保险人投保后的行为；二是对财产保险公司来说，观测被保险人的预防行为和衡量他们对期望索赔成本的影响的费用是昂贵的。

对投保人/被保险人而言，以风险发生与否为时间点，道德风险又分为事前道德风险和事后道德风险。事前道德风险是指投保人/被保险人在防损方面行为不到位，防范意识减弱。如投保了财产盗抢险后，在保险的保障下，不会再像以前那样严格防范，管理松懈等。事后道德风险是指投保人/被保险人在减损方面行为产生的背离，减损措施不到位或不积极。例如，投保火灾保险后，因为有保险保障，发生火灾时不积极采取措施抢救财产，相比未投保时，减损积极性明显减弱。

2. 核保控制的方式

为了有效对抗逆向选择与道德风险的危害，保险人往往采取以下几种核保控制方式。

（1）正确制定保险金额和赔偿限额。第一，控制保险金额，避免高额保险。保险金额是指保险人承担赔偿或者给付保险金责任的最高限额。经投保人与保险人协商一致，保险金额会在保险合同中列明。对被保险人来说，事后发生风险事故，只能获得提前约定的保险赔付金额，不能额外获利。由于保险金额无法完全等同于保险标的的价值，为使保险标的价值最大化，被保险人会在一定程度上减少道德风险。《保险法》也规定，保险金额不得超过保险价值。超过保险价值的，超过部分无效，保险人应当退还相应的保险费。[②] 对于高保额或损失概率较大的保险标的，由于可能发生的损失金额巨大，或者因保险人自身承保能力的限制，通常要对保险金额加以控制，以减少赔付金额，从而使保险

① ［美］肯尼斯·S. 亚伯拉罕（Kenneth S. Abraham）：《美国保险法原理与实务》（第四版），韩长印等译，中国政法大学出版社 2012 年版，第 7 页。

② 参见《保险法》第 55 条第 3 款。

人能够承受。比如，财产损失保险中若保险标的含有一个以上的项目，除明确总保险金额外，还必须明确分项保险金额。在责任保险中，按照保险标的可能发生的损失范围确定责任限额，除明确累计赔偿限额、总赔偿限额外，还要根据具体情况确定每次事故、每人的赔偿限额。保险核保中，合理确定保险金额、责任限额，既可以保证被保险人获得充分的损失保障，又可以防止超额保险诱发的道德风险，还可以避免不足额保险带来的理赔纠纷。

第二，控制赔偿程度。保险赔偿需遵守损失补偿原则，即发生保险事故后，被保险人可以获得充分、全面的补偿，但需遵守“损失多少、补偿多少”的理念，不能获得额外利益。因此，在财产保险和人身保险的医疗费用保险中，保险人理赔时需结合保险金额、保额限度内的实际损失和保险利益三个限度确定赔偿，通常三个限额中的最低限额值就是最后赔偿额。

（2）控制保险责任。为区别对待同一投保标的的不同风险程度，差别化地满足不同投保人的需求，保险公司应提前控制保险责任，即通过明确各类责任范围限制自己的赔偿责任，具体包括基本责任、特约责任和除外责任。

①基本责任，是保险人对基本险承担的保险责任，也是针对某一险种所承担的基本风险。在财产险中，根据保险责任范围的不同，分为只承担某种特定危险事故责任的单一险责任，承担几种特定危险事故责任的综合险责任，承担除外责任之外的一切危险事故责任的一切险责任。②特约责任，是保险人对附加险和特约险所承担的保险责任，通常由投保人或被保险人提出要求并经保险公司同意而增加承保责任范围，不能单独承保，大多数需附加在基本责任之上。③除外责任，是根据法律或合同规定，保险人不承担赔偿责任的范围，目的是对保险人的责任范围加以适当的限制，避免由于保险责任和除外责任相混淆而引起保险争议。保险合同必须约定保险责任范围，这是明确保险人基本义务的关键，也是界定保险人担责界限的关键。

（3）规定免赔额（率）。免赔额（率）是指保险单上订明有关保险人可以免除其赔偿责任的限度，用绝对金额表示的称作免赔额，用百分率表示的称作免赔率。这些免责限度分为绝对免责限度和相对免责限度两种情形。相对免责限度要根据保险标的的实际损失与免责限度的比较来确定保险人是否实际免责。只有当保险标的发生保险责任范围内的损失后，未超过免赔额度，保险人才能不负赔偿责任，由被保险人自负这部分损失；当超过赔偿限度后，保险人则需负责赔偿。绝对免责限度是指不管保险标的的损失程度是否超过免责限度，保险人在计算赔款时都要将免责限度以下的损失在赔款中扣除。通常，免赔额（率）的责任限度规定能激发被保险人的防损动机，在一定程度上减少保险人的赔偿责任。

（4）规定共同保险条款，实行比例承保。共同保险是指经保险人与投保人协商一致，对合同约定的承保危险所致的保险标的部分损失由投保人自行负担。共同保险条款在财产保险合同中经常出现，旨在鼓励被保险人按照财产可保价值的一定比例进行投保。如果损失发生时共同保险要求没有得到满足，那么被保险人作为共同保险人之一，必须承担部分损失；如果被保险人想要获得局部损失的全额赔偿，则共同保险的要求必须得到满足，否则当局部损失时，被保险人将处于不利地位。

比例承保是指财产保险公司按照保险标的实际金额的一定比例确定承保金额，而不是全额承保。实务中，保险人通过比例承保的方式来反映共同保险，即要求被保险人自行承担一定比例的损失，增加被保险人的损失成本，从而抑制其心理风险，降低逆选择和道德风险的可能性。这一约定也有助于降低保险公司的赔偿责任。

（5）保费计算和损失挂钩，实行续保优惠。保费可以通过两种形式与损失相关联：一种是根据经验费率计算的保费，另一种是追溯式保费。经验费率保费是根据以前的损失经历计算出来的。如果一个人知道自己未来的保费是经验费率保费，而且预计在将来还要购买保险，那么尽管保险人会赔付所有的损失，其仍会小心行事。追溯式保费是根据每年发生损失的情况确定当年的保费。投保人先预付保费，到保险期末，保险公司根据当年损失的实际情况计算应交保费，并据此多退少补，常见于财产保险业务。此外，在财产保险经营中，保险公司常用无赔款优待条款来体现保费与损失的关联，即对在前一个或前几个保险期限内没有发生保险事故的被保险人，续保时可以享受一定的保费优惠。

（6）规定保证条款。保证条款是指保险公司要求投保人或被保险人在保险期间，对某一事项的作为与不作为以及某种事态的存在或不存在作出的许诺。这种许诺以保险合同为依据，目的在于控制风险，确保保险标的及其周围环境处于良好的状态。因此，保证一旦作出，被保险人就必须全力遵守。无论违反保证的事实是否影响保险标的的风险，只要违反，保险公司即可宣告保单无效，解除合同。保证按其形式可分为明示保证和默示保证。明示保证，即明确以书面或特约条款形式载于保单之中；默示保证，强调在保单内虽无明文规定，但按国家法律、商务习惯或约定俗成，认为被保险人应该对某一事项、某种事态作出为或不为、存在或不存在的保证。如在海上保险中，船舶必须适航和不能绕航等。默示保证在保险合同中无须文字表述，但与明示保证具有一样的约束力。

（7）推行防灾防损责任。防灾是以一些可能给人类造成损失的自然灾害和意外事件为对象，事先采取积极有效的措施予以防范，如加强宣传、提高专业能力等。防损是以防止或减少物质损失为对象，广义上包括自然灾害和意外事件发生前的预防、发生中的抢救、发生后的补救三个阶段的工作。防灾防损，指为预防和减少灾害事故发生及其所造成的生命和财产损失而采取的各种组织措施和技术措施。① 因此，通过明确必要、合理的施救费用由保险人承担，并不影响保险标的的损失赔偿金额，还可以在一定程度上鼓励投保人、被保险人积极施救，减少道德风险。

四　核保流程

保险公司实施核保时，要本着风险分散和风险选择的原则，严格做好相关的审核工作。一般包括以下环节。

（一）业务员初审

业务员即保险营销人员。由于保险是一种无形的、非渴求的商品，必须依靠富于想象力和创造力的推销方法，以及行之有效的保险宣传，才能吸引潜在保险客户，使潜在的保险需求转化为现实有效的保险需求。而在推销过程中，业务员可以直接或间接地了解准客户和投保标的的风险情况，通过确定是否属于可保项目、数额是否正确、材料是否齐

① 邓大松、向运华主编：《保险经营管理学》（第二版），中国金融出版社 1999 年版，第 212 页。

全，专业地指导修正投保单，对准客户进行初步审查，进而将明显不符合承保条件的标的淘汰，设法促使直观上能够满足承保要求的投保人提出投保申请。业务员在该环节进行的初次风险选择和提供的初步了解信息对保险公司有效控制承保风险非常重要，也是进行进一步核保的基础。因此，业务员初审通常也被称为核保的第一次风险选择。

（二）业务内勤初审

业务内勤初审，是对投保人的基本资料进行初步的审查核对，以确定投保资料是否齐全，是否符合保险公司的投保规定，客户的投保需求是否超出保险公司的承保记录，客户是否有不良投保记录等。该环节主要由保险公司内勤人员审核以投保单为核心的相关书面材料。

（三）电脑核保

当投保人提交的材料内勤初审没有问题时，内勤人员会进一步将投保单的基本信息录入电脑，并将投保单反映的信息与电脑软件提供的相应模块的标准信息予以对比，从而更准确地对风险作出判断。但电脑中事先设定的核保标准及程序相对模块化、大众化，无法涉及个体的、特殊的情况，因此，电脑核保只能对简单的、定量化的、客观的信息进行分类审核，对一些相对复杂的、定性并主观性较强的信息则无法进行有效的分析和判断。

（四）核保员核保

核保员核保是由专职核保员根据业务人员的报告、投保单和电脑核保的结果进行再次审核，判断是否可以承保或以何种条件进行承保。实务中，能通过快速核保和电脑核保的投保单称为正常保件或标准保件，这类业务符合常态情况，通常可以直接出单。不能通过快速核保和电脑核保的投保单则称为问题保件或非标准保件，需要进一步了解或调查风险状况并进行综合分析评价，划分风险等级，根据规定进行核保决策，决定承保条件或拒保，并将核保结果通过业务员反馈给投保人。

（五）执行核保决策

核保后，保险公司给出的核保结论，并不是“一刀切”的承保或者拒保，而是有多种类型，包括正常承保、加费承保、除外承保、延期承保和拒绝承保。绝大多数保单为正常承保。对个别风险略高的标的，可以增加保费后正常承保，不减少保险责任；或者不增加保费，但减少保险责任后再承保。对投保条件尚不成熟的，可以采用延期承保，即经过一定观察期后再决定承保与否，以及具体的承保条件。对于风险过大的标的，保险公司则可直接拒绝承保。这些核保决策作出后，核保部门需要把相关情况通知业务员，签发保单、说明理由，做好风险情况的记录，为后期的收费、会计记账、核保手册补充等提供一手资料。

（六）核保监督

核保直接关系着保险人的业务经营情况，也关系到投保人的风险转嫁情况，因此，为防范因各种原因出现的核保问题，保证核保结果的准确，核保部门还需安排专人随时、随机对核保结果进行抽查核验。

第二节　理赔基本理论

一　保险理赔的概念与意义

（一）理赔的概念

保险理赔是指发生保险事故或依照保险合同约定，被保险人或相关利益主体提出索赔请求后，保险人进行处理的行为和过程。通常，保险人会依据法律、政策、习惯及保险合同，对事故发生原因、财产及人身的损伤进行调查，进而核定保险责任并履行赔付义务。保险理赔是保险合同双方当事人主张权利、履行义务的体现，是核心保险业务之一。

（二）理赔的作用

保险理赔作为保险经营的最后一道环节，对保险业务功能的有效实现具有积极作用。

1. 有利于充分发挥保险的经济补偿职能

分散风险、分摊损失是保险的主要职能之一。这一职能也被称为经济补偿职能，指保险业在风险发生时进行经济补偿或给付，从而用分摊损失的方法实现保险对灾害损失的经济补偿。保险理赔是将这一职能予以落实的关键，是保险人依照保险合同的约定、履行保险赔付责任，保障被保险人实现保险权益的过程。

2. 有利于为社会再生产过程提供保障

保险业务的经营是一个不断循环地“销售—承保—理赔”的过程。良好的理赔能够使被保险人在遭受风险事故后，及时得到帮助以恢复生产、安定生活，促进社会再生产的顺利进行，充分体现了保险的社会管理职能。对于刺激和推动下一轮保险经营活动的开展也具有重要意义。

3. 有利于检验承保质量

在保险经营中，保险展业是否深入，承保手续是否齐全，保险费率是否合理，保险金额是否恰当，以及防灾防损工作中的薄弱环节，在发生赔偿案件之后，都一一暴露。因此，通过理赔，可以发现保险条款、保险费率制定等方面存在的问题，便于保险人进一步掌握灾害事故发生的规律，总结和吸取经验教训，尽量做好事前预防工作，进一步降低事后赔偿的可能性，为提高承保业务质量、完善风险管理、确保稳定经营提供依据。

4. 有利于充分反映保险经济效益

理赔的直接结果就是赔付，对保险公司来说，赔付率是衡量公司经营状况好坏的重要标准。在其他因素不变的情况下，赔付率高低直接影响保险公司偿付能力的大小。如果赔付率较低，则意味着保险公司的利润较高，偿付准备金也将增加；反之，则会影响偿付准备金的积累，偿付能力也将削弱。而在保险经营中，正是由于理赔才使被保险人的经济利益受到保障，刺激了潜在投保人的投保积极性，吸引更多的人投保，保险事业才得以不断发展。

（三）理赔与索赔、核赔的关系

索赔是指被保险人或受益人在保险标的发生保险事故，造成财产损失、人身伤亡，或者在保险合同的期限届满时，依照保险合同的约定，请求保险人赔偿损失或给付保险金的行为。索赔与理赔是保险合同履行中两个相对应的行为。保险事故发生后，保险人需依照合同约定承担损失赔付责任，该环节对被保险人或受益人来说是保险索赔，于保险人而言则为保险理赔。依法索赔和理赔是被保险人或受益人实现保险权益、保险人承担责任并有效经营的体现。在保险索赔中，必须注意索赔时效的问题。《保险法》第 26 条对不同类型的保险索赔时效予以规定，“人寿保险以外的其他保险的被保险人或者受益人，向保险人请求赔偿或者给付保险金的诉讼时效期间为二年，自其知道或者应当知道保险事故发生之日起计算。人寿保险的被保险人或者受益人向保险人请求给付保险金的诉讼时效期间为五年，自其知道或者应当知道保险事故发生之日起计算”。索赔时效是一种诉讼时效，若权利人在法律规定期间内没有行使权利，则会自动丧失请求法院以诉讼程序强制义务人履行义务的权利。上述保险索赔时效期间自被保险人、受益人知道或者应当知道保险事故发生之日起计算。

核赔是理赔阶段的重要一环，强调以证核事、以损定赔，以保险公司为中心；理赔则强调以理服人、以责而赔，以客户为中心。

二　保险理赔的任务

（一）确定标的损失的原因

由于保险赔偿只是对保险合同约定的风险事故承担责任，对约定外的责任不予承担。因此，需要查证已发生的承保损失，确定造成损失的真正原因。实务中，要求保险公司必须通过实地调查，真实、全面、客观地掌握出险情况，科学地应用保险技术加以分析，从而判定真正的事故原因。

（二）准确界定保险责任

只有因承保范围内的风险事故造成保险标的的损失，并且属于约定的保险责任范围时，保险公司才需要依照合同约定予以理赔。因此，保险公司需要根据出险原因并对照保险合同，确定特定的人或财产是否为保单保障对象及是否在保障范围，相关损失是否属于保险责任。

（三）确定保险标的的损失程度和损失金额

保险标的损失的严重程度和损失金额的大小，决定着保险公司的理赔金额。实务中，保险公司需要在接到损失通知后，第一时间到现场采集证据、查勘损失，进行相关资料的调查，要求索赔人提供损失证明。之后，结合保险合同中约定的标的范围、责任范围，以及必要的施救和整理工作，最终确定损失金额。

（四）确定被保险人的赔偿金额

损失金额确定后，保险公司还需结合保险合同中约定的保险金额、赔偿限额、免赔比例、共保约定等，统合确定最终需要赔偿的金额。

三　保险理赔的工作要求

保险理赔是一项专业性很强的工作，涉及面广，情况复杂。作为保险经营过程中的关键环节，理赔是保险承保、防灾防损工作的继续，也是保险补偿职能的具体体现。通常须坚持以下几项原则。

（一）重合同、守信用

保险理赔事实上是保险人履行保险合同约定的经济补偿义务的行为。为保证保险合同的顺利实施，保险人应遵守契约精神，守信践诺，严格按规定受理赔案、确定损失，认真履行约定的赔付义务。理算赔款时，应提供充足的证据，拒赔时更应如此。整体上，理赔中应坚持依法守约，重合同、守信用，不滥赔、不惜赔。

（二）主动、迅速、准确、合理

"主动""迅速"要求保险人在处理赔案时积极主动，无论是获得报案信息后的事故调查，还是保险责任的确定、损失金额的理算与赔付，都应该主动受理、积极安排，不推诿、不拖延。"准确""合理"要求保险人从查勘、定损到赔款计算，都要做到准确无误，不错赔、不滥赔；审理赔案时要实事求是，厘清责任、合理定损，准确履行赔偿义务。对不属于保险责任的案件，及时发出拒赔通知书并说明理由。《保险法》第 23 条、第 25 条规定，保险人收到赔付请求后，应当"及时"作出核定；情况复杂可在 30 日内作出核定；收到赔付资料 60 日内仍不能确定，先赔付确定部分，再弥补差额。

（三）实事求是

保险风险类型繁多，事故发生原因也复杂多样，这就致使索赔案件千差万别，需要保险人认真审核、明辨是非，同时也要求保险人在理赔时大胆推测、小心求证。对证据确凿、事故清晰的赔案，依据客观情况和条款约定合理理赔；对原因纷杂、案情复杂的赔案，除依法办事、按条款处理外，还需结合实际情况、当事人的特殊情况予以准确定性，必要时应做出灵活、合理的处理。

（四）通融赔付

通融赔付，是权衡利弊、放宽赔付责任的灵活处理原则。理赔实务中，保险人应基于保险合同条款的规定予以理赔，但基于一些其他原因，也可以对不应承担赔付责任的经济损失给予全部或部分赔付。通融赔付是对保险合同约定的例外处理，实际应用时要求严格，如需有利于维护保险公司的信誉、增强市场竞争地位，有利于发挥保险安定社会、团结客户的作用等，并非无原则的随意赔付。

四　理赔程序

保险理赔是技术性、规范性很强的程序，实务中存在差异，但通常包括以下基本环节。

（一）接受出险通知

接受出险通知即接受报案，指事故发生后，根据合同约定，作为通知义务人的投保人、被保险人、受益人或相关知情者向保险公司说明出险情况，保险公司将事故情况登记备案并初步处理的过程。报案人应填写“出险通知书”，保险人则在受理报案后查对底单，并根据索赔请求人提供的材料情况决定立案、延迟立案或不予立案。

当提交的索赔申请合格，相应的证明资料清晰完整时，保险人应予以立案。当提交的材料符合立案条件但申请文件尚不齐全，在被告知后60日仍不能提供相应文件的，可做不予立案、单证退还处理，填写“理赔不予立案通知书”，告知原因。保险人经过资料审核，发现出险人与保单被保险人非同一人、事故时点不在保险期间内、索赔申请超过法定时效、申请人资格不合规、证明材料不齐全或缺乏有效性且在规定期限内无法补全等情形，可以决定不立案。

（二）现场查勘

现场查勘是保险理赔的重要环节，保险人可以借此掌握第一手资料，以便正确掌握损失程度、出险原因及赔付范围。通常，保险人会安排查勘员到事故现场进行查勘，并指导被保险人做好报警或事故处理措施。在现场查勘中，“快速、准确、全面”是基本要求，具体来说，一是需做好查勘准备，对查勘内容、资料需求等提前做好计划，配备能快速到达现场的交通工具、记录现场情况的摄录机、进行测量的仪器、绘制现场图所需的纸尺笔等。二是需重点查勘了解出险时间、地点、原因及标的。具体包括事故详细过程，出险时间、地点、当时的自然条件、周围环境，出险原因，查阅有关财务账册、查对标的、填写“查账笔录”，现场清点，拍摄现场照片，查明施救处理过程，留存事故证明，聘请专家或公估人，填写现场查勘报告等。一般情况下，实地勘验分为初步勘验和详细勘验两个步骤。初步勘验，也叫静态勘验，指在不变动现场物体原来位置和状态的情况下所进行的一种勘验，需特别注意找到事件的中心场所和受损位置、出入道口等，以便明确勘验的重点。详细勘验，也叫动态勘验，指在翻转移动物体的情况下，对现场的有关部位和物体全面、细致地进行勘验，主要任务是细致寻找并发现各种细小的、不明显的痕迹物证。[①]

（三）保险责任审定

保险公司现场查勘完后，会结合保险合同，进一步进行责任审定。责任审定时需从以下几方面考虑：一是是否属于保险条款责任。结合合同条款，确定事故原因是否属于合同约定的保险事故。对于明确不属于约定责任的案件，编制“拒赔案件通知书”，说明拒赔理由。二是是否属于保险标的。财产保险需依据投保财产清单核对损失标的，进而确定是否属于保险财产；人身保险需依据保险合同约定的被保险人进行身份核对。三是出险时间是否在保险合同的有效期限内。四是投保人、被保险人是否积极履行相关义务。为降低投保人、被保险人的道德风险，保险法律法规、保险条款等规定了被保险人应当遵守国家有关消防、安全、生产操作、劳动保护等方面的规定，应当在事故发生时尽力采取必要措施，防止或减少损失等，[②] 对未履行相关义务而导致的责任扩大部分，保险人不承担赔付。五是是否属于第三者责任而涉及追偿。财产损失事故若因第三者责任造成，保险公司可应被保险人要求先予赔付，并自赔付之日起，在赔偿金额范围内享有代位行使被保险人对第三者请求赔偿的权利，被保险人也应积极予以协助。[③]

（四）损失核定

损失核定以保险标的损失的确定为主，兼顾施救费用的审核。核定标的损失时，需先审核保险合同中约定的保险金额。财产保险除审核投保财产清单上列明的各投保项目的保险金额外，还需审核保险价值，确定是否存在投保的特殊形式，如不足额投保或超额投保。上述事项都确定后，再查对受损标的账册，从而准确确定受损财产范围及实际价值。人身保险通常根据身体受伤程度及医疗机构的费用清单等综合确定。施救费用的审核必须以“直接”“必要”“合理”为原则，核对施救费用

① 黄开旭主编：《财产保险公司保险调查理论与实务》，中国金融出版社 2007 年版，第 99 页。

② 参见《保险法》第 51、57 条。

③ 参见《保险法》第 60、63 条。

的发生时间是否在保险事故发生后产生，是否与保险财产的抢救有直接关联。

为及时发挥保险的风险化解功能，缓解受灾受损后的困难，《保险法》第 23 条规定，保险人收到被保险人或者受益人的赔偿或者给付保险金的要求后，应当及时作出核定；情形复杂的，应当在 30 日内作出核定，但合同另有约定的除外。

（五）理算赔款

理算赔款是理赔经办人员在核定保险责任的基础上对应承担保险责任的案件计算保险金给付金额的行为与过程。保险人对保险事故进行审核并确定属于保险责任后，应进一步计算赔款。

理算赔款时，需注意三个“为限”：以保险金额为限，以实际损失为限，以保险利益为限。具体理算时，需做好如下方面工作。

第一，赔付时，需先核查有无预付赔款、垫支、查勘、咨询等款项，核查清楚后再计算施救费用，并编制赔款计算书。赔付的金额范围包括合同约定应支付的保险金、被保险财产的损失赔偿、施救费用、损失确定费、仲裁或诉讼费。

第二，对于已从他处获得的赔偿，以及损余部分，予以扣减。

第三，涉及第三者责任追偿时，如果被保险人擅自放弃对第三者的赔偿请求权，则保险人可以拒赔。

第四，在豁免保险条款约定的事故发生后，投保人无须再交纳以后的各期保费，被保险人仍然享有保险的利益。

（六）复核审批并通知给付

理赔案件签批人在完成上述环节的工作后，还需要复核，对核实无误的案件进行签批。复核无误后，即可通知被保险人或受益人办理保险金领取手续。对属于保险责任的，在与被保险人或者受益人达成赔付保险金协议后 10 日内，履行赔付义务；保险合同对赔付保险金的期限有约定的，保险人应当按照约定履行。① 保险人自收到赔付保险金的请求和有关证明、资料之日起 60 日内，对其赔付数额不能确定的，应当根据已有证明和资料可以确定的数额先予支付；保险人最终确定赔付数额

① 参见《保险法》第 23 条。

后，应当支付相应的差额。[①] 通常，保险人出具理赔决定通知书，通知索赔申请人领取现金、现金支票或通过银行转账支付理赔金。

（七）权益转让和追偿

在财产保险中，涉及第三者责任时，保险人向被保险人支付了赔偿金后，取得追偿权，进而可以通过合法行使代位求偿权、要求被保险人提供必要的文件和所知道的有关情况等，[②] 向第三者进行追偿。

（八）结案归档

保险人在理赔结案后还需做好材料的归档保存，以便后期出现纠纷时的查证。将非必须留存的单证材料予以返还，其余材料结案归档。

① 参见《保险法》第26条。

② 参见《保险法》第63条。

第三章

核保与理赔应遵循的基本原则

第一节　最大诚信原则

最大诚信原则要求保险合同当事人在订立和履行合同的过程中做到诚实守信，不得进行欺诈以获取非法利益。任何合同的签订，都必须以合同当事人的诚信为基础，保险因其产品的无形性，在合同签订中对当事人诚信的要求远比其他民事活动严格，要达到“最大诚信”。《保险法》第5条规定，保险活动当事人行使权利、履行义务应当遵循诚实信用原则。

最大诚信原则并非只是一个抽象原则，而是下辖告知、保证、说明、弃权与禁止反言等一系列具体制度，不仅要求保险活动的各方主体在保险合同的订立、履行过程中诚实不欺、重信守诺，更要通过诚信对保险当事人之间的利益、保险业务与社会之间的利益进行平衡。在保险核保与理赔中，当事人也需遵守最大诚信原则。

一　告知

告知指在保险合同订立时，投保人（被保险人）应将保险标的有关的重要事实如实地向保险人陈述，以便让保险人判断是否接受承保或以什么条件承保。[①] 如实告知的陈述应当全面、真实、客观，不得故意隐瞒事实或隐藏不答，也不得编造虚假事故、夸大损失程度等欺骗保险人。不仅包括现实已经知道的情况，对其尚未知道却应当知道的情况，

① 魏华林、林宝清主编：《保险学》（第四版），高等教育出版社2017年版，第84页。

投保人也负有告知义务。

《保险法》第16条规定，订立保险合同，保险人就保险标的或者被保险人的有关情况提出询问的，投保人应当如实告知。这是核保中极其重要的一项内容。现实中，投保人对于自己可能承担的责任情况最清楚，因而若想获得保险保障，必须向保险人如实告知所保责任的危险情况，如果进行错误申报或申报不实，保险人可以解除合同或拒绝承担赔偿责任。衡量投保方是否履行了如实告知义务的关键是看投保人所告知的事实是否会影响到保险合同的签订。

（一）告知的内容及范围

告知的内容通常界定为重要事实。所谓重要事实，是指对保险人决定是否接受或以什么条件接受投保起决定作用的事实。一般来说，重要事实主要有超出事物正常状态的事实、有关道德风险的情况、保险人所负责任较大的事实、有关投保本人的情况、保险合同有效期限内风险情况发生变化的事实等。

《保险法》司法解释规定，保险合同订立时，投保人明知的与保险标的或者被保险人有关的情况，属于投保人"应当如实告知"的内容；[①] 投保人故意或者因重大过失未履行如实告知义务，足以影响保险人决定是否同意承保或者提高保险费率的，保险人有权解除合同。[②] 由此可见，告知的范围包括两项：一是与保险人决定是否接受投保相关的重要事实。二是与保险人确定采用何种费率相关的重要事实。上述事项仅限于投保人知道或应当知道的重要事实，保险人已经知道或应当知道的无须告知。

（二）告知的方式

告知的立法形式主要有无限告知和询问告知两种类型。无限告知，又称客观告知、主动告知，即法律对告知的内容没有作具体的规定，只要是事实上与保险标的的危险状况有关的任何重要事实，都要求投保人主动、全面地告知。询问告知，又称主观告知，即告知的内容以保险人的询问为限，投保人对保险人询问的问题必须如实告知，对询问以外的

① 参见最高人民法院"关于适用《中华人民共和国保险法》若干问题的解释（二）"第6条。

② 参见《保险法》第16条第2款。

问题无须告知。相比之下，询问告知在平衡双方当事人利益方面更符合现代保险技术的需求。

我国适用询问告知制，要求订立保险合同时，保险人就保险标的或者被保险人的有关情况提出询问的，投保人应当如实告知。[①] 这种询问，是保险核保中业务员的主要工作内容。

（三）告知义务的违反及其法律后果

投保人应知而不告知或者作不实告知，即违反如实告知义务，具体表现为漏报、误告、隐瞒、欺诈四种行为。判断投保人是否违反如实告知义务，应从主观和客观两个方面同时认定：主观上，投保人存在过错，未告知或作不实的告知是故意或重大过失所致；客观上，投保人有未如实告知的事实，且足以影响保险人是否同意承保或者提高保险费率。[②]

义务人违反告知义务后，保险人享有合同解除权、拒赔权，直接影响理赔。投保人故意或因重大过失未履行如实告知义务，足以影响保险人决定是否同意承保或者提高保险费率的，保险人有权解除合同；同时，保险人对于合同解除前发生的保险事故，不承担赔付保险金的责任，且不退还保险费。[③] 投保人因重大过失未履行如实告知义务，对保险事故的发生有严重影响的，保险人对于合同解除前发生的保险事故，不承担赔付保险金的责任，但应当退还保险费。[④] 保险人在合同订立时已经知道投保人未如实告知的情况的，保险人不得解除合同；发生保险事故的，保险人应当承担赔付责任。[⑤] 其中，保险人享有的合同解除权，要求自保险人知道有解除事由之日起，超过 30 日不行使而消灭；自合同成立之日起超过 2 年的，保险人不得解除合同；发生保险事故的，保险人应当承担赔付保险金的责任。[⑥]

二　保证

保证指投保人或被保险人对某些特定事实的真实性向保险人所作的

---

① 参见《保险法》第 16 条第 1 款。
② 参见《保险法》第 16 条第 2 款。
③ 参见《保险法》第 16 条第 2、4 款。
④ 参见《保险法》第 16 条第 5 款。
⑤ 参见《保险法》第 16 条第 6 款。
⑥ 参见《保险法》第 16 条第 3 款。

担保，既包括行为的为或不为，也包括状态的存在或不存在。保证是承保人控制风险的一种手段，任何针对保单持有人对承保人所作事实承诺的违反，都将视为对保证义务的违背，保险人自被保险人违反保证之日起即有权解除合同。

（一）保证的形式

1. 明示保证和默示保证

以保证存在的形式为依据，可分为明示保证和默示保证两类。明示保证，指以文字形式的特约条款或附加条款载于保险单内或者以口头形式表示允诺，在保险合同中明确记载的、成为合同组成部分的保证条款和其他保证事项。默示保证，指虽然在保险单中没有记载，但是根据社会习惯或者有关法律，投保方必须保证、应予遵守的事项。默示保证在海上保险中应用较多，如必须从事合法运输业务的合法保证，保险船舶必须有适航能力的适航保证，要按预定的或习惯的航线航行的不绕航保证。

2. 事实保证与承诺保证

以保证内容为标准，可分为事实保证和承诺保证，这也是对明示保证的进一步细分。事实保证，又称确认保证，是投保人或被保险人对过去或现在某一特定事实存在与否状态的保证，通常以保险合同订立时的真实性为衡量标准。承诺保证，又称持续保证，是投保人或被保险人对将来某一事项作为准确与否的保证，即对该事项今后的发展作保证，要求投保人确保某种事实不仅存在于保险合同订立之时，而且持续存在于保险期间。

通常，事实保证强调合同订立时需完全准确，之后发生变化不构成对事实保证的违反。承诺保证则强调自保险合同订立至整个保险期间，保证的状况不能发生变化，任何改变均构成对承诺保证的违反。违反事实保证，保险合同自始无效；违反承诺保证，仅自违反之时起，保险合同归于无效。

（二）保证条款的认定

保证与陈述具有不同的法律效果，这也意味着保险合同中的一项条款被认定为保证还是单纯的陈述具有重要的法律意义。由于保证条款对于投保人和被保险人的要求异常严格，法院认定时也非常严格。保险合同中，若要被认定为保证条款，需满足以下两个条件：一是该条款必须明确记载于保险合同中，或以批单等形式被合并到保险合同中，但不能是合同之外的条款。二是从当事人的意图来看，当事人需有明确的意图将保证的真实性或允诺的兑现作为被保险人权利存在的条件。如果条款含义模糊，既可以被认定为保证，也可以被认定为陈述，那么，法院通常会将其解释为陈述，而非保证，以保护被保险人的利益。

三　说明

说明，指保险人订立保险合同时应当承担的向投保人说明保险合同条款内容，特别是免责条款内容的义务。由于保险人的保险知识明显优于投保人，为保护投保人的权益，在保险合同订立过程中，保险人需依法将可能影响合同正常履行的各种重要事项，特别是有关的责任免除事项告知投保人，从而使投保人了解在哪些情况下保险人不承担赔偿责任，以决定是否与保险公司签订合同。

说明义务是法定义务，不允许保险人以合同条款的方式加以限制或者直接免除。通常，说明义务存在于保险合同的订立阶段，性质上与投保人的告知义务相同，属于合同前义务，并具有主动性，无论投保人是否要求保险人说明，保险人都应当主动作出。

（一）说明的内容

订立保险合同，采用保险人提供的格式条款的，保险人向投保人提供的投保单中应当附格式条款，并应当向投保人说明合同的内容。[①] 对保险合同中免除保险人责任的条款，保险人在订立合同时应当在投保单、保险单或者其他保险凭证上作出足以引起投保人注意的提示，并对该条款的内容以书面或者口头形式向投保人作出明确说明；未作提示或者明确说明的，该条款不产生效力。[②] 保险人提供的格式合同文本中的责任免除条款、免赔额（率）、比例赔付或者给付等免除或者减轻保险人责任的条款，可以认定为上述“免除保险人责任的条款”；保险人因投保人、被保险人违反法定或者约定义务，直接解除合同权利的条款，

① 参见《保险法》第17条第1款。
② 参见《保险法》第17条第2款。

不属于该条款。[①] 保险人将法律、行政法规中的禁止性规定情形作为保险合同免责条款的免责事由，保险人对该条款作出提示后，投保人、被保险人或者受益人以保险人未履行明确说明义务为由主张该条款不生效的，法院不予支持。[②]

（二）说明义务履行程度的判断

对保险人履行说明义务的程度，法律规定，保险合同订立时，保险人在投保单或者保险单等其他保险凭证上，对保险合同中免除保险人责任的条款，以足以引起投保人注意的文字、字体、符号或者其他明显标志作出提示的，法院应当认定其履行了提示义务；保险人对保险合同中有关免除保险人责任条款的概念、内容及其法律后果以书面或者口头形式向投保人作出常人能够理解的解释说明的，法院应当认定保险人履行了明确说明义务。[③]

四 弃权与禁止反言

（一）弃权

弃权指保险人放弃因投保人或被保险人违反告知义务或保证条款而产生的解约权或抗辩权。[④]

1. 构成要件

（1）保险人必须知悉权利存在。保险人作为专门的保险产品服务提供者，对保险专业知识具有充分认知，因此，判定其是否知悉权利，原则上以确切知情为准，当已知悉有关事实并从中可以推知投保人违约的，同样视为知悉。保险人可以放弃的权利主要是合同解除权和各种抗辩权。

（2）保险人有弃权的意思表示。“弃权”的意思表示可以明示或默示方式作出。多数场合可从其行为中推知。例如，保险人在合同订立时已经知道投保人未如实告知的情况的，保险人不得解除合同；发生保险

---

① 参见最高人民法院“关于适用《中华人民共和国保险法》若干问题的解释（二）”第9条。

② 参见最高人民法院“关于适用《中华人民共和国保险法》若干问题的解释（二）”第10条。

③ 参见最高人民法院“关于适用《中华人民共和国保险法》若干问题的解释（二）”第11条。

④ 魏华林、林宝清主编：《保险学》（第四版），高等教育出版社2017年版，第88页。

事故的，保险人应当承担赔偿或者给付保险金的责任。[①] 保险人在保险合同成立后知道或者应当知道投保人未履行如实告知义务，仍然收取保险费，又依法主张解除合同的，法院不予支持。[②]

对于保险人在获悉投保人违背约定义务后保持沉默的，是否构成弃权，应区别不同情况对待。一般来说，除非保险人有为意思表示的义务，否则，保险人的沉默不发生弃权的效力。《保险法》第 16 条规定，合同解除权自保险人知道有解除事由之日起超过 30 日不行使而消灭。[③]

2. 弃权的法律后果

保险人以明示或默示方式放弃相关权利后，在保险合同相对人有相关违约行为时，不得再主张已放弃的权利。其中，保险合同相对人包括投保人、被保险人、受益人。权利主要包括合同解除权、抗辩权。但是，如果投保人、被保险人有其他违约行为，保险人仍然可以依据法律规定或者合同约定享有相应的抗辩权与合同解除权。

3. 弃权的范围

弃权是一种单方法律行为，一般来说，基于保险合同产生的各种权利均可抛弃，如抗辩权、合同解除权。但下列情况下除外：一是违反社会公共利益的权利，二是法律明确禁止的抛弃情形，三是事实主张，四是会侵害他人利益的权利。[④]

（二）禁止反言

禁止反言，也称禁止抗辩，指保险人放弃某项可主张的权利后不得再重新主张该项权利。

1. 构成要件

（1）保险人曾做出诱导性的虚假陈述或行为。这些诱导性的虚假陈述或行为需围绕保险合同订立的有关重要事项向投保人等合同相对方做出，目的是使对方产生信赖。

（2）投保人等合同相对方合理信赖保险人的陈述或行为。作为合

---

① 参见《保险法》第 16 条第 6 款。

② 参见最高人民法院“关于适用《中华人民共和国保险法》若干问题的解释（二）”第 7 条。

③ 参见《保险法》第 16 条第 3 款。

④ 许崇苗：《保险法原理及疑难案例解析》，法律出版社 2011 年版，第 112 页。

同相对方的投保人、被保险人，对保险人诱导性的虚假陈述或行为产生了合理依赖，并且基于主观善意做出某些行为。

（3）允许保险人改变或否定其先前行为将对被保险人产生损害。损害的表现形式多种多样，既可能是被保险人相信保险人不会解除合同而继续支付的保险费，或因相信保险合同有效未对第三方抗辩从而导致对第三方赔偿的增加等有形损害；也可能是被保险人因相信合同有效而未增加的财富，或不去寻求其他保险而导致的保障机会丧失等无形损害。

2. 适用范围

一般来说，禁止反言适用于下列情形：一是保险人交付保险单时，明知保险合同中有无效、失效或其他可解除的原因，仍然交付保险单并收取保险费。二是保险代理人就保险合同有关问题作出不正确解释或对被保险人的问题作出虚假回答，使被保险人信以为真或不知情。三是保险人或其代理人表示已应被保险人的请求或依合同做出一定行为，但实质上并未完成该行为。四是保险人已知发生保单无效、失效或可解除事由，仍对保险标的提出安全建议或者收取保险费，致使被保险人相信合同依然有效。

第二节　保险利益原则

一　概念

投保人或者被保险人需对投保标的具有法律上承认的各种利害关系而享有经济利益，这种经济利益称为可保利益。当可保利益经保险人一方承认，并通过保险合同予以认可，就构成了保险利益。因此，保险利益是投保方根据保险合同对保险标的所享有的权利或利益，是保险合同得以成立的必要条件。是否具有保险利益，是保险核保、理赔环节重要关注的内容，对减少道德风险、控制补偿金额具有积极意义。

二　成立条件

（一）保险利益必须是合法利益

投保方对标的需具备法律上承认并为法律所保护的利益。这种合法性既要求标的本身的合法，也要求利益的取得合法。凡违法取得的利益，投保人或被保险人对其虽有利害关系，但没有保险利益，如被保险人非法持有的毒品、故意侵权责任等。

（二）保险利益应为经济上有价值的利益

投保人对标的需具有可以用货币、金钱计算和估价的利益。而对事故引发的非经济上损失，如精神损失，是不能补偿的。

（三）保险利益必须是确定的利益

保险利益必须是已经确定或未来可能实现的利益，即该利益应该是能够以货币形式估价的事实上或客观上的利益。

三 认定情形

（一）人身保险保险利益的认定

人身保险的保险利益指投保人对被保险人的生命或身体所具有的利害关系。[①]《保险法》规定，投保人对下列人员具有保险利益：一是本人，即投保人自己。二是配偶、子女、父母，其中，子女包括婚生、非婚生、收养的子女和有抚养关系的继子女，父母包括生父母、养父母以及有抚养关系的继父母。三是前项以外与投保人有抚养、赡养或者扶养关系的家庭其他成员、近亲属。主要包括投保人的祖父母、外祖父母、孙子女以及外孙子女等直系血亲，投保人的兄弟姐妹、养兄弟姐妹、有抚养关系的继兄弟姐妹等旁系血亲。四是与投保人有劳动关系的劳动者。五是除前面规定外，被保险人同意投保人为其订立合同的，视为投保人对被保险人具有保险利益。[②]

从存在时间来看，人身保险要求投保人在保险合同订立时，对被保险人具有保险利益，[③] 至于保险事故发生时，保险利益存在与否，对合同效力不发生影响。一方面，人身保险利益的核心是对生命和身体的利害关系。在人身保险合同中，投保人与被保险人可能并非同一个人，如果对保险利益不作要求，就等于允许任何人以他人为被保险人投保人身保险，这不符合保险利益原则。为了避免出现投保人滥用利害关系为被保险人投保，引发道德危险，危及被保险人生命安全的不合理现象，人身保险合同应当要求投保时存在相关保险利益。另一方面，人身保险具有一定的储蓄性质，投保人未来依约获取的保险金在一定程度上是已交

① 参见《保险法》第 12 条第 1 款。

② 参见《保险法》第 31 条。

③ 参见《保险法》第 12 条第 1 款。

保费及利息的积存。如果投保人在保险合同订立后，因保险利益的消灭而丧失依约可获得的保险金，使其权益处于不确定状态，则对保单持有人有失公平。

（二）财产保险保险利益的认定

财产保险的保险利益指被保险人对保险标的所具有的某种合法的经济利益。[①] 由于财产保险是以财产及其有关利益为保险标的的保险，只要符合法律承认的财产及其有关利益都可成为财产保险的保险利益。[②]

根据各类型财产保险的存在状态及形成原因，保险利益可分为现有利益和期待利益两大类。现有利益指投保人或被保险人对保险标的享有的已经确定的现存利益。通常，对财产标的而言，其现有利益只是一种时间状态上的判断，权益类型则以所有权利益为核心，种类多样，包括基于法定权利、合同关系及某种事实而产生的现有利益。其中，基于法定权利产生的现有利益主要有财产所有权、法人财产权、用益物权、担保物权等权利。基于合同关系产生的现有利益类型繁多，但从保险标的层面来看，需强调基于合同产生的既存利益会因标的物的毁损、灭失而丧失，由此方可界定相关利益主体对该标的物享有保险利益。基于某种事实而产生的现有利益主要包括无因管理人对其所管理的财产享有的占有、使用、收益等利益，和善意取得人对违法财产以所有人意思享有的占有、使用、收益等利益。

期待利益指投保人或被保险人在订立保险合同时尚不存在对保险标的的利益，但基于其现有权利，将来可获得的利益。期待利益基于现有利益而产生，根据利益得失的不同，可分为积极的期待利益和消极的期待利益。积极的期待利益强调投保人利益的获得以保险事故不发生为前提，否则，无法获取该利益。基于法定权利、合同关系、某种事实都可以产生积极的期待利益。消极的期待利益即责任利益，指投保人或被保险人因保险事故的发生而需在将来对他人承担一定的财产责任，并因该财产责任的承担而遭受利益损失。此处的责任仅限于法定责任，具体体现为对保险标的所承担的合同责任及侵权损害赔偿责任。合同责任是在

① 参见《保险法》第 12 条第 2 款。

② 参见《保险法》第 12 条第 4、6 款。

合同关系中，只要合同标的损坏、灭失能带来利益上的损失，当事人对合同标的就具有保险利益。侵权损害赔偿责任是法定责任，投保人可对他人的损害赔偿责任享有保险利益，如机动车辆第三者责任险、产品责任险等。现有利益与期待利益并不完全割裂存在，通常，对特定财产享有法律权利的人，以物权为纽带，可享有一切法律所确认的权利，无论此种权利是现在还是将来。

从存在时间来看，财产保险的被保险人在保险事故发生时，对保险标的应具有保险利益；保险事故发生时，被保险人对保险标的不具有保险利益的，不得向保险人请求赔偿保险金。① 由此可见，财产保险保险利益的认定关键是保险事故发生时被保险人是否对保险标的具有保险利益，相较而言，订立合同环节投保人否具有保险利益并不是很重要。这主要是基于财产保险的特殊性，一方面，现实中财产保险的投保人往往对与自己有利益关系的财产进行投保，投保人与被保险人绝大多数情况下存在身份重合，要求投保人具有保险利益雷同于对被保险人的要求；另一方面，财产保险意在填补被保险人所遭受的利益损害，如果保险利益仅在合同订立时存在，而在保险事故发生时丧失，对被保险人而言，此时对合同标的已无利害关系，就谈不上损失与补偿，无法对被保险人发挥应有的权益保障，保险合同视为无效。

第三节　损失补偿原则

一　概念

损失补偿原则，指当保险标的发生保险合同约定的责任范围内的损失时，被保险人有权依约获得保险赔偿以弥补损失，但不能因损失额外获益。损失补偿原则的基本精髓在于：有损失，才补偿；无损失，不补偿；损失多少，补偿多少。损失补偿原则是贯穿理赔环节的基础。

二　被保险人请求损失补偿的条件

被保险人请求损失补偿时必须具备以下条件。

---

① 参见《保险法》第 12 条第 2 款、第 48 条。

（一）投保方对保险标的具有保险利益

投保人或被保险人作为投保方，对保险标的具有保险利益，是财产保险合同成立的前提。与此同时，在合同履行过程中，特别是在保险事故发生时，也要求被保险人具有保险利益，否则无法获得赔偿。

（二）被保险人遭受的损失在保险责任范围之内

只有在保险期限内，发生了约定承保的保险责任事故，并给被保险人带来了损失，方能产生请求补偿权。对财产保险而言，以下两个条件缺一不可，否则保险人不承担赔偿责任，一是遭受损失的必须是保险标的，二是保险标的的损失必须是由承保的风险造成。

（三）被保险人遭受的损失能用货币衡量

保险旨在补偿损害，若被保险人遭受的损失不能用货币衡量，则保险人无法核定损失，从而也无法支付合理的保险赔款。财产保险中，被保险人的实际损失需结合受损标的的市价、估价、合同约定价等方式综合确定。

三　保险人履行损失赔偿责任的限度

保险人履行赔偿责任时，需要以事实为准、以损失为主，坚持损失补偿原则。既要发挥保险保障作用，赔偿被保险人的实际利益损失，又要确保被保险人不因保险赔款而额外受益。

（一）以实际损失为限

实际损失即投保标的遭受保险责任范围内的事故时所实际产生的损失，该损失是决定保险人依合同履行赔偿责任时的关键。保险人支付的保险赔款不得超过该实际损失。

（二）以保险金额为限

保险金额是保险人承担赔偿责任的最高限额，因此具体履行赔偿责任时，保险赔款不能超过保险金额，只能低于或等于保险金额。

（三）以保险利益为限

保险利益是保险人承保时确定保险保障范围的主要依据，也是保险保障的最高限度，保险赔款不得超过该标准。

（四）被保险人不能通过补偿而额外获利

保险的目的在于分散风险、补偿损失，被保险人不能借补偿而额外获利。为防止被保险人通过补偿而额外获利，通常有以下规定：一是向造成损失的第三方追偿。当损害是由第三方造成时，如果被保险人已从保险人处获得赔偿，则必须将其所享有的向第三方追偿的权利转移给保险人，而不能从第三方再次获利。二是对重复保险进行分摊。被保险人虽然可以将其财产向两个以上的保险人投保，但最终所获赔偿不能超过其发生的实际损失。三是赔款扣除残值。保险人要从赔款中将受损后的残值扣除。

四　损失赔偿的计算方式

实务中，计算损失赔偿时，根据保险合同的约定，常采用以下方式。

（一）第一损失赔偿方式

第一损失赔偿方式又称第一危险或第一责任赔偿方式，要求以保险金额为依据，在其范围内按照实际损失赔偿。该方法事实上把保险财产的价值分为两部分，即保险金额以内的部分和超过保险金额的部分。其中，保险金额以内的部分是已经投保的，由保险人承担损失赔偿责任；超过保险金额的部分是未投保的，保险人不承担损失赔偿责任。计算公式如下：

当损失金额≤保险金额时，赔偿金额=损失金额

当损失金额>保险金额时，赔偿金额=保险金额

（二）比例计算赔偿方式

比例计算赔偿方式是计算赔偿额时，以保障程度为依据，即保险金额与损失时保险财产实际价值的比例。投保人基于种种原因，与保险人约定的保险金额不一定与财产实际价值完全吻合，保障程度越高，即保险金额与财产实际价值越接近，也就越接近损失金额。如果保障程度是百分之百，赔偿金额就等于损失金额。因此，被保险人若想得到十足的补偿，就必须按财产的实际价值足额投保。计算公式如下：

赔偿金额=损失金额×（保险金额/损失当时保险财产的实际价值）

（三）限额责任赔偿方式

限额责任赔偿方式即在一定的责任范围内予以赔偿，根据限额的不同依据，又可分为两种。

1. 固定责任赔偿方式

固定责任赔偿方式指保险人在订立合同时规定保险赔付的标准限

额，保险人只对固定限额内的损失部分给予赔偿。常用于农作物收成保险，计算公式如下：

赔偿金额=限额责任-实际收获量

2. 免赔限度赔偿方式

免赔限度赔偿方式指保险人事先规定一个免赔限度，只有在保险标的损失超过该限度时才予以赔偿。其又分为以下两种方式。

（1）相对免赔。相对免赔指保险标的的实际损失超过规定的免赔限度时，保险人按全部损失予以赔偿，不做任何扣除。计算公式如下：

赔偿金额=保险金额×损失率（损失率>免赔率）

（2）绝对免赔。绝对免赔指保险标的的实际损失程度超过规定的免赔限度时，保险人只赔偿超过免赔限度的那部分损失。计算公式如下：

赔偿金额=保险金额×（损失率-免赔率）（损失率>免赔率）

五　损失赔偿的履行方式

《保险法》并未对损失补偿履行方式予以规定，从保险实践来看，现金赔付、修理、更换、重置是常见的损失补偿履行方式。

（一）现金赔付

这是世界上通行的保险损害赔偿方式。尤其是无形财产的理赔，保险事故发生后，根本无法恢复原状，只能以金钱给付为赔偿方式，如责任险、信用险、人身意外伤害与疾病保险的医疗费用等。

（二）修理

对有形财产保险，当保险标的发生部分损失，只需要有针对性地部分修复即可恢复功能时，可进行修理。如部分零部件损坏、汽车车窗破碎等，可通过专业修理部门予以修复，费用由保险公司承担。

（三）更换

当保险标的物因保险事故遭受损害时，在不额外增加成本的情况下，保险公司可采取替代、更换的办法，对标的物的受损部分或全部予以更换。

（四）重置

当标的物因保险事故而毁损严重或直接灭失，无法更换、修理，或更换、修理无法达到原有财产状态时，保险人可以采用重新购置与原标的物相同或雷同的等价物，以达到恢复原状或功能的目的。不动产保险或一般财产保险损失严重时可采用重置的方式予以损失赔偿。

第四节　代位求偿原则

一　概念

财产保险的保险人按照合同约定对保险标的的全部或部分损失赔偿后，还可能享有在赔偿金额限度内要求被保险人转让向造成损失的第三方进行追偿的权利。转让前提是上述损失因第三方的侵权、违约所致，相关法律规定，被保险人有权向第三方提出赔偿请求。此时，被保险人既是侵权损害关系中的受害人、债权人，又是保险赔偿关系中的被保险人、赔付主张人。为避免被保险人同时行使两种请求权而获得双重利益，规定了代位求偿。《保险法》规定，保险代位求偿权是指因第三方对保险标的的损害而造成保险事故的，保险人自向被保险人赔偿保险金之日起，在赔偿金额范围内代位行使被保险人对第三方请求赔偿的权利。[①] 该权利是损失补偿原则的派生产物，包括权利代位和物上代位两项内容。

二　适用范围

（一）代位求偿权适用于财产保险合同

人身保险的保险标的价值无法用货币确切衡量，因此不存在额外受益的问题，也不涉及代位求偿的问题。

在财产保险中，当保险事故是由第三方造成时，保险人赔付保险金后，被保险人对第三方享有的债权本身并不因此消灭，为防止被保险人的不当得利，法律规定被保险人须将对第三方的债权转让给保险人，由保险人代替被保险人成为权利主体，可见保险代位求偿权先是一种移转的权利，再是一种法定的权利，性质上属于债权的法定转让。因此，除了法律另有规定（如人身保险除外规则），只要存在被保险人可以对之进行索赔的第三方，保险人在赔付后理论上都可以对该第三方行使代位求偿权。

---

① 参见《保险法》第 60 条第 1 款。

（二）被保险人的家庭成员或其组成人员是代位请求赔偿权行使的例外

为充分保护被保险人的利益，法律对被保险人的利益关联予以一定范围的拓展，将被保险人家庭成员或其组成成员的利益也纳入保护范畴。这是因为这些人与被保险人关联密切并具有一致利益，保险人对之实施代位请求权，雷同于让被保险人自己赔偿，但为防止道德风险，将故意行为排除。《保险法》规定："除被保险人的家庭成员或者其组成人员故意造成本法第 60 条第 1 款规定的保险事故外，保险人不得对被保险人的家庭成员或者其组成人员行使代位请求赔偿的权利。"[①] 其中，"家庭成员""组成人员"作宽泛解释，以此防止保险人行使追偿权直接或间接地损害被保险人的利益，并因此使保险丧失意义。

（三）被保险人对不属于保险责任范围内的损失仍可向第三方索赔

由于保险合同约定的承保责任范围有限，保险人实际承担的赔付与第三方应承担的赔付可能存在差别。当被保险人将保险人实施的赔付权益转让后，对不属于保险责任范围内的损失，但应由第三方负责赔偿的部分，仍继续保留索赔权。

三 履行条件

（一）损害原因及受损标的皆在保险责任范围内

保险人通常只对保险责任范围内的事故及标的损失需要承担赔偿，否则，受害人只能向有关责任方索赔或自己承担损失，与保险人没有任何关联，更谈不上保险人的代位求偿。

（二）保险事故须由第三方造成

有第三方责任人存在，方谈得上代位求偿。这就要求保险事故的发生及被保险人的损害需由第三方造成，并且第三方作为加害方需依法承担民事损害赔偿责任，该责任除侵权行为产生外，还包括所有物、占有物、不当得利的返还请求权、连带责任的内部追偿权等。当符合上述条件时，被保险人向保险人请求赔偿取得赔款后，才能将对第三方的赔偿请求权转移给保险人。如果因自然灾害或意外事故造成了保险标的的损失，自然不存在代位问题。如果第三方依法需承担行政责任、刑事责

① 参见《保险法》第 62 条。

任，也不存在代位求偿问题。

（三）被保险人要求第三方赔偿

这既是保险人赔偿的条件，也是代位求偿产生的条件。如果因第三方的责任造成保险事故，但被保险人不要求第三方赔偿，则保险人向被保险人赔偿会诱发第三方的故意行为，出现道德危险；同时，若被保险人放弃向第三方索赔，即放弃债权，第三方会因此不存在债务，保险人的代位也就失去了基础。因此，为了保护保险人的利益，法律规定了被保险人的配合义务，并限制其私自放弃求偿权。《保险法》规定，“保险事故发生后，保险人未赔偿保险金之前，被保险人放弃对第三者请求赔偿的权利的，保险人不承担赔偿保险金的责任。保险人向被保险人赔偿保险金后，被保险人未经保险人同意放弃对第三者请求赔偿的权利的，该行为无效。被保险人故意或者因重大过失致使保险人不能行使代位请求赔偿的权利的，保险人可以扣减或者要求返还相应的保险金”①。“保险人向第三者行使代位请求赔偿的权利时，被保险人应当向保险人提供必要的文件和所知道的有关情况。”②

（四）保险人需已履行赔偿义务

保险人之所以能够代替被保险人向第三方主张损害赔偿，是因为二者之间存在保险合同及相应的保险关系。被保险人在损害事故发生后，有权依照保险合同请求保险人及时赔付。保险人依约给付保险金后，即与被保险人之间产生债权转让的法律关系，取得向第三方求偿的权利。实务中，当事人在合同中另有约定时，保险人也可在赔付前取得代位求偿权。

（五）保险人享有的代位求偿权益不能超过赔付金额

保护被保险人利益同时防止其获得双重利益，避免道德风险，这是法律设立代位求偿权的初衷，为此，保险人只能在赔付金额范围内享有代位求偿权，不能获得超过赔偿金额的额外利益而损害被保险人利益。由于保险人给付的保险金不一定与被保险人对第三方的原有求偿金额相等，这就意味着保险人行使代位求偿权可能会出现三种情形：一是给付

① 参见《保险法》第61条。

② 参见《保险法》第63条。

的保险金与被保险人的求偿金额恰好相等，保险人即取得对第三方的全部求偿权；二是给付的保险金超过被保险人的求偿金额，保险人则只能获得被保险人原有求偿金额为限的代位追偿权；三是给付的保险金低于被保险人的求偿金额，无特别授权时，保险人仅享有与其赔偿金额相等的求偿权。由此可见，保险代位求偿权只能以保险人支付的赔偿金额为限。

（六）保险人赔偿时可扣减被保险人已从第三方取得的赔偿

相关法律规定，第三方造成保险标的损失后，若已经依法赔偿了被保险人的全部损失，则尽管事故属于保险责任范围，保险人可以不再支付赔款，也不产生代位求偿的权利。因法律、法规规定或限于第三方的赔偿能力，第三方只能赔偿被保险人一部分损失时，保险人支付赔款时应扣减被保险人已从第三方处获得的赔偿金额，并以保险合同为依据，以保险金额为最高赔偿限额。

四　取得方式

保险代位权的取得一般有两种方式：一是自动代位，即保险代位权的取得以理赔为要件，只要保险人向被保险人履行了赔付义务，就自动取得。二是请求代位，即保险代位权的取得除理赔外，还需获得被保险人的授权，被保险人需将其享有的对第三方的损害赔偿请求权或对保险标的物残值的权利转让或让与保险人。

中国采用自动代位主义，即保险人支付了赔偿金后自然取得向第三方请求赔偿的权利，不受被保险人同意与否的影响。实务中，保险人赔付的同时会要求被保险人签署“权益转让书”，对确认被保险人获得保险赔付的时间、金额，保险人取得代位求偿权的时间、向第三人求偿所能获得的最高赔偿额具有积极作用。

第五节　分摊原则

一　重复保险

（一）含义

重复保险是指投保人对同一保险标的、同一保险利益、同一保险事故分别与两个以上保险人订立保险合同，且保险金额总和超过保险价值的保险。[1]

重复保险不同于共同保险。共同保险是由若干保险人就同一可保利益共同承担同一保险责任，是风险在保险人之间的横向分摊。保险损失发生后，各保险人按各自承保的保险金额比例分摊损失；被保险人可以向各保险人分别请求赔款，保险人之间彼此不负连带责任。

重复保险不同于再保险。再保险是风险在保险人之间的纵向分摊，通常，投保人与原保险人存在合同关系，与再保险接受人无合同关系。事故发生后，被保险人只能依照原保险合同向原保险人请求赔偿，不能向再保险接受人主张赔偿。

（二）构成要件

1. 同一保险标的、同一保险利益、同一保险事故

只有基于同一标的上相同的保险利益，并针对同一保险事故，方能构成重复保险。如果投保人对数个保险标的分别与数个保险人订立保险合同，或者对同一标的的不同保险利益订立数个不同的保险合同，都不构成重复保险。同一保险事故既强调不同保险合同约定范围的重合性，也要求实际发生的同一性。

2. 同一保险期间

重复保险还要求不同保险合同的保险期间出现重叠。重叠以“保险事故发生时”作为判断时点，强调生效期间的重叠。基于重叠范围的不同，可分为全部重叠、部分重叠两种情况。全部重叠指数个保险合同的起止时间均相同，又称为同时重复保险。部分重叠则指起止时间虽各有差异，但仍有部分相同，又称为异时重复保险。

3. 投保人与数个保险人分别订立数个保险合同

重复保险要求投保人与数个保险人订立数个保险合同。当投保人与一个保险人订立了数个保险合同时，仍为单保险；当投保人与数个保险人共同订立了一个保险合同时，则属于共同保险，而非重复保险。

4. 保险金额总和超过保险价值

只有保险金额总和超过保险价值，才有利用损失补偿原则调整的必要，避免被保险人因保险事故而额外获益，这是重复保险规制的主要目

---

[1] 参见《保险法》第56条第4款。

的。如果投保人对同一保险标的、同一保险利益、同一保险事故与数个保险人订立数个保险合同，但保险金额总和并未超过保险标的的价值，则构成保险合同并存，除另有约定外，各保险人仅就其所承保风险部分承担比例分担责任。

二　重复保险的分摊原则

通常，只有损失填补保险的理赔环节，才能适用重复保险规范。为防止被保险人获得超额赔款，各国都规定了重复保险的分摊规则，大致分为以下三种类型。

（一）比例责任分摊方式

比例责任分摊是以各保险人所承担的保险金额比例为依据计算的。计算公式如下：

各保险人赔款=（某保险人的保险金额/所有保险人的保险金额之和）×损失金额

（二）限额责任分摊方式

限额责任分摊方式以无其他保险人时，各保险人按约定独自应负的最高赔款限额所占比例来计算。计算公式如下：

各保险人赔款=（该保险人的最高赔款限额/所有保险人的最高赔偿限额之和）×损失金额

（三）顺序责任分摊方式

顺序责任分摊依承保的先后顺序划分，承保在先的先承担赔偿责任，赔偿不足时再由其他保险人依次承担。

《保险法》第 56 条规定，投保人应将重复保险的有关情况通知各保险人；各保险人赔偿保险金的总和不得超过保险价值；除合同另有约定外，各保险人按照其保险金额与保险金额总和的比例承担赔偿保险金的责任；重复保险的投保人可以就保险金额总和超过保险价值的部分，请求各保险人按比例返还保险费。[①] 由此可见，我国在处理重复保险时以约定方式为主；没有约定时，则采用比例责任分摊方式。

---

① 参见《保险法》第 56 条第 1、第 2、第 3 款。

第六节　近因原则

一　近因的含义

所谓近因，是指直接促成结果的原因或对结果起决定作用的原因，也称主因，其判断不以时间为条件。学者普遍认为，近因是造成标的损失的最直接、有效的原因，对危险事故的发生与损失结果的形成起决定性作用，并且这种原因的发生是连续、自然、未被中断的。只有符合上述条件，存在直接因果关系时，保险人才对损失负补偿责任。

二　认定近因的基本方法

认定近因的关键是确定风险因素与损害之间的关系，基本方法有两种。

（一）顺推法

从事件链上的第一个事件开始，按照逻辑推理逐步分析判断下一个事件，直到最终损害发生，在这一过程中，所有因果联系都是连续不断向后发展的，前因必然导致后果，并形成因果链条，那么，最初事件就是最后一个事件的近因。

（二）逆推法

逆推法，也称倒推法，指从损失开始，逆着事件链按照逻辑顺序追溯事件起因，追溯中要求因果关系未发生中断，这时，最初发生的事件就是近因。

三　近因原则的内涵

近因原则是判定保险人是否承担赔偿责任的重要衡量标准，当危险事故的发生与损害结果的形成存在直接因果关系时，保险人才需要对损失承担赔偿责任。具体而言，若造成保险标的受损的近因属于保险责任，则保险人应负赔偿责任；若属于责任免除，则保险人不负赔偿责任；若兼有保险责任和责任免除，则区分不同情况处理。由此可见，近因原则是保险理赔过程中必须遵循的原则。

四　近因原则的应用规则

实践中，近因原则的应用情形可分为以下几类。

（一）单一原因造成的损失

当造成保险事故的损失原因只有一个，则该原因即事故近因。结合保险合同的约定，若合同中约定的承保风险有此近因，保险人则需承担赔偿责任；若合同中约定的承保风险没有此近因，则保险人无须承担赔偿责任。

（二）多种原因连续发生致损

1. 同为被保风险或除外风险

若连续发生的原因都为承保风险，则保险人应承担全部保险责任；若皆属于除外风险，则保险人无须承担赔偿责任。

2. 除外风险与被保风险兼有

连续发生致损的多项原因中既有被保风险，又有除外风险或未保风险，需结合原因的先后次序判断是否需要担责。若最先发生的原因属于被保风险，后因是除外风险或未保风险，并且后因是前因的必然结果，则后因属于承保风险，保险人需承担赔偿义务。若最先发生的原因属于除外风险或未保风险，后因是承保风险，并且后因是前因的必然结果，则近因属于不承保风险，保险人无须承担赔偿义务。

3. 无法判定近因

如果连续发生致损的多个原因混杂在一起或者致损事故作用均衡，导致难以判定近因时，需区分致损原因的性质，进而判定保险人是否担责。保险人只需要对保险事故引起的损害担责。具体分为两种情况：一是若干原因中既有保险风险又有除外责任，保险人无须赔偿。二是若干原因中既有保险风险又有保单中未提及的风险的，保险人必须赔偿。

（三）多种原因同时发生致损

1. 同为保险责任或同为除外责任

如果同时发生致损的多个原因都是保险事故，则无须追究是否为近因，保险人应赔偿所造成的损失；反之，则不赔。

2. 保险责任与除外责任兼而有之

如果同时发生致损的多个原因既有保险责任事故，又有除外责任事故，则应结合“直接、有效、起决定作用”的标准确定近因。如果保险责任事故是近因，保险人必须承担赔偿责任；反之，则免责。

如果无法判定近因或致损事故作用均衡，需区分损害是由保险事故引起，还是由除外责任事故引起，保险人只对保险事故造成的损害承担赔偿责任。

（四）多种原因间断发生致损

当引发事故损失的原因多重且有先后次序时，新介入原因打断了前一原因与损害结果之间的因果链条，并且不是前一原因直接、必然的结果，又对损害结果起着决定性作用，此时，需对导致间断的新介入原因进行性质判断。若属于承保风险，则保险人需承担保险责任；反之，则无须承担。

下　篇

实务与案例

第四章

财产保险的核保与理赔实务

第一节　概述

一　财产保险概述

（一）概念

财产保险是以财产及其有关利益为保险标的的保险，[①] 是一种以非人身为保险保障对象的综合性险种。广义的财产保险包括财产损失保险、责任保险、保证保险、信用保险和农业保险。狭义的财产保险仅指财产损失保险。

（二）特征

1. 以财产及其有关利益为保险标的

"财产"主要指各类有形财产，形态上包括一切动产和不动产。"有关利益"指基于财产及相关权利而产生的现有利益、预期利益，以及基于责任而产生的消极利益，这些有关利益实质上是无形财产。上述标的的价值可以根据生产成本、市场价格、重置价值等确定、量化，在遭遇危险事故时可以估算其损失责任。

2. 业务实践具有补偿性

对投保人而言，转嫁有关财产的物质和利益风险，并在风险发生后获得损失补偿是投保财产保险的主要目的。为减少道德风险，这种转嫁及补偿需履行损害填补原则：一是无损失即无保险，只有当保险合同中

① 参见《保险法》第 12 条第 4 款。

约定的风险事故引发保险标的受损时，保险人才需要承担补偿责任。二是补偿要在约定的保险金额限度内，以评定实际损失为基础来确定赔付金额。三是补偿方法主要是支付货币。通常，财产的价值以货币衡量相对公平，其损失状况也可以用货币计算补偿，对财产保险而言，投保财产及其事故损失只有能够计算经济价值，才能有效实现保险的补偿。此外，受损失补偿原则的影响，被保险人不能因保险事故发生而受益，导致财产保险的保险金额受到保险价值的约束，同一标的可能存在重复保险，保险人也可能享有代位追偿权。

3. 承保范围具有广泛性

除了以人的生命和身体为保障对象的一切风险保险业务，都属于财产保险的承保范围，不仅包括不可胜举、品目繁多的财产物质，还包括各种无形的民事法律责任风险和商业信用风险。这些具体对象的差异直接决定了财产保险承保的特性，即投保标的多样、承保过程复杂、风险管理复杂、经营技术复杂。

4. 保险期限相对较短

由于财产保险的承保对象多以“物”为主，并具有使用价值和交换价值，在市场经济活动中有较强的流动性，保险期限相对较短，通常以一年为限。也可以某个事件的存续期为计算标准，如施工期、航程。财产保险合同到期后，经双方当事人协商一致可以续保。

二 财产保险的主要类型

以保险标的为标准，财产保险业务包括财产损失保险、责任保险、信用保险、保证保险等。①

（一）财产损失保险

通常，财产保险有狭义和广义之分。狭义上的财产保险即财产损失险，仅限于有形财产，形态上包括动产与不动产，但不包括农作物、牲畜。广义上的财产保险还包括与物质财产有关的利益，即无形财产。

根据保障标的的不同，财产保险包括企业财产保险、家庭财产保险、机动车辆保险、货物运输保险、工程保险、船舶保险、航空保险、农业保险等。由于财产损失保险涵盖内容广泛，本章将根据此种分类对

① 参见《保险法》第 95 条第 1 款。

常见险种进行介绍。

（二）责任保险

责任保险属于广义上的财产保险类型，指以被保险人对第三人依法应负的赔偿责任为保险标的的保险。[①] 根据赔偿责任发生原因的不同，包括侵权引起、违约引起。根据主观状态的不同，包括过失行为、故意行为。责任保险仅承保被保险人的过失侵权民事责任和特别约定的合同违约责任，故意损害责任直接被排除。具体形式有公众责任保险、产品责任保险、雇主责任保险、职业责任保险、机动车第三者责任保险等。

（三）信用、保证保险

信用保险是权利人要求保险人担保对方（被保证人）的信用的一种保险。[②] 其中，投保人即信用关系中的权利人，被保证人即信用关系的义务人，当义务人未能按照约定履约而使债权人受损时，保险人向权利人提供风险保障。保证保险是指被保证人根据权利人的要求，请求保险人担保自己信用的一种保险。[③] 被保证人同时为义务人，当其作为或不作为致使权利人遭受经济损失时，保险人应予以赔偿。

三 财产保险核保操作要点

保险公司在长期经营中，针对财产保险，以投保标的的基本风险状况、投保财产所处环境及自身安全状况、安全管理制度的制定和实施情况等为主要核保内容，形成了下列的常规操作流程及要点。财产保险核保流程见图 4-1。

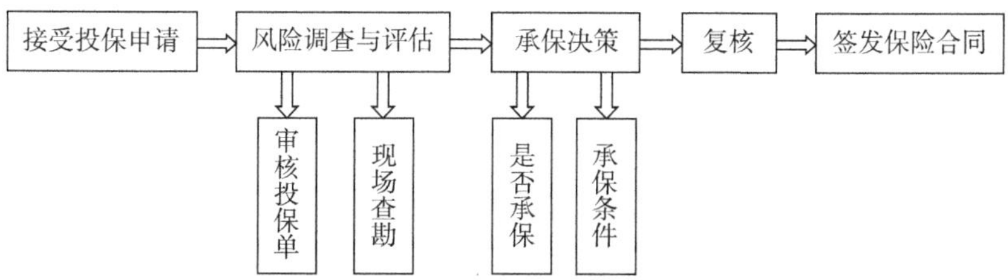

图 4-1 财产保险核保流程

① 参见《保险法》第 65 条第 4 款。

② 魏华林、林宝清主编：《保险学》（第二版），高等教育出版社 1999 年版，第 124 页。

③ 魏华林、林宝清主编：《保险学》（第二版），高等教育出版社 1999 年版，第 124 页。

（一）接受投保申请

投保单是连接投保人与保险公司的正式文件之一，投保人可以通过投保单向保险公司表达投保意向，核保人员则可以通过投保单对保险标的进行初步了解。

实务中，投保单是保险人事前评估、审核风险并决定是否承保的主要因素之一，通常由保险人准备，同一险种适用统一格式。内容上，要求投保人依照保险人所列项目据实逐一填写。无论是投保人主动申请填写，还是应保险人或其代理人、经纪人邀请而填写，均不改变其要约性质。

不同险种对投保单所需填写的内容要求各异，但基于财产保险业务的共通性，一些基础的共性内容是各类财产保险合同都需要填写的，如投保人信息（姓名、地址等），被保险人信息（姓名、地址等），投保险种及应用条款，保险标的及其位置，保险金额，保险期限，保费支付方式及其日期，风险申请表或评估表，过去损失记录，责任险中还需要填写司法管辖权归属国，投保人申明所填写资料属实，投保人签章、投保日期等。

（二）风险调查与评估

1. 手段

保险公司接受投保申请后，需进行风险调查与评估，一是审核书面材料，即对投保单、风险申报表（评估表）等直接反映风险状况的文本内容进行审验，二是现场查勘。

（1）审核投保单。投保单本身并非正式合同文本，但投保人在投保单中填写的内容会直接反映出风险的基本情况，因此，保险公司为准确判断可能的风险，通常要求完整、准确、真实地填写投保单中列举的各项内容。其中：完整，要求投保单所列栏目全部填写，并且尽可能减少缩略用语；准确，要求各项内容必须严谨无误；真实，要求与实际情况一致。审核投保单时，不同的内容有不同的审核要点。

①投保人、被保险人的信息。一是需结合身份及其他相关证明材料，确定投保人、被保险人的基本信息填写是否清晰、准确。二是审核有关主体之间的关系，提前防范可能存在的道德风险。三是确认标的的权属关系，进而审核投保人、被保险人是否具有合法的可保利益。四是

审核签名、签章是否与身份及证明材料一致。

②投保险种、应用条款。投保人对保险专业知识的了解并不是很全面，而保险险种及条款往往由保险人提前拟定并经保险监管机构审核后直接应用，因此，在投保险种及条款方面，投保人没有讨价还价的余地，更多依赖保险人的推荐。对保险人来说，审核该内容时分析客户意图转嫁的风险需求，在现有险种、产品与条款中选择正确的拟用险种，是核保的关键。审核投保险种与应用条款时，一是不得违反国家法律、法规、保险监管、保险惯例以及保险企业的规定，未开办的险种或责任范围超过规定的不能承保。二是需审核投保险种与客户的风险转嫁需求是否吻合，不能为了签单而出现违规操作或张冠李戴。三是需要通过批单对内容进行修改时，申请需合乎规定，内容需符合实际情况，批改的险种需正确。

③保险标的。保险标的是保险利益的载体，是保险合同所要保障的具体对象，也是决定保险费率、保险责任、保险期限等其他条款的基础，可用以评价保险风险。因此，需严格审核投保单中的保险标的，一是需明确区分承保标的的范畴，确定基本性质，是机器、工程、车辆等狭义财产，还是责任、保证等无形财产，进而确定具体的保险类型。二是保险责任范围明晰，审核具体措辞，避免模糊字眼，确保责任范围清晰、无争端。三是需准确、清晰地写明地址、位置、范围等相关内容，不得简写。四是需清晰填写保险标的的行业性质、占用性质或者标的类型。

④保险项目。由于财产保险所涉内容众多，为明确投保标的及相关责任，通常要求投保单或批单中清晰写明承保标的的具体项目。保险公司审核时，一是审核保险项目所申请的保险金额是如何确定的。具体保额的确定依据是评估价值、账面原值、账面原值加成、重置价值、账面余额还是被保险人自行确定。二是审核保险金额是否准确，是包含保险项目的局部还是全部。三是申请的保险项目中有无特约保险财产，是否包括保险条款中明确排除的禁保财产或不具有保险利益的财产。四是被保险人的行业性质、企业类别以及标的特征需清晰。

⑤地域范围。财产保险标的涉及的区域范围主要包括承保标的自身的地域界定和责任范围的地域界定两大类。承保标的地域范围主要涉及

坐落位置、地点、周围环境状况，审核时除要求填写详细外，还需注意一些特殊情况，例如，若保险标的地址与被保险人联系地址不统一，应据实分别写明；若保险标的地址有多处，应分别标明各处地址，并对应保险项目名称或附地址清单。责任范围的地域主要涉及责任保险中的担责范围，如产品责任保险中需明确产品的销售区域，尤其是涉及域外客户时，则必须详细填写并审核产品的销售范围。

⑥保险金额与赔偿限额。保险金额是保险人承担保险金赔付责任的最高限额，[①] 既对保险合同当事人的权利和义务范围进行了限定，也为计算保险费提供了依据，但保险金额不得超过保险价值。因此，在投保单审核中，保险金额的确定以保险项目为依据，无论确定方式如何，都需确保保险金额与相关利益相符，数据有源可循，尤其要明确与保险价值的关系，需审核是否存在超额投保或不足额投保的方式，是否有免赔的设置。在责任保险中，需明确责任限额，包括保险期内的累计赔偿限额和每次事故的赔偿限额，并需审核二者的设立是否合理。

⑦保险期限。保险人只对保险期间内发生的保险事故承担保险责任。保险合同的期限通常有两种计算方法：一是按公历年、月、日、小时计算，开始日不计入，从次日零点开始计算。按小时计算期间的，根据法律规定或者约定时点起算。二是以某一事件的始末或业务过程的起止计算。保险期限的审核中，需结合双方约定予以不同重点的审核：其一，需确保所填写的保险期限的确定性，尤其是货物运输保险、运输工具航程保险等的具体时间段。其二，在未实地查验或未得到书面确认前，需重点审核“倒签单”的合理性。其三，需确保保险期限的合理性，对批单中的期限展期需谨慎审核。

⑧付费方式及期限。支付保险费是投保人的基本义务，对保险合同的效力有直接影响，投保人在订立保险合同后应立即交付保险费，可以一次性全部付清，也可以分期分批交付。审核投保单时，需对交费的起止期限、付款方式予以审核；对分批交付的，需审核分批交付所占比例是否合理、合规。

⑨风险申报表（评估表）。这类表格旨在要求投保人、被保险人结

① 参见《保险法》第 18 条第 4 款。

合实际情况提前向保险人告知风险，也是保险公司初步审核风险的重要依据与信息来源。审核时重在确认各项信息的完整性与真实性，确保申报项目没有遗漏，填写方式符合规定，并且所附资料完整。

⑩过去损失记录。这一项是要求投保人对以往出现的损失情况予以告知，审核时，一是审核以往出险的时间、原因、损失金额等相关信息是否填写完整。二是审核出险项目的填写是否齐全，是否对没有投保的出险情况存在隐瞒。

⑪司法管辖权归属国。这一项主要在责任保险中涉及，审核时需确认司法管辖权归属国是否符合法律规定。

⑫投保人申明、签章、投保日期。为确保投保单是当事人的真实意愿反映，需要投保人对保险人已履行条款介绍义务，以及对保险人免责条款、付费约定、特别约定等内容已履行说明义务予以声明，并声明已理解并接受上述内容，同意以此为订立合同的依据而自愿投保。实务中，上述声明内容通常在投保单中被提前印制，其真实性更多通过投保人的亲自签名、盖章认可。因此，主要审核投保人的签名、盖章是否与投保人基本信息一致，投保日期与保险期限开始时间的关系，是否存在倒签单。此外，还需确保签字、盖章的亲自性、真实性。

（2）现场查勘。财产保险核保中还需对一些重点要素进行实地查勘，以确保风险评估的准确性。通常包括以下几类：一是了解投保标的物的地域范围，包括所处的环境、主要风险隐患、重点防护部位及防护措施状况。二是投保标的物的占用性质，弄清可能的风险，并确认有无处于危险状态中的财产。三是了解防灾安全设施，是否设置有效的防灾设备，是否制定相关安全管理制度并切实实施。四是查验投保标的物以往的损失记录。五是了解被保险人的道德情况，防范道德危险。

2. 步骤

风险评估旨在了解风险状况，进而为后续的承保决策给出参考，具体步骤包括以下方面。

（1）风险辨识。风险辨识是指对投保人日常经营业务及流程中的风险状况及类型予以识别。在财产保险核保中，上述审核投保单、风险申报表的内容，以及进行现场查勘都属于笼统的、初步的风险辨识，下一步需要结合具体投保标的进行进一步的风险辨识，即明确主要风险与风险点位。具体而言，一是需结合风险申报表明确主要风险，即在投保责任范围内发生可能性较大、损失程度较大的风险。二是需将申报与实际情况结合起来，明确最容易发生事故的环节、地点或位置，尤其是主要风险的风险点位，这对有针对性地承担风险转嫁有积极意义。

（2）风险分析。风险分析是对识别出的风险进一步分析其特征，细化风险发生的可能性及发生条件，包括对风险源、风险事件、风险原因及其潜在后果的分析。明确主要风险和风险点位后，还需做好下列事项：一是了解风险源，深入分析风险的来源或产生原因。实务中，财产保险的风险产生原因主要有自然因素和人为因素，需结合事故情况进行近因分析。二是了解被保险人的风险管理水平。风险管理水平的高低直接影响风险防范水平及程度，需要重点考察人员素质、风险管理制度、风险管理设施三个方面。三是了解保险责任事故发生的可能性，包括所在行业的类似事故发生概率，被保险人的历史损失记录，投保标的的当前状况。四是分析最大可能损失。需运用概率论与数理统计方法，结合风险的性质、位置、事故影响范围、消防与风险防范措施、法律的认定等具体情况，综合判断一次事故可能造成的最大损失。

（3）风险评价。风险评价是把风险分析的结果与既有的公认安全标准进行比较，确定风险及其等级，由此决定是否接受或是否需要采取控制措施，以及相应的控制程度。正确的风险评价有助于保险公司组织、整合风险的应对决策。具体业务中，在上述风险分析基础上，通常需进行风险状况的总体评价，并进行优、良、中、差的定级，为后续承保提供参考。

（三）承保决策

风险调查与评估的结果直接影响保险公司是否承保、如何承保。

1. 决定是否承保

是否承保，是保险公司根据标的风险状况首要作出的选择。通常，对明显违背公司核保政策的风险不能承保；风险过大，超出承保能力范围的可以直接拒保。上述情形需向投保人说明不予承保的理由。对决定承保的项目需结合投保意图、投保人的风险转嫁需求及风险状况拟定具体的承保条件。

2. 正确拟定承保条件

承保条件的确定是承保决策的重要内容，直接影响保险合同的履行，决定是否理赔以及如何理赔。

（1）选择合适的险种条款。保险人需根据投保人的投保意图和保险风险状况，选择合适的险种条款，同时考虑被保险人、保险标的、保险责任的需求，对条款细节加以审定，确定是直接应用已有的格式条款，还是使用附加条款。附加条款指在基本条款的基础上，为增加或限制基本条款的内容所作的补充，包括扩展责任、限制责任及中性三类条款。实务中，保险人结合业务经验会提前印制附加条款，在与投保人协商一致并正确填写后，直接粘贴在保险单上，其效力等同原合同。

（2）正确使用保险金额的确定方式。保险金额是计算保险费的依据，通常可采用以下几种确定方式：一是按保险标的价值确定。二是按保险标的可能发生的损失范围确定。三是被保险人与保险人自行约定一致的金额。其中，按保险标的的价值确定的保险金额包括定值保险和不定值保险。有形财产保险通常按保险标的价值确定保险金额，绝大多数普通有形物采用不定值保险，艺术品、古董等价值波动较大的特殊财产可采用定值保险。责任保险通常根据标的可能发生的损失范围确定保险金额，需明确累积赔偿限额、总赔偿限额，有时还需结合具体情况确定每次事故赔偿限额、每人赔偿限额及每次事故每人赔偿限额等。

（3）正确厘定费率和免赔额（率）。费率、免赔额（率）是确定交纳保费多少的关键，可以视为相应保险服务的价格，需要与保险标的的风险状况相对应，通常包括判断、分类和修正三种方法。判断法，又称观察法或个别法，由保险公司结合经验，单独对各笔业务的保险标的进行风险频率和损失率的判断，进而确定单笔费率。这种方法需由核保人员逐一办理，易受办理人员的水平和被保险人信用的影响，手续繁杂，科学性不足。海上保险、航空保险等容易遭遇无法统一分类风险的业务，以及一些缺乏统计资料的新业务可采用此方法。分类法，是结合标志性的风险将性质相同的风险归类，并依据同类风险的损失率厘定分类费率。如美国火灾保险就以被保险财产所在地的消防级别作为费率分类的基础。修正法，又称增减法，是规定基本费率后，承保时结合损失经验衡量个别风险，进而以基本费率为基础进行增减变动后确定费率。

这种方法兼具判断法的灵活性和分类法的广泛性，更为科学，适用广泛。

正确厘定费率时，需结合风险评级进行适度修正。免赔额（率）的设置需考虑必然发生的损失金额，被保险人风险管理意识、管理水平的高低和自担风险的大小等。通常，免赔额（率）与费率之间呈反比例关系，免赔额（率）越高，保险公司承担的赔付责任越小，对应收取的保险费率就应该越低；反之，免赔额（率）降低，保险费率则应该提高。

（4）确定保费交付方式和日期。明确付费方式、付费日期或交费期限，同意分期付费的需做好次数、每一次的付费额度及交费期限的限定。

（四）复核、签发保险合同

核保人拟定承保条件后，出单部门可根据实际情况出具保险单、保险凭证、批单等保险合同类文件。其中，经投保人申请，保险人签发的保险合同正式书面凭证称为保险单。保险单是最主要的保险合同形式，须明确、完整地记载双方当事人的权利和义务，当保险标的遭受责任范围内的损失时，记载内容是双方履约的依据。保险凭证是保险人向投保人签发证明保险合同已经成立的书面凭证，是简化了的保险单。批单是由保险人应投保人要求而出立的批改书，通常在保险单签发后，对某些内容进行更改而附贴在保险单的书面协议，是保险合同的重要组成部分。

四　财产保险理赔操作要点

在长期实践中，保险公司已经形成了一套相对完整的财产保险理赔操作流程及核心注意事项。财产保险理赔流程见图 4-2。

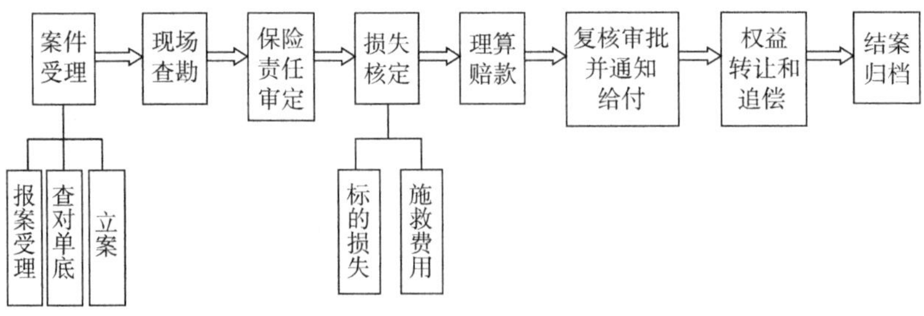

图 4-2　财产保险理赔流程

（一）案件受理

1. 报案受理

保险标的出险后，投保方的相关主体有权按照合同约定向保险公司报案，保险公司业务人员需做好相关登记，包括被保险人名称、保单号码、出险日期、出险地点、估计损失等，并要求报案人填写出险通知。

2. 查对单底

根据被保险人的出险通知，业务人员需及时查找档案，复印有关投保单、保险单、批单副本，与报案记录进行核对，确定是否属于本保险项下的责任。

3. 立案

保险公司在接到出险通知后，无论是否属于保险责任，均应及时立案。

（二）现场查勘

1. 做好查勘准备

接到报案后，保险公司需根据事故地点和案情立即派人进行现场查勘。查勘人员需根据单底及报案资料，对保险标的的真实情况有所掌握，根据案情所需准备好必要的查勘工具，如皮尺、测距仪等测量工具，相机、摄录机等影像记录工具，现场查勘记录本、保险单复印件，等等。此外，还需结合查勘任务对查勘内容、资料需求等提前做好计划。

2. 查勘内容

在现场查勘中，需围绕保险赔案的关键要素展开，包括事件、时间、地点、状况、原因、案涉物、案涉人。查勘中，需注意以下事项：一是查勘了解事故的详细过程，核定现场是否客观、真实，重点排除保险欺诈的可能性。二是详细核查出险时间、地点、状况、当时的自然条件、周围环境。对投保前已出险、保险期满后未及时续保、事故发生后未及时通知保险人等特殊情节的事故，更应该仔细核定。三是核查出险原因，确定引发事故的直接原因、间接原因，自然因素、人为因素等，进而结合现场调查及专业知识找出造成事故及损失的近因，并初步判别是否属于保单项下的责任，是否存在第三方事故。四是及时查阅有关财务账册，查对标的，写“查账笔录”，并做好重要材料的复印与保留工作。五是查明受损标的的名称、数量，做好现场清点工作，拍摄现场照片并做好记录与说明，留存事故证明，填写“损失清单”。六是及时施救，查明施救处理过程，对施救费用列出明细，并提供相关证明资料。七是督促、协助被保险人尽快提供专业部门开具的事故证明及有关单证。八是对一些专业性强、损失原因复杂、损失程度严重或损失额特别大的案件，聘请有关权威部门、专家或公估人进行专业鉴定，保障证明材料的权威性。九是填写现场查勘报告，整理有关证明材料。

（三）保险责任审定

1. 是否属于保险条款责任

仔细核对保险合同，审定损失发生原因是否属于合同中载明的保险事故，对于明确不属于保险合同约定责任的案件，编制“拒赔案件通知书”，阐明拒赔理由。

2. 是否属于保险财产

以投保财产清单为依据，核对被保险人提供的财产损失清单，进而确定是否属于保险财产。把不属于保险财产的直接剔除。

3. 出险时间是否在保险有效期限内

结合保险单及批单等材料中确定的保险期限，判定事故发生时间是否属于承保期限。

4. 被保险人是否积极履行义务

需结合有关的保证条款及合同约定，核定被保险人是否积极履行了看管、防护、施救及整理等义务，如果保单中有明确约定的，则对被保险人因未尽到相关责任而扩大的损失部分予以拒赔。

5. 是否属于第三方责任而涉及追偿

财产损失事故若因第三方责任造成，并且属于保险责任范围，则保险公司应被保险人要求可先赔付。之后，被保险人填写权益转让书将追偿权转让给保险人，并需积极协助保险人向第三方追偿。

（四）损失核定

1. 核定标的损失

核定标的损失时，重点是确定损失金额。一是需核对投保财产清单上各投保项目的保险金额，确定有无不足额投保或超值投保情形。二是需结合投保财产清单核对受损标的会计科目，查对账册，从而准确确定受损财产范围及实际价值。

2. 核定施救费用

一是核对施救费用的发生时间是否在保险事故发生后，二是是否与保险财产的抢救有直接关联。

（五）理算赔款

赔款理算时需注意三个“为限”：以保险金额为限，以实际损失为限，以保险利益为限。具体理算时，需做好以下几方面：一是核查有无预付赔款、垫支、查勘、咨询等款项，二是计算施救费用，三是缮制赔款计算书。理算时，还需注意赔款计算方式的选择，有约定的从约定，没有约定的按比例赔偿方式计算。缮制的赔款计算书正本需交财务部门作为付款依据。

（六）复核审批并通知给付

理赔案件复核人需对上述流程进行复核，对核实无误的案件进行签批，出具理赔决定通知书，通知权利人前来办理保险金领取手续。

（七）权益转让和追偿

在财产保险中，涉及第三方责任时，保险人向被保险人支付了赔偿金后取得追偿权，进而可向债务人或应承担损失的责任人进行追偿。

（八）结案归档

保险人在理赔结案后还需做好材料的归档保存，以在后期出现纠纷时便于查证。将非必须留存的单证材料予以返还，其余材料结案归档。

第二节　企业财产损失保险的核保与理赔要点

一　企业财产损失保险概述

财产损失保险的标的是各种有形财产，根据具体险种的特色，可以分为狭义财产损失保险与广义财产损失保险。狭义财产损失保险指由传统火灾保险衍生而来的现代险种，主要包括企业财产保险、机器损坏保险、利润损失保险和家庭财产保险。广义财产损失保险除上述险种外，还包括工程保险，货物运输保险，机动车辆、船舶、飞机等运输工具保险，农业保险。本节所提的企业财产损失保险包括企业财产保险、机器损坏保险和利润损失保险。

（一）企业财产保险

企业财产保险是从火灾保险中派生出来的一个具体险种，是以单位或团体所有、占有或负有保管义务的位于指定地点的财产及其有关利益为保险标的的财产保险。在企业生产经营过程中，自然灾害、意外事故、机器设备及法律责任风险是常见的、主要的风险类型。其中，因风险事故等引起各种财务赔偿和法律责任风险，如公众损害、雇员损害、产品责任等，属于责任保险的范畴。这些风险导致的企业财产价值受损、营业中断利润受损以及雇员人身伤害损失等都可以作为投保项目予以风险转嫁。以风险保障范围的不同，企业财产保险主要分为基本险、综合险和一切险。

1. 保障范围

企业财产类型极其丰富，根据法律及实践经营中形成的是否可以承保的标准，分为可保财产、特约可保财产和不保财产。

（1）可保财产。可保财产是保险人可以承保的财产，基本要求是存放地点固定且相对静止的财产。从权属关系来看，被保险人所有或与他人共有而由被保险人负责的财产，由被保险人经营管理或替他人保管的财产，其他具有法律上承认的与被保险人有经济利益关系的财产，都可以成为可保财产。从财产的形态来看，可包括固定资产与流动资产。如正在使用、未使用或出租、承租的房屋、建筑物及附属装修设备，建造中的房屋、建筑物和建筑材料，机器及设备，工具、仪器及生产用具，管理用具及低值易耗品，原材料、半成品、在产品、产成品或库存商品、辅助品等，账外及已摊销的财产，代保管财产等。①

（2）特约可保财产。特约可保财产是经保险双方当事人特别约定并在保险单上载明才能成为保险标的的财产。现实中主要包括以下几种情形：一是价值不易确定或市场价格变化较大的财产，如金银珠宝、玉器、首饰、各类古物、邮票、艺术品、稀有金属等；二是价值高、风险较特别的财产，如堤堰、水闸、铁路、涵洞、桥梁、码头等易遭受洪

---

① 郑功成、徐琼飞主编：《财产保险》（第五版），中国金融出版社2015年版，第151—152页。

水、地震等风险的财产；三是风险较大的财产，如矿井、矿坑内的设备和物资等。上述财产的保险价值估计难度大，一般需由双方特别约定，以定值保险的方式予以承保。

（3）不保财产。不保财产是不予承保的财产。一是价值、利益不能用货币衡量的财产，如土地、矿藏、森林、水产、资源及文件、账册、图表、技术资料等。二是容易引起道德风险的非实际物资，如货币、票证、有价证券等。三是承保后与法律、法规、政策相悖的财产，如违章建筑、危险建筑、非法占用的财产。四是应投保其他险种的财产，如未经收割或收割后尚未入库的农作物，运输过程中的物资运输工具等。

2. 保险责任及除外责任

（1）财产基本险。财产基本险通常只保障最基本的风险，包括火灾、爆炸、雷击、飞行物体及其他空中物体坠落对企业财产造成的损失；此外，还包括灾害事故引起的被保险人拥有财产所有权的自用供电、供水、供气设备受损进而引发的保险标的损失，施救损失，减损的必要费用。其他风险对于财产造成的损失则不在保障范围之内。因为承保风险较小，所以费率也是最低的。

（2）财产综合险。财产综合险以基本险为基础，将财产可能遇到的一切自然灾害造成的损失都包含在保障范围内。如暴雨、洪水、暴风、龙卷风、冰雹、台风、飓风、暴雪、冰凌、突发性滑坡、崩塌、泥石流、地面塌陷等。但保险公司对是否构成自然灾害有明确要求，例如“暴风”仅指风力达 8 级、风速在 17.2 米/秒以上的自然风；“暴雨”指每小时降雨量达 16 毫米以上，或连续 12 小时降雨量达 30 毫米以上，或连续 24 小时降雨量达 50 毫米以上。理赔时需要气象部门出具的气象证明或者有相关新闻报道资料才行，否则也不符合赔偿要求。

（3）财产一切险。财产一切险是承保财产因自然灾害或意外事故以及因突然和不可预料的事故而造成的损失，凡不属于除外责任的风险均在保险责任范围内。相比前两者，财产一切险承保的风险最多，费率也最高。

（4）共性除外责任。与保险责任范围的不同相对应，上述企业财产保险的不同险别有不同的除外责任，但以下几类行为引起的损失是共同除外的：一是战争、类似战争、敌对、武装冲突行为，罢工、暴动、骚动及政府没收、征收行为。二是被保险人一方的故意、重大过失行为。三是核反应、核辐射及放射性污染。四是政府或当局的强令销毁。

（二）机器损坏保险

1. 保障范围

机器损坏保险主要针对各类安装完毕并已转入运行的机器设备设立，保险公司承保因人为、电气或物理原因造成的机器本身的损失。通常以独立险种或企业财产保险基本险或综合险的附加险形式设立。基于机器损坏后对投保人影响不同，为切实发挥风险转嫁功能，电力、矿山、船舶等特殊行业的一些重要机器，其他行业有重大价值的机器或特种安全设备才属于该险种的承保范围。

与企业财产保险相比，机器损坏险以承担人为事故，因电气、物理原因造成的意外事故为主，这与重点保障自然灾害事故的企业财产险形成互补。基于承保机器的高价值、专业性，以及损坏后维修时间的长短不一，通常根据重置价值确定保险金额，并设有特殊的停机退费规定。锅炉、蒸汽机、发电机等机器连续停工超过 3 个月时，保险人需退还一定比例的保险费，通常停工期包括修理期间，但不包括由于发生保险责任范围内损失后的修理期间。企业财产保险则可以选择适用实际价值、重置价值或估值进行投保。

2. 保险责任及除外责任

（1）保险责任。机器损坏险的保险责任主要是机械事故和人为事故，不包括自然灾害及一般的意外事故，承保风险都是企业财产保险所不予承保的。通常包括以下原因造成的损失：一是设计、制造或安装错误。二是工人、技术人员操作错误、缺乏经验、技术不善、疏忽、过失、恶意行为。三是铸造或原材料缺陷，离心力引起的断裂。四是超负荷、超电压、碰线、电弧、漏电、短路、大气放电等电气原因。以不超过保险金额为限，抢险救灾中采取必要、合理措施而造成保险标的的损失，以及被保险人支付的必要、合理费用也属于承保责任。

（2）除外责任。机器损害保险的除外原因除了企业财产保险规定的常态性除外责任，下列损失、费用和责任也被除外：一是机器设备运行后必然引起的后果。机器设备因自身因素会引起一些无法避免的物理变化或化学反应，如自然磨损、氧化、腐蚀、锈蚀，这些变化有可能引发机器的重大损害，但无法提前避免，保险公司不承担相关责任。二是操作中必需的润滑油、燃料、催化剂等媒介物，各种易损、易耗品、可替代的零部件等。三是被保险一方对保险机器及其附属设备在保险开始前已知或应知的既存缺陷。四是依法或依约由特定主体承担的损失或费用，如供货方、制造方、安装修理方等。五是公共设施部门的限制性供应、故意或非意外事故引起的停电、停气、停水。六是特定的自然灾害，如火灾、爆炸、地震、雷电、飓风、暴雨、洪水、冰雹、地面下陷下沉等。七是空中物体坠落或机动车碰撞。

（三）利润损失保险

利润损失保险作为传统财产保险的一种附加或补充，只有在投保了财产保险的前提下，才对因此种物质损失引起的利润损失负赔偿责任。要求所承保的风险必须与财产保险相一致，又称营业中断保险，一般作为企业财产保险或机器损坏保险的附加险投保。

1. 保障范围

利润损失保险主要承保保险责任事故引起的利润损失及营业中断期间仍需支付的必要费用等财产保险不予承保的合理、合法的间接损失。双方协商一致后，可以将供应商、销售商等其他相关主体遭受同样风险而引发被保险人停业、停产后造成的利润损失扩展到保险责任中。由于利润损失保险的补充性，需以附加条款、补充合同等形式出现，保障范围不得大于主险的保障范围，责任自留部分须和主险同比例，往往只列一个自留额。

2. 保障项目

利润损失保险的保险金额一般按本年度预期毛利润额确定，在计算营业额减少所致毛利润损失时，常用的计算公式如下：

毛利润=营业额+期终库存-期初库存-变动成本=净利润+固定成本

其中，变动成本在营业中断后就无须支出，在利润损失险中无保险利益可言。而固定成本又称维持费用，在营业中断期间仍需支出，因而是有保险利益的。计算出毛利润后，毛利润损失可采用下列计算公式：

毛利润损失=（标准营业额-实际赔偿期内的营业额）×毛利润率

其中，标准营业额是指上年度同期的可比营业额。实际赔偿期内的营业额是指从损失发生之日到安全恢复生产经营为止的营业额，实际赔偿期以保险赔偿期限为限。毛利润率用毛利润与营业额的比值计算。

对企业而言，除营业额减少能带来毛利润损失外，营业费用的增加同样可以引起毛利润损失，即企业为减少营业中断损失而仍需支付的必要、合理费用。这类费用主观上是为了避免或减少营业损失，缩短营业中断时间，客观上要求不能超过一定的经济限度，即不能超过不支出而造成的毛利润损失额。

二　企业财产损失保险核保操作要点

（一）核保总则

企业财产损失保险在核保时，重在审核以下几方面的内容：一是投保标的自身的基本风险状况。二是投保财产所处的环境，以及是否处于危险状态。三是安全管理制度的制定和实施情况。

（二）核保要素

1. 投保单

在企业财产保险中，投保单作为投保人对投保前财产真实状况的反映，是决定能否获得保险公司承保的关键，也是保险公司出具正式保险合同的重要依据和组成部分。实务中，投保单的填写须由投保人或其合法代表人完成，要求内容真实、字迹清楚、填写完整，不得随意更改，进行错误更正或遗漏补正时，投保人须在更正处签章。

2. 风险评估表、风险查勘报告

为真实、准确地判定投保标的的风险情况，承保前，保险公司需进行实地查勘，结合投保资料，重点对周围环境、防灾措施、风险管理情况等风险影响因素进行实地观察与了解，进行风险分析和评估。常规业务提供风险评估表，风险等级较高的业务、大保额业务或特殊标的业务，应提供风险查勘报告。

（1）查明保险财产的自身情况。如财产占用性质、机器用途、建筑物主体结构及其材料等。

（2）了解所处位置及周围环境。主要是从投保标的所处的位置及周围环境判断可能遭受主要风险的类型及概率。

（3）了解防灾安全设施。一是要看是否具有基本的防灾设备，如是否配备足够的消防器材，是否设置有一定高度的防水墙，是否配备有经过专业训练的消防、防汛等专业人员。二是要看是否针对投保标的的

特殊性配备有配套的安全设施，如耐高温的墙体、宜通风的材料等。

（4）了解以往损失及道德情况。一是了解投保人近几年的损失情况，进而了解日常对投保标的的管理情况，结合以往损失原因找出未来风险所在。二是了解投保人的道德情况，有无故意损毁、违规违纪现象，有无金融失信记录，在以往损失中有无明显过错等，从而掌握潜在的道德风险因素。若是续保业务，则需提供以往承保年度承保理赔数据，对历年经营不佳业务，提供风险改善建议和具体落实措施。

（5）划分危险单位。一次保险事故可能造成的最大损失范围所承担的责任可界定为一个危险单位。① 通过危险单位划分确定最大损失范围后，保险公司可对投保财产遭遇保险事故后可能的损失范围、程度进行估测，进而估算可能发生的最大损失金额，并以此为据确定自留风险比例、安排再保险等。② 危险单位划分时，应本着科学、谨慎和合理的原则进行，通常以位于同一地点的两项或多项财产之间的安全区隔为依据，安全区隔要求其中一项财产发生保险事故时不会同时影响其他保险财产。③ 若同一保单中的保险财产符合上述划分标准，则该保单可进行危险单位划分；若同一地点不同保单的保险财产可能受到同一保险事故的影响，则上述不同保单下的财产应合并视为一个危险单位。④ 对于企业财产损失保险来说，一座建筑物，无论有多少个被保险人或有多少张保单与建筑物有关，其建筑物以及建筑物内所有物品，包括相关的利润损失险、营业中断险和后果损失险都应被看作一个危险单位，无须进一步进行危险单位划分。⑤ 划分危险单位时，应提供标明间距的厂区平面图，以及相应的保险未保额明细表。

（6）分析最大可能损失。最大可能损失是指在所有保护系统失灵，相关应急处理人员以及公共救灾机构无法提供任何有效救助的情况下，单一设施可能遭受的财产损失以及营业中断损失的合计最大金额。⑥ 危险单位确定时，需分析出其最大可能损失，以此为基础，可估计出整个

---

① 参见《保险法》第 103 条第 1 款。
② 参见《财产保险危险单位划分方法指引》（保监发〔2006〕52 号）第 2 条。
③ 参见《财产保险危险单位划分方法指引》（保监发〔2006〕52 号）第 3 条。
④ 参见《财产保险危险单位划分方法指引》（保监发〔2006〕52 号）第 3 条。
⑤ 参见《财产保险危险单位划分方法指引》（保监发〔2006〕52 号）第 4 条。
⑥ 参见《财产保险危险单位划分方法指引》（保监发〔2006〕52 号）第 3 条。

标的物的最大损失率，再用损失率乘以保险财产的保额，便可得出最大可能的损失金额。

当风险过大，损失赔偿超出保险公司自身财力所能承受的范围，或超过法律法规附强制规定限额的项目时，保险公司会联合多家公司共同承保。涉及共保业务时，需提供投保人或经纪人签章确认的共保协议，或者由经纪人或投保人列明各共保方的共同签章。

按上述流程进行投保标的的风险评估后，相关人员需填写风险评估表或核保问卷。

3. 承保条件

（1）主条款、附加条款、特别约定。根据规定，企业财产损失保险中各险种条款需报保险监管机构审批或备案。主条款主要是对保险合同基础内容的规定，原则上都应经审批或备案。

附加条款是结合标的实际风险状况、市场竞争因素、被保险人需求等，对主条款进行的扩展、补充或说明。作为保险合同的组成部分之一，附加条款需规范、严谨，保险公司仍需要逐一审核。其中，扩展类附加险条款在厘定费率时需综合考虑，设置相应的赔偿限额或每次事故免赔额；限制类附加条款应根据对应险种的需要使用，费率可适当优惠；规范类附加条款原则上可考虑不收费，但部分条款应设置相应的赔偿限额或免赔额。确因具体业务拓展而需要使用有实质性差异或作出重大修改的非标准附加条款，需填写申报审批表，经保险监管机构审核备案后方可使用。

特别约定需由保险合同双方协商一致后作出，与保险合同条款具有同等法律效力，有标准文本的必须使用标准文本，没有标准文本的则用语必须简洁、严谨、规范。保险公司核保时需重点核定特别约定的内容。

（2）保险金额。保险金额限定了保险公司的最大赔偿责任，也影响着投保方在事故发生后所获赔偿的多少。企业财产损失保险中，双方约定的保险金额与财产实际价值之间存在等值、超值、不足值三种关系，分别称为足额保险、超额保险与不足额保险。

保险标的可根据特性、惯例或需求采用不同的方法确定保险金额，但无论哪种方法，确定都应适当，否则会影响赔偿。投保项目栏中也需分项列明保险金额和名称，明确投保项目的价值确定方式。实务中，常用的保险金额确定方法有以下几种。

第一，按市价确定，即根据标的物当时的市场行情估价确定，如货物、设备、建筑物等。采用此方法确定保险金额时，保险单上通常只列明保险金额，不约定标的的实际价值，发生损失时，保险人按照事故发生后标的损失当时的实际价值，即市价计算赔款。采用账面原值投保的固定资产或按账面余额投保的流动资产应在备注栏内列明“根据某年某月资产负债表”。

第二，按财产的重置价值确定。重置价值指重新换置或建造同样全新财产所需要的成本及费用，含货价、运费、税款、保险费等。如一台旧机器可以同类产品的新机器的价值作为保险金额，赔偿时按新机器的价值不扣除折旧，通常要求投保时应提供投保项目的投保清单。为明确责任，采用此方式承保时，保险人一般会附加专门的“重置价值保险条款”。

第三，按约定的保险价值确定。对于字画、古玩、工艺品等特殊标的，投保时可以双方事先约定的金额或经权威机构评估后的价值作为保险金额。损失发生后，保险人以保险单上约定的保险金额为依据，结合损失程度计算赔偿。全损时以保险金额为限全部赔偿，部分损失时以保险金额乘以损失成数赔偿。

第四，以约定的赔偿限额确定。在这种方式下，保险金额往往低于被保险财产的实际价值。损失发生后，保险人不考虑保额与实际价值估价的比例关系，始终以保险金额为限确定赔付，若损失金额小于保险金额，一律按实际损失赔付，一般会参考具有专业评估资质的评估公司出具的评估报告中的价值。这种方法只适用于一些价值较高、无法准确定价的财产，如地铁、隧道、公路、桥梁等。

第五，按保险财产的账面原值或账面原值加成数来确定。但采用此方法确定保险金额时，需保证财务管理严谨、账务清晰，损失发生后，保险人可直接按保险金额与保险价值的比例承担赔偿责任，出单时应注明依据什么时间的资产负债表确定。否则，极易出现道德风险。

第六，按保单明细表中列明的费用确定，如“清理残骸费用”“施救费用”等。这类费用可单独列出保险金额承保，考虑到费用开支的笼统性，一般以第一危险责任赔偿方式予以核算。此外，每项费用可以计入总保险金额并按约定费率收取保费，也可以列入扩展责任并规定一个与保额相适应的赔偿限额，确定费率时予以考虑。

其中，上述各方法中约定估价投保的财产必须提供经客户盖章的清单。

（3）保险费率。根据监管要求，保险公司必须严格执行向保险监管部门报批或备案的条款费率，不得以各种理由随意扩大或缩小保险责任，不得随意变更统一报批报备的条款费率。如需修改或改变条款费率的，必须依法履行报批或报备程序。

保险费率的厘定需综合考虑以下因素：投保险种的责任范围；建筑物的建筑结构和周围环境；占用性质；历年赔付记录；标的所处地理环境及区域特点；企业行业风险；被保险人的经营管理情况及安全管理水平；免赔额（率）；附加条款及特别约定的条件；保险期限的长短、跨度等。企业财产损失保险一般以年为单位核算费率，保险期限不足一年的按短期费率计收，不足一个月的按一个月核算。实务中，为兼顾投保方的交费压力和保险人保费的收取，保单中会明确最后付费日期，并限制在保险合同生效之日起的一定时间内，如两周。但对一次交清有困难的客户，也可协商后采取分期付费的方法交纳，为减少纠纷，需以书面形式注明每期应交付的保险费和交付日期。

（4）免赔额。为减少道德风险，督促投保方做好防灾防损工作，降低其投保成本，企业财产一切险、机器损坏险可确定一定标准的免赔额。免赔金额主要依据承保项目的损失频率和损失程度确定，免赔率则表述为保险金额或损失金额的一定百分比。损失频率高、损失程度不大时，一般设置免赔金额；损失频率不高、损失程度较大时，一般设置免赔率。具体设置时，可就全部风险设定同一免赔条件，也可分不同风险设定不同免赔条件。例如，在财产基本险、财产综合险中，标的物为易燃、易爆物品的可设10%—20%的免赔率；企业性质为五、六级工业的企业[①]，可设10%—15%的免赔率；标的所处位置的标准高度在当地洪

① 根据工业险别的划分，五级工业包括以一般危险品及部分特别危险品为主要原材料进行化合生产、制氧、挥发性化学试剂以及塑料、染料制造等工业；大量使用竹、木、草为主要原材料的木器家具、工具、竹器、草编织品制造工业及造纸工业；油布、油纸制品工业。六级工业包括以特别危险品如赛璐珞、磷、醚以及其他爆炸品为主要原材料进行化合生产的工业；染料工业。

水警戒线或近20年洪水水位平均值以下，对于水损风险，加设10%—20%的免赔率；附加盗窃险、水暖管爆裂等附加条款业务应视保额大小设置相应免赔额；管理不善，出险频率高的企业，应设一定的免赔条件。财产一切险原则上必须加设免赔额，免赔额视企业营业性质、管理状况、保额大小综合确定。

4. 暂保单

暂保单是保险公司基于特殊情况在正式保单出具前开出的一种临时合同。主要适用于客户急需转嫁风险但又无法开具正式保单，投保意愿合理、保险责任明晰、保险项目明确的情况。具体包括：一是保险代理人在争取到业务但尚未向保险公司办妥正式保险单之前，可临时开具。二是保险公司的分支机构在接受投保时，需要请示总公司审批，或者还有一些条件尚未全部谈妥。三是正式保单需由微机统一处理，而投保人又急需保险凭证。

暂保单的法律效力与正式保单完全相同，但有效期一般不超过30天，具体由保险人决定。暂保单在正式保单交付时自动失效，保险人也可在正式保单发出前终止其效力，但必须提前通知投保人。暂保单可以是书面或口头形式，为了减少事后纠纷，大多使用书面形式。

出具暂保单时，保险人需充分了解被保险人的资信情况、保险标的风险情况、以往投保情况等基础信息。为充分保证暂保单存续期间的效力，保险双方已经对保险条件协商确定的，被保险人需书面确认并先行支付一定比例的保费，一般为预计保费的10%—20%。该部分保费在后期正式交费时可予以扣除。暂保单存续期间发生的保险事故，须在正式保单签发后结案。

5. 批单

批单是在保险单签发后，对某些内容进行更改而附贴在保险单的书面协议，不仅可以更改保险单的内容，还可以更改原有批单的内容。批单的法律效力高于原保单约定，新批单的法律效力高于原批单的法律效力。

批单的适用需注意以下事项：一是所有批单都需要经过核保，流程与原保单的审核雷同，原则上仍由原保单核保人审核。二是更改申请由被保险人提出时，需填写专门的批改申请书，保险公司核保同意后予以批改，并须有签章，粘贴在投保单后。三是当批单内容涉及保费增减变动时，批单中应列明加费或退费的详细计算公式，并出具付费通知书。四是批单文字要求简练、准确，一般最少缮制三份，分别送交保户、存入客户档案、粘贴保险单副本后并加盖骑缝章。

另外，续保项目应按续保程序录单或注明上年度保单号，并在特别告知栏内说明出险索赔情况。初审意见中要注明是否符合当地行业自律或纯风险损失率要求。异地业务需补充理由。统保业务应注意审核统保代码是否正确。

三 企业财产损失保险理赔操作要点

企业财产损失保险的理赔流程主要包括案件受理、现场查勘、责任审核、损失核定、赔款计算五个环节。

（一）案件受理

如前所述，企业财产损失保险案件受理时，需由受理人员填写报案登记表，督促被保险人填写出险通知书，查抄核对保险单，确定查勘人员，并将超过审批权限的案件通知上级公司。

案件受理时，受理人员需重点审核以下事项：一是确认当时投保的具体险别，并对受损标的、出险地点、出险原因、出险时间结合保险合同予以核对，确定是否属于保险合同约定的事项。二是审核确认投保方是否依约交纳了保险费，索赔人是否享有索赔权。

（二）现场查勘

企业财产损失保险理赔时，查勘人员需亲临现场，以现场调查为主，拍摄事故照片，督促协同被保险人现场施救，核实受损财产，查阅会计账表，估算残值、损失，填写现场查勘报告。

查勘人员需重点审核以下事项：一是结合现场资料，查明出险时间、地点、原因、施救及经过。二是确定保险财产的损失状况，明确各自受损程度和受损数额；查阅会计账表，确认受损财产的会计科目和明细账单；结合保险单，确定是否属于保险财产。三是审核查勘报告是否包括了承保情况、出险情况、理赔人员情况、被保险人情况、第三者责任情况、损失情况、理算情况等内容。

（三）责任审核

结合现场查勘报告，理赔人员需进一步审核责任。一是需查明出险原因，核对事故证明文件。二是需查明保险标的的灾前状况，是否已存缺陷、已出现自然损耗或本身就是残次品、过期品。三是需分清属于直接损失还是间接损失。四是需查明有无第三者责任。[①]

责任审核中需重点审核以下事项：一是审核有关责任是否属于保险条款列明的保险责任范围。二是审核责任承担的比例，是全部负责还是部分负责。三是审核间接损失是否被剔除。四是存在第三者责任时，是否办理了追偿手续。

（四）损失核定

损失核定主要是确定各项损失，做到损有账、失有据。一是需做好各类账单的审核。被保险人需提供资产明细清单或资产负债表，核损人员需将损失清单与保险单、财务账册报表逐一核对。不同类型物资的损失核查重点不同，固定资产、原材料、产品等需核对明细账确定损失，并需确定出险日的账面数据；存货、在产品等需汇总出险日对应的科目余额；建筑物、在建工程需核查账面余额、工程预算表。二是需逐项审核施救费用清单。三是对利润的受损，需注意“费用减少”事项。计算毛利润损失时，除核算增加的额外费用外，还需对费用的少支出或无须支出情形予以扣除。

在这一环节，需重点审核控制以下事项：一是需重点核定受损财产的范围、数量、价格，需确定是否足额投保，受损财产是否剔除未保财产；受损财产价格是依据账面价格，还是重置价格。二是需核定施救费用是否必要、合理。三是残值金额是否扣除，折归被保险人。四是对营业额的减少，需认真分析其减少原因。

（五）赔款计算

赔款计算时，一是需列明计算公式，并检查是否准确。二是需扣除预付款项。注意赔偿方式是否适用，赔偿计算是否准确。

其中，在企业财产险中，在确定不同承保项目保额时，一是需慎重认定火灾责任，结合现场查勘情况、相关部门的证明，判定引发火灾的真正原因及损失近因，再予以责任认定。二是注意不同承保项目保额的确定方式，保险合同中有约定的按约定，没有约定的按法定或行业惯例，需重点审核是足额投保还是不足额投保。三是注意剔除未保财产，

① 张洪涛、王国良主编：《保险核保与理赔》，中国人民大学出版社2006年版，第216页。

详细确定损失核定结果，做到应赔尽赔。四是对低值易耗品，需确定是否属于保险范围，其价值需结合会计核算摊销法予以同比例赔偿。

涉及“按损失当时的市价”计算赔偿时，应注意“市价”的核算，是已扣除折旧因素的余额，固定资产等会涉及会计核算中的折旧计提，按折旧后的余额计算。采用比例赔偿方式时，需确定是全部损失还是部分损失，是足额投保还是不足额投保。全部损失时，如果受损财产保险金额超过或等于保险价值，则赔偿金额以保险价值为限；如果受损财产保险金额小于保险价值，则赔偿金额以保险金额为限。部分损失时，受损财产保险金额超过或等于保险价值时，赔偿金额等于实际损失；受损财产保险金额小于保险价值，赔偿金额则按比例计算，即赔款=（保险金额/保险价值）×实际损失或受损财产恢复原状所需的修复费用。

在机器损坏险中，一是需注意重置价值的确定，以置换型号、规格、性能相同或类似的新机器设备的价格为依据，包括出厂货价、运费、保险费、税款、安装费等。二是注意区分事故维修费与技术改造革新费、正常维修费，准确核定修理费用。只有事故维修费才属于保险责任，后两者需严格排除。核定修理费时，零部件价格要合理，不能超过市场均价太多，稀缺特定零部件特别对待；修理工时费根据市场日均工资确定。三是为减少道德风险，提高被保险人的注意义务，可规定被保险人应承担“类似缺陷”的调查、纠正义务，否则对“类似缺陷”造成的损失可不予赔偿。四是需注意区分机器设备运行的必然后果与意外事故，并注意剔除易损易耗品。

在利润损失险中，一是需注意保险赔偿期限与保险期限的区别。保险期限是指保险合同约定的由保险人承担保险事故责任的起止期间。保险赔偿期限是指保险人核算具体赔偿金额的时期，是指保险期限内发生灾害事故后到生产或营业完全恢复时为止的时期。利润损失保险只负责保险赔偿期限内所遭受的损失，保险赔偿期起始必须在保险期限内，但结束可超过保险期限，具体需由双方提前约定。通常，保险公司会根据历史数据、行业经验等事先估计企业财产受损后恢复原有生产经营状况所需要的时间，进而确定为赔偿期限。二是需重视营业额的确定，注意分析营业额减少的因素，调整标准营业额，并合理计算毛利润。

企业财产损失保险（一切险）投保单（样本）见附录4-1。

第三节　家庭财产保险的核保与理赔要点

一　家庭财产保险概述

（一）基本特征

家庭财产保险，是以城乡居民家庭的住宅及存放在固定场所的物质财产为保险对象的一类保险业务，简称家财险。

家庭财产保险业务经营与传统的火灾保险业务相似，要求保险标的必须存放在固定场所，必须是有形实体财产，诸多自然灾害与意外事故引发的责任都属于承保范围，还可以附加一些特约风险，如盗窃风险等。实务中，家庭财产保险的具体险种多样化，如根据承保责任，可分为综合家财险和单一家财险；根据承保业务是否独立，可分为家财险主险和附加险等。

（二）保障范围

凡是坐落在保险单所载明的固定地点，属于被保险人自有或代保管或负有安全管理责任的财产，可以投保家庭财产保险。因此，处于被保险人的直接控制之下，是投保家财险的前提。通常，下列类型的财产可以投保家财险：一是固定资产，包括房屋及其附属设备。二是家庭的生活资料，如家具、电器、文化娱乐用品、交通工具等。三是农村家庭特有的生产、生活用具，如农具、工具、已收获的农产品、副产品、家禽等。四是个体劳动者的营业用具，如原材料、商品、工具、器具等。五是经双方特别约定承保的属于被保险人代他人保管，或与他人共有的上述财产。但一些无法鉴定价值或正处于危险中的财产，保险公司不予承保，如金银、珠宝、货币、有价证券、各类古物、文件、账册、家畜等。

（三）保障责任

1. 保险责任

家财险的基本责任范围与企业财产保险综合险的保险责任范围相似，主要承保以下责任：一是家庭燃气用具、电器、用电线路、液化气罐、燃气及其他火源引起的火灾、爆炸。二是空中运行物体坠落、外界物体倒塌；三是常见的自然灾害及引起的地面下沉，如台风、暴风、暴雨、雷击、洪水、冰雹、突发性滑坡、泥石流等。

2. 除外责任

家财险的除外责任有两类。

一类是与企业财产损失保险一致的除外责任，如投保方的故意或重大过失行为，包括投保人、被保险人及其家庭成员、雇佣人员、暂居人员等；战争、暴动、武装叛乱等；核辐射、核爆炸、核污染等；地震、海啸及其次生灾害；政府的行政行为、司法行为。

另一类是家财险独特的除外责任，包括以下几种：一是家用电器因超电压、自身发热、漏电等原因所造成的自身损毁。二是保险标的因自身缺陷、变质、霉烂、自然磨损、保管不善等导致的损失。三是在保单载明地址的固定建筑外遭受的损失，但安装在屋外的空调、太阳能热水器等家用电器的室外设备除外。四是间接损失。

二　家庭财产保险核保操作要点

家庭财产保险的核保要素及注意事项与企业财产损失保险大同小异，此处不再赘述。实务中，有以下内容需要重点注意。

（一）需重点查勘投保标的物所处的环境及占用性质

投保家财险要求标的物需处于投保人/被保险人的直接控制下，因此，不仅要重视对投保人所在地区的自然环境风险调查，而且要重视对投保人所处地区的社会环境，尤其是治安状况的调查。要查明投保标的物的占用性质及建筑物的主体结构和所用材料，了解可能存在的风险及危险等级，查明主要风险隐患、防护措施。

（二）火灾、盗窃是家财险主要面临的风险

判定火灾时，需强调是在一定的时间范围内或一定空间范围内失去控制的燃烧所造成的灾害。这种燃烧是偶然、意外发生，并失去控制有蔓延扩大的趋势。火灾责任的认定需兼顾燃烧现象与扩大趋势。在家庭财产保险中，电机、电器等因超电压、漏电、自身发热等造成的设备本身损毁，不属于火灾责任，但发生燃烧并失去控制蔓延扩大，造成设备本身及其他财产损失时，则属于火灾责任，保险公司需对电机、电器等设备本身造成的损失负责赔偿。判定盗窃时，为防范被保险人监守自盗，需以公安部门的专业认定为主。

（三）家财险的业务分散、额小量大，核保成本相对较大

与企业财产保险相比，居民家庭的财产有限，并且家财险中通常未

将汽车作为保险标的，因此财产的保险金额就相对较低，但财产类型、家庭数量巨大，呈现明显的核保成本大、业务分散的特点。

三 家庭财产保险理赔操作要点

家财险业务额小量大，为减轻经营成本，理赔中，对被保险人提出了一些要求，这也是保险人需重点审核的事项。

（一）被保险人需及时报案，并提供相关资料

出险后被保险人需尽快报案，同时需提供以下资料：保单号和索赔申请书；被保险人的身份证明；财产损失、费用清单，发票或其他保险人认可的财产证明；投保人、被保险人所能提供的与确认保险事故的性质、原因、损失程度等有关的其他证明和资料。保险人需认真审核上述资料，初步筛查是否属于理赔范围。

（二）被保险人需做好损失确认中的配合

确认损失环节被保险人需做好配合，保护事故现场，允许并协助保险查勘人员现场查勘、进行事故调查，尽可能当场确认损失的财产及其损失程度，同时，需配合提交相关索赔单证，包括：保险单，出险通知书，损失清单，购物发票，保险公司估价单，各类专业对口部门开具的事故证明，身份证复印件、单位证明等其他材料。其中，事故证明含消防部门出具的失火证明，公安部门出具的盗窃报案证明及未破案证明，气象部门出具的自然灾害证明等。

（三）采用第一危险赔偿方式核算理赔金额

家财险核算理赔金额时一般采用第一危险赔偿方式，即无论是否足额投保，只要保险标的发生了保险合同约定的责任事故并产生损失，保险人就需对实际损失赔偿。但最高赔偿金额以约定的保险金额为限，即保险标的的损失在保险金额限度内时，由保险人负责赔偿；凡是超过保险金额的损失，则皆由被保险人自己负责。

实务中，保险人还需注意受损财产实际价值的确定。由于家庭财产一般没有严谨的账目，使用年限也没有严格标准，实际价值很难确定，通常以出险时购买类似物品的价格为标准，结合市场价格、款式及新旧程度来确认理赔额度。

家庭财产保险（综合险）投保单（样本）见附录 4-2。

第四节　工程保险的核保与理赔要点

一　工程保险概述

（一）基本特征

工程保险是对建筑、安装工程项目在施工建设期间为工程建设提供风险保障的保险，包括建筑工程保险、安装工程保险，属于综合性保险。

与其他财产面临的风险相比，工程建设中面临的风险有自身特殊性。一是风险多样性明显，往往在一个项目中有许多风险共存，如因设计错误、施工不善、材料缺陷等人为或自然原因引起的建设风险，承包商、业主、关系方等的信用风险，环境风险，经济风险，政治风险，法律风险等。二是关联性较强，大型工程涉及面广，风险集中，不同风险呈现一定的灾害链特征，可能会一损俱损。三是风险的变化性较强，工程设计与施工工艺的复杂性使工程项目建设的阶段性明显，如决策阶段、规划设计阶段、施工阶段、竣工阶段，这些不同阶段面临的风险类型及程度各不相同，从而使整个工程风险处于动态的变化之中。这也使工程保险具有如下特征。

1. 保险标的的特殊性

与传统财产保险相比，工程保险承保的标的大多处于暴露状态，并且标的物尚未完成，处于施工状态。与处于完成状态的保险标的相比，未完成的工程项目强度差、安全性低、危险度高。虽然大多数工程在设计时就已经考虑了应对灾害的性能及支撑强度，但这些能力往往要在工程完成后，其作用才能完全发挥，施工中可以说等于处于无防备状态，再加上其他防灾防损设施可能还不健全，通常抵御风险的能力大幅低于普通财产保险标的。

2. 被保险人的多方性

工程建设项目涉及的关系方很多，一般会涉及业主、承包人、债权人、设计师、工程师、专业顾问、供货商、制造商等。工程保险的目的在于将工程进行中可能产生的大部分风险予以转嫁，从而减轻相关各方可能遭遇的损失，排除干扰，以保证工程顺利完成。由此，保险标的的所有人、标的受损时承担修复义务的单位或承担风险的有关各方都可以成为被保险人。

3. 承保风险的综合性

工程保险本身是一个动态过程，涉及的风险类型广泛，因此，其保障综合性明显，既承保工程期间工程本身、施工工具或工地设备、物料所遭受的财产损失，也承保因施工给第三方造成的物质损失或人身伤亡的责任风险，还承保建筑材料及构件、安装设备的内陆运输和储存风险，与工程直接相关的设计师、监理工程师、制造商的错误风险等，人为因素对工程的风险影响也很大。此外，机械、钢结构物的安装作业等工程，为了检查完工情况往往要进行试车，可能遇到因第一次开动从未启动的机器所带来的各种风险，即试车风险。这种风险从工程安装作业开始就已经存在，尤其是工程标的物在设计、施工、材质或制造中的缺陷，由于没有开动，显露不出来，但在试车阶段发生事故，瞬间即决定接近完成状态的施工项目的命运，试车风险很大。

4. 保险金额的变动性和多元性

对工程保险而言，保险标的的价值随工程建设的进度与工程材料以及人工的不断投入而逐渐增长，到验收移交时达到最高水平。因此，投保时难以准确确定保险金额。这就需要一个与其他保险不同的确定保险金额的方法。一般建筑、安装工程保险可按工程招投标合同价确定；完工时的工程竣工结算总造价为最终保险金额，实行多退少补。核算保险金额时，物质损失部分包括：建筑工程，安装工程，建筑用的机器、装置、设备，工地内的现有建筑物，业主或承包人提供的物料及在工地上的其他财产，场地清理费。此外，第三者责任部分通常是单独列出，特种风险赔偿特别约定。

5. 保险期限确定的特殊性

工程保险的保险责任期限，通常根据预定的工程施工工期天数确定，自工程动工之日起或建筑安装项目的材料、设备卸至工地时开始，至工程竣工验收或实际投入使用时止。保险期限的长短，一般由投保人根据需要与保险人协商确定。

（二）建筑工程保险

1. 保障范围

建筑工程保险承保的是各类建筑工程。从用途上看，可以是各类民用、工业用、公共事业用的建筑工程。从类型上看，可以是房屋、道路、桥梁、水库、码头、管道、娱乐场等各种建筑。从风险类型上看，可以是建筑过程中的各种意外风险。从保险标的来看，可以是工程项目主体、工程所用机械设备及第三者责任，此外还可以约定附加项目。

2. 保险责任及除外责任

建筑工程保险所承保的保险责任类型多样。对物质部分，主要是自然灾害、意外事故和人为风险。其中，自然灾害包括地震、海啸、雷电、飓风、暴雨、地陷下沉等约定事项；意外事故包括火灾、爆炸、飞机坠毁等被保险人不可预料并无法控制，造成物质损失或人身伤亡的突发性事件；人为风险包括相关建设或技术人员缺乏经验、疏忽、过失、恶意行为等造成的风险。对第三者责任部分，主要是因建筑工程事故造成的第三者人身伤亡、财产损失，依法应由被保险人承担的赔偿责任，以及事先经保险人同意的被保险人因此而承担的诉讼、鉴定等其他费用。为减少道德风险，工程保险一般规定有免赔额与赔偿限额，如特种危险免赔额、自然灾害免赔额、各保险项目遭受意外事故的免赔额、试车期免赔额等。

与此同时，保险人对以下原因造成的损失不负赔偿责任：一是设计错误引起的损失、费用和责任。二是保险标的因自然磨损、内在缺陷或自身性质的物理、化学变化及鼠咬、虫蛀等其他渐变原因造成的标的自身的损失和费用。三是因原材料缺陷或工艺不善，非外力引起的机械、电气装置或施工用机具、设备失灵等引起的标的财产本身的损失，以及为修理、补正而支付的费用。四是维修保养或正常检修费用。五是无法核定价值的物质损失，如档案、文件、账簿、票据、现金、各种有价证券、图表资料等。六是属于其他保险保障的车辆、船舶、飞机等的损失。七是工程开始前已经存在或形成的工地范围内属于被保险人的财产损失。八是保险期限终止前，已验收合格或实际占有、使用、接受的部分。

（三）安装工程保险

1. 保障范围

安装工程保险的承保项目主要指安装的机器设备及其安装费。凡属安装工程合同内要安装的机器、设备、装置、物料、基础工程（如地基、座基等）以及为安装工程所需的各种临时设施（如临时供水、供电、通信设备等）均包括在内。安装工程中配套使用的机器、设备，为工程服务的土木建筑工程、工地上其他财物、事故发生后的场地清理费等，可作为附加项目承保。因工地意外事故造成的第三者人身伤亡或财产损失，依法应由被保险人承担赔偿以及因此而发生的诉讼、鉴定等经保险人同意的其他费用，可作为第三者责任险投保。

2. 保险责任及除外责任

安装工程保险的保险责任与建筑保险略有不同，除前述自然灾害、意外事故外，还保障安装工程中因电路、电压、电气等引发的事故和安装技术不善引起的事故。根据需求，还可以附加罢工、暴乱、民众骚乱条款，工地外储存物质条款等。有关的第三者责任保险则可以根据风险转移需求，设置为基本保险责任或附加责任、扩展责任。

二　工程保险核保操作要点

（一）核保重点及注意事项

1. 工程保险项目的风险评价

（1）填写风险评估表等书面材料。由于工程保险中面临的风险多样、内容交错、损害结果严重，使其风险调查及评价极其重要。风险调查中，除要求被保险人如实详尽地填写投保申请书外，还需要对建筑工程本身的性质、复杂性、技术难度、风险程度等基本属性及相关影响因素进行风险调查，如自然环境及位置，设计方、工程承包方及其他关系方的资信、技术水平、管理水平、人员素质等，各种工期、试车期、保证期，资金额、来源、工程造价明细清单，原材料及设备的供应方、质量，投保人及被保险人的数量、关系，第三者责任风险，等等。同时，需填写风险评估表及专项清单，如施工用机具、设备清单等。

（2）现场查勘。工程保险承保前的现场查勘需认真、详尽，以工程项目及其所在工地为重点，需了解以下内容：一是工程项目自身的相关信息，如项目的性质、性能，设备的新旧及结构、事故记录，设计及施工方的技术力量，承包商及施工方的组织管理、应急抢救、持证上岗制度等。二是工地的相关信息，如所在位置及周边环境、危险因素，安保及设施防护，场内有无现成建筑物和其他物资，场外有无第三者，以及其分布、性质和经营状况等。

（3）需掌握的信息和工程资料。建筑工程类需掌握各种建设信息及承建合同、平面图、水文资料、可行性研究报告、施工组织设计、工程量汇总清单、施工计划清单等；安装工程需掌握各种工程建设信息及各种文件、合同、报告、计划表等。

上述事项完成后，需对各种风险的影响和危害性进行系统分析，找准症结所在，整体进行风险定级。例如，可采用 LEC 风险评估法确定风险程度，即风险程度由事故发生可能性、暴露于危险环境的频度与事故后果共同决定，表示为 D=L×E×C，其中：D 表示风险等级程度，风险程度值确定后，关键是如何确定风险等级及其界限值，这个界限值需要根据不同的风险防范需求予以调整，以确定持续改进的措施，风险程度也有多种划分，如表 4-1 所示，可根据危险程度的严重性划分为红色、橙色、黄色、蓝色风险；L 表示事故发生可能性，通常用 0—1 的概率表示，也可以直接与发生频率结合进行定级，如表 4-2 所示；E 表示暴露于危险环境的频繁程度，在危险环境中出现的时间越多，发生危险性越大，如表 4-3 所示；C 表示事故发生后果，可根据人员伤亡情况、财产损失、设备损坏情况综合判断并划分等级，如表 4-4 所示。

表 4-1　　风险等级划分

风险等级划分：D		
级号	风险级别	危险程度
1	红色风险	极其危险，不能继续作业，需整改后方可作业
2	橙色风险	高度危险，应立即采取整改措施
3	黄色风险	显著危险，需要采取整改措施
4	蓝色风险	一般危险，需要引起注意
5		稍有危险，在允许范围内，可以接受

表 4-2　　事故的可能性

事故的可能性：L		
级号	事故发生的可能性	发生可能性的衡量（发生频率）
1	完全可以预见会发生	每天发生、经常发生、几乎每次作业发生
2	相当可能	1 年内发生 10 次或以上
3	可能，但不经常	每年可能发生一次

续表

事故的可能性：L		
级号	事故发生的可能性	发生可能性的衡量（发生频率）
4	可能性小，完全意外	5 年内可能发生一次
5	很不可能，可以设想	10 年内可能发生一次
6	极不可能	10 年以上可能发生一次
7	实际不会发生	

表 4-3　　暴露于危险环境的频度

暴露于危险环境的频度：E	
级号	暴露于危险环境的频度
1	连续暴露
2	每天工作时间内暴露
3	每周一次或偶尔暴露
4	每月一次暴露
5	每年低于 12 次暴露
6	只有在特定情况暴露，或几乎不暴露

表 4-4　　发生事故产生的后果

发生事故产生的后果：C		
级号	人员伤亡情况	财产损失、设备设施损坏
1	伤害，可以恢复	无财产损失
2	1—2 人轻伤	一次事故直接经济损失在 5000 元以下
3	造成 1—2 人重伤、3—6 人轻伤	一次事故直接经济损失在 5000 元及以上，1 万元以下
4	事故（1 人死亡）	一次事故直接经济损失在 1 万元及以上，10 万元以下
5	严重事故 （死亡人数 3 人及以下）	一次事故直接经济损失在 100 万元 及以上，500 万元以下
6	特大事故，许多人伤亡 （3 人以上死亡）	一次事故直接经济损失在 500 万元及以上

2. 风险控制

在工程保险中，风险控制的重心是在风险识别和评估的基础上采取各种防范措施，从而减少、避免事故的发生及相应的人员、财产损伤。如在施工中，可根据气象预报，提前采取预防措施防范自然灾害；根据国家技术标准、行业规范对各类工程技术及执行进行审核，降低人为技术风险；检查施工中国家有关环境、安全制度的落实情况，督促施工方提高组织管理能力等。

（二）保险金额及保费的确定

工程保险的保险金额涉及物质损失、特种风险和第三者责任险三部分。

1. 物质损失部分的保险金额及保费的确定

在建筑工程保险中，保险金额通常以工程完成时的总价值核算，但投保时，工程刚起步，因此，实务中先以工程标的合同价确定投保金额，可以是工程预算价，也可以是承包合同价。投保后，要求被保险人做好及时通知、申报义务，否则保险人会视为保险金额不足，发生事故后按比例赔偿损失。一是当工程费用超出保险合同约定的工程造价时，需尽快书面通知保险人。二是工程建造期超过 3 年时，被保险人需按双方约定，定期申报工程实际投入金额及调整后的工程总造价，如每隔 12 个月申报一次。保险人接到上述申报后可据此调整保险金额、保险费。对保险人而言，还需在保险期限届满 3 个月内进行保险金额的最终审核。要求被保险人按时申报最终的工程价值，保险人据此多退少补，调整预收保费。被保险人还需对工程细节做好记录，以备保险人的核查。

建筑工程保险物质损失部分厘定费率时，需考虑工程自身的性质和总造价，施工的危险程度，工地及邻近地区的地理位置与环境，巨灾可能性及最大损失程度，工期及保证期长短，现场管理与安全防护，工程设计和施工方的专业资质和管理状况，以往损失经验，免赔额及特种危险赔偿限额的，附加条款的应用。

安装工程保险可能涉及的物质损失保险包括安装项目、土木建筑工程项目、场地清理费及所有人、承保人在工地上的其他财产。根据安装项目在总工程中所占比例的不同，保险金额确定方式不同：完全承包时，项目的承包合同价决定保险金额。安装工程涉及土建工程项目时，若土建工程项目保额超过安装工程总保额的 50%，则需单独投保建筑工程保险；若超过 20%，则按建筑工程保险收取保费；若未超过 20%，则按安装工程投保。

安装工程保险的费率厘定也是一项复杂工程，需根据情况制定。物质损失部分厘定费率时，主要考虑以下因素：项目本身的风险大小，如试车期间发生爆炸的可能性，安装期间有无大型的起重吊装物件等；施工条件、工地环境及自然地理条件；免赔额；同类项目损失统计及赔付的历史情况。

2. 特种风险的保险金额及保费的确定

在建筑工程保险中，地震、海啸、洪水、风暴、暴雨是作为特种风险承保的。但此类巨灾一旦发生，赔付责任巨大，因此，承保时往往同时规定免赔额与赔偿限额。其中，赔偿限额根据各类风险因素综合考虑后确定，对遭受此类灾害可能性较大的地区，赔偿额应控制在较低水平；反之，可适当调高。保险金额就是赔偿限额。通常，对每次事故及同一事故引起的工程物质损失部分掌握在总保额的 50%—80%；对遭受特种危险灾害可能性较大的工程，限额应稍低一点。[①] 设置免赔额时，也可结合巨灾发生的可能性，对地震、海啸设置相对免赔额，对洪水、风暴和暴雨设置相对或绝对免赔额。

3. 第三者责任险的保险金额及保费的确定

由于第三者责任险所承保的标的无法提前核算保险金额，保险双方往往根据工程风险情况协商确定，约定的保险金额即赔偿限额，一般情况下，不得超过物质损失赔偿，并控制在总保险金额的 2%—5%[②]。约定时，可以“次”或“项”为标准规定事故的赔偿限额。既可以只规定每次事故及累计赔偿限额，也可以对每次事故的人身、财产损失分项约定赔偿限额及各自的累计赔偿限额，并采用第一危险赔付方式。其中，人身伤亡的总给付额 = 第三者人身伤亡总人数×每人每次事故的给付金额×保险期内事故发生的总次数；财产损失总赔偿限额 = 每次事故第三者财产赔偿限额×保险期内发生事故的总次数。此外，还可以对每次事故的财产损失赔偿设定免赔额，但第三者人身伤亡不能设立免

---

① 许谨良编著:《财产保险原理和实务》(第五版)，上海财经大学出版社 2015 年版，第 420 页。

② 张洪涛、王国良主编:《保险核保与理赔》，中国人民大学出版社 2006 年版，第 79 页。

赔额。

4. 其他事项的保险金额

（1）施工用机具及设备。施工时所用的各类机器、装置及设备，提供方不同，价值所有者不同，保险保障也不同。起重机、打桩机、推土机、钻机等常用机器设备往往由承包商提供，所有权归承包商，因此其价值不包含在工程合同价中。由建筑方提供的施工机械使用费则需包含在工程合同价内。该项保险需按工地重置价核算，并按年费率计算保险费。

（2）清理场地、残骸费用。承保危险发生后，为了保证施工顺利进行，需要及时清理工地、恢复工程现场，为此所必须支付的费用是工程保险特有的一个保险项目，通常不包括在工程合同价中，需由被保险人自定并单独投保。保险金额由双方约定确定，大型工程项目一般按不超过工程合同总价值的5%确定保险金额，小型工程一般按不超过合同总价值的15%确定。[①] 承保时需采用特别保险条款的方式予以约定。

（3）专业费用。工程项目涉及的地质勘测、工程设计、技术鉴定等专业活动及费用，通常也不包括在工程合同价中，一般由被保险人自定并单独投保，大型工程一般不超过工程总价值的5%，小型工程一般不超过工程总价值的10%。[②]

（三）保险期限

工程保险的保险期限由工程合同中约定的施工工期决定，建筑工程一般不超过4年，安装工程一般不超过3年。当保险工期超过3年时，被保险人需从保单生效日起定期（通常是12个月）向保险人申报一次即时的工程实际投入金额及调整后的工程总造价，保险人可据此调整保险费。实务中，工程工期可能与保险期限恰好吻合，也可能短于或长于保险期限，此时，保险保障需同时兼顾工期与保险期限。当工期短于保险期限时，虽保险期限尚未终结，但保险人无须再承担保险责任；当工期长于保险期限时，虽工期尚未终结，但因保险期限已结束，保险人也无须承担保险责任。

---

① 张洪涛、王国良主编：《保险核保与理赔》，中国人民大学出版社2006年版，第77页。

② 张洪涛、王国良主编：《保险核保与理赔》，中国人民大学出版社2006年版，第78页。

安装工程保险的保险期限为工程期限，但一般包括试车期。机器设备安装完毕不代表能正常运行，实践中，安装结束后还需通电、加料试运行或进行其他操作试验，以考核机器设备的技术性能、生产能力是否达到约定要求。只有试车考核通过，工程才能移交。试车期一般不超过3个月，超过3个月应另行加收保险费。试车期的承保应附加专门的试车考核期条款，并单独设置免赔额。

为化解工程结束、投入使用后工程自身可能产生的风险，还可以结合工程合同规定的缺陷期设定保证期，一般为6—12个月，最长不超过24个月，并且不得超过工程保险保单列明的期限。在保证期内，仅承担工程自身的风险，不承担自然灾害造成的标的物物质损失和意外事故造成的第三者责任损失。若需承保保证期的物质损失保险，可根据需要附加保证期扩展条款，如“有限责任保证期扩展条款”“扩展责任保证期扩展条款”“保证期特别扩展条款”等。

三　工程保险理赔操作要点

基于建筑、安装工程的复杂性，遭受自然灾害或意外事故后，理赔工作往往工作量大、技术性高、涉及面广，各理赔环节需坚持理赔原则，按规则要求办理。

（一）理赔基础

1. 现场查勘

在工程保险理赔中，现场查勘极其重要。通常，现场查勘前应查询基本承保信息、了解分保情况等，包括保单抄件、标的清单、批单等。

在查勘过程中，一是要了解工程项目损失的整体概况，观察工程概貌，结合经验先作出判断，并将现场实况影像资料及时上报，以便决定是否委托专家、公估人。二是了解事故情况，包括了解气候，查勘周围环境，了解灾害事故原因，查勘受损项目，了解工程关系方等。既要做好与工程管理方、施工人员及附近目击人员的沟通，通过访谈、询问等掌握事故及损失的真实情况，还应调阅相关施工记录文件，如监理日志、施工日志、财务账册等，做好资料的核查，进而结合查勘情况，判断是否属于保险标的并在保险期限内，是否存在追偿、拒赔的可能等。

2. 积极协助施救并查勘受损项目、清点损失

督促并积极协助被保险人展开施救，避免损失扩大，是查勘人员在

现场查勘时需要开展的辅助业务。与此同时，需做好损失数量统计。对原材料，结合现场测量、清点、估算、周边考察及查阅出入库等方式予以统计，统计时需记录产品细节。对工程项目，结合施工日志、监理日志及现场判断确定事故前的进度，通过现场测量确认事故后的状态。

在这一过程中，各种记录需由相关人员签字确认，还需积极收集与工程施工方案、实施进度、财务及事故等有关的资料，如设计方案、承保合同、施工预算、地质水文资料、施工日志、监理日志、工程进度表、工程款结算单、设备采购合同、付款证明、材料进出库单，以及消防、气象、公安部门出具的证明、调查机构的事故调查报告等。

3. 合理利用专家和公估力量

如有必要，保险人应力争与被保险人双方一起聘请专家或公估人，借助专业力量进行更加客观、公正的事故评定。对技术要求较高时，可直接指定公估师。

4. 及时通知共保、联保方及再保人

对于大型工程保险，往往会有两个或两个以上的保险人共同承保，也会出现具有关联关系并有担保能力的个体在自愿基础上组成联保小组，以提高资信度，共同获取保险的联保行为，保险人还可能通过再保险转嫁风险。有这些情况且涉及大额赔案时，应要求共保人共同处理；涉及再保险的，要及时通知再保险人；如果属于超权限赔案则应及时上报。

（二）责任认定

工程保险理赔时，通常先按全案估损，事后根据查勘及调查情况及时调整。查勘后认定责任时，主要对出险时间、事故原因、受损标的是否在保险合同约定的范围内予以审核。由于工程保险事故通常是多种风险因素综合作用的结果，很多意外事故与被保险人的管理或施工组织有关，责任认定时需注意资料的收集，重视对事故原因的独立调查，参考专家意见，尽可能做到客观、公正、有理有据的认定。对一些出险日期和起保日期接近、第三者事故中受害人身份等容易发生道德风险的因素，更要加强调查，以提高可疑赔案的准确度。

（三）定损

1. 核定受损标的范围

以保险合同的约定为依据，明确受损项目是否属于承保责任范围，包括是否在约定的工地范围内，是否属于保险项目、保险标的。

2. 确定损失

确定损失时，需结合不同的标的属性区别对待。例如，对于材料损失，可参照原合同价格、市价及保险合同的约定确定，保险合同对损失价值的确定有明确约定的从约定，没有约定的按市价确定。对于机械费，工程定额中已经包括的不再重复计算，其余的应结合项目的进展、事故发生时的情形区别对待。对于施工机具，结合损失程度、修理费用综合确定，如被保险人自行修理的可按工人人工费用及零部件的成本费用等确定，需由外部人员修理的可按运费、修理费和零部件的成本等项确定。部分损失的财产按修复费用赔偿，以达到受损前状态为衡量标准；全部损失的财产按实际价值确定损失。第三者损失中的财产损失核算与财产险损失类似，人身伤亡参照责任险理赔要求核算。

3. 剔除不属于赔付范围的费用

保险公司只对约定承保范围内的损失进行赔偿。对于清理场地、残骸的费用，需在保险合同中扩展责任时才赔付；对于施救费用，应遵守"必要""合理"的认定原则。对于围堰、支撑、便道等临时工程，常在工程完工后拆除，因此根据事故后是否有必要恢复决定理赔。

4. 注意推定全损的认定

在工程保险中，若修复费用等于甚至超过被保险财产损失前的价值，则按全部损失或推定全损处理，即以被保险财产损失前的实际价值扣除残值后的金额为准。全损应以保险金额为准，有分项明细时以分项明细金额为准。对地质、设计等原因造成的损失，为减少道德风险，需认真审核损失金额，并以其为准进行赔偿。

（四）理算

保险人核定完损失金额后，还需依据条款计算具体的赔款金额，该过程称为理算。工程保险的理算需注意承保方式的组成，保险财产的价值组成形式，实际物质损失的组成，以及赔偿金额的确定。

1. 几个特殊处理环节

（1）预付赔款。工程保险一旦发生事故，往往损失额大，事故鉴定难，理赔结案周期较长。实务中，对属于保险责任、损失已确定且赔款金额较大的赔案，因赔付周期较长，客户请求预付赔款的，可预付赔款，按不超过已确定损失金额的50%预付。操作时，需先由被保险人填写预付赔款申请书，然后由承保公司签署意见，理赔部门负责人审核相关资料和核实事实情况并签注意见，再按赔案审批权限履行审批手续。审批获准后，在业务处理系统中进行预赔处理，并通知财务部或承保公司预付赔款。

（2）疑难赔案会商。在理赔过程中发现疑难案件时，经办人员应及时书面通知理赔部门负责人，重大案件同时通知公司分管领导。理赔部门负责人根据赔案情况通知相关处理人员，对案情复杂、鉴定专业要求高的，可委托独立调查人、专家、公估机构等进行调查。调查后，应与相关部门进行会商并签署意见，或请示上级公司，再进行后续流程。

（3）通融赔案的处理。通融赔付处理是保险人依法或依约不应承担或不应完全承担赔付责任，但权衡具体情况后仍予以部分或全部赔付的案件。通融赔付是保险公司基于业务发展需要而采取的特殊举措，通常针对长期合作且历史合作中赔付率较低的客户采取，并以不造成被保险人的不当得利为前提。采取通融赔付处理时，需附有投保人、被保险人或者受益人的书面请求。

（4）共保、联保、分保方关系的处理。有共保、联保、分保情形时，主要负责的保险公司需及时通知相关主体，并在确定责任、核定损失、赔款理算、核赔全过程中承担主要工作，其他共保方或联保方予以配合。赔款以及为共同利益支付的查勘、追偿等费用，需由共保方、联保方按约定分担各自承保份额。赔偿时，通常由主要负责的保险人按照协议先行支付全部赔款，事后向其他共保方、联保方追偿，追偿时需提供被保险人的索赔申请书、理算单、损失确认书、赔款计算书、赔款收据等理赔资料。当涉及分保时，需解决好与再保险公司之间的衔接，根据再保险合同的约定及时履行通知义务，再保险人根据需要参与查勘定损。赔款结案后，及时进行再保赔款摊回工作。

2. 注意事项

在理赔计算中，需重点注意是否存在不足额投保，是否约定了赔偿限额、免赔额，是否有残值，是否已从责任方获得了赔偿，是否存在重复保险。核算时，通过审核损失清单、工程预算定额，核定受损工程量，对工程项目财务查账后确定损失金额。通常，物质损失部分以工程合同价为保险金额，合同价为工程总概算，保险金额应扣除不保项目金额；对于单项工程，承包合同价往往就是保险金额，出现部分分包或劳务承包时，承包合同价及业主提供的设备和材料费为保险金额。但被保险人投保时也可以根据情况自行确定，理赔时则需按比例赔付，并剔除非保险标的。

理算中，还需撰写理赔报告。理赔报告是对整个理赔过程的汇总，包括出险标的的承保、交费情况，出险概况，查勘定损概况，定责依据，理算经过及金额，公司的赔付意见、会审意见等内容，是重要的理赔资料，便于核赔人员了解事故全貌及理算过程，也需做好存档，为后期纠纷提供证据。

工程保险投保单（样本）见附录4-3。

建筑、安装工程一切险投保单（样本）见附录4-4。

第五节 货物运输保险的核保与理赔要点

一 货物运输保险概述

（一）基本特征

货物运输保险是以运输中的货物因自然灾害或意外事故而遭受的损失为承保对象的一种财产险。《中华人民共和国民法典》（以下简称《民法典》）规定，在货物运输中，承运人对运输过程中货物的毁损、灭失承担赔偿责任，但承运人证明货物的毁损、灭失是因不可抗力、货物本身的自然性质或者合理损耗以及托运人、收货人的过错造成的，不承担赔偿责任。① 由此可见，承运人承担的保障责任有限，但货物损失的风险又极大，为使运输中的货物能够得到较全面的风险保障，促使贸易和运输能正常进行，货物运输保险极其重要。

与其他保险相比，货物运输保险具有以下特征。

1. 承保风险具有广泛性

相比其他财产类保险，货物运输保险承保的是一种“移位”风险，

---

① 参见《民法典》第832条。

即由各类运输工具将货物从一个地方运至另一个地方，在运输过程中的风险。这些风险因海上、陆上、集装箱、空中等不同运输方式而类型多样，从引发原因来看，既有外来原因引起的主观风险，又有自然灾害、意外事故引起的客观风险；既有流动状态中的风险，又有静止状态时的风险，种类多、变化大。客户投保时，除投保主险外，一般还可以根据投保货物的性质及可能面临的特定风险，选择若干附加险。

2. 承保标的具有流动性

运输业的产品是“位移”。在运输过程中，不会产生任何新的有形产品，但是改变了运输对象的空间位置，这也是运输的目的。因此，货物运输保险所承保的标的，通常是可以“移位”的动产，处于流动状态。这种流动性也致使被保险财产与被保险人处于相互分离的状态，即货物一经起运，保险责任即开始，但货物交由承运人运送，被保险人无法看管或控制。

3. 保险利益具有特殊性

保险标的转移时，保险利益也随之转移。但货物运输的最大特点是标的的“位移”，这种“位移”使投保人无法时刻掌握标的的真实情况，因此，货物运输保险通常采用“不论灭失与否条款”，即当投保人事先不知情，也不存在隐瞒时，保险标的因承保风险而造成灭失，哪怕是在保险合同订立前或订立时发生的，保险公司也需承担赔偿责任。与此同时，承保的运输货物在保险期限内可能经过多次转卖，被保险人也可能多次变动，因此，货物运输保险合同以保单持有人为保障对象，而非保单上注明的被保险人。

4. 保险责任具有广泛性

货物运输保险主要是为了保障货物的安全，保险责任范围以货物及其相关费用为主，既包括货物在运输过程中出现的直接损失，也包括为避免损失扩大采取施救、保护等措施的合理费用，以及按照一般惯例应分摊的共同海损和救助费用。此外，还要承担货物在运输过程中因自身性质变化而导致的损失，如因破碎、雨淋、腐烂、变质、包装破裂、遭受盗窃以及整件货物提货不着产生的损失。

5. 保险合同具有可转让性

由于贸易经营的需要，货物运输保险合同常随着保险标的及利益转移，实务中，体现为随提货单的转移而转让，无须通知保险人，也无须征得保险人的同意。《中华人民共和国海商法》（以下简称《海商法》）第229条规定，“海上货物运输保险合同可以由被保险人背书或者以其他方式转让，合同的权利、义务随之转移。合同转让时尚未支付保险费的，被保险人和合同受让人负连带支付责任”。因此，投保方如果发生货权转移，无须征得保险人同意，只需要在保险单背面签字，即可以背书方式转让给他人。

6. 保险合同解除具有严格性

货物运输保险属于航次保险，每一批投保货物的保险责任起讫均以约定的运输途程为标准，从保险货物离开起运点的仓库或储存点开始，直至到达目的地收货人的仓库或储存点终止，即“仓至仓条款”。因此，为保证保险效力的正常发挥，法律规定货物运输保险从保险责任开始后，合同当事人不得解除合同。如《海商法》第227条、第228条规定，“除合同另有约定外，保险责任开始后，被保险人和保险人均不得解除合同。根据合同约定在保险责任开始后可以解除合同的，被保险人要求解除合同，保险人有权收取自保险责任开始之日起至合同解除之日止的保险费，剩余部分予以退还；保险人要求解除合同，应当将自合同解除之日起至保险期间届满之日止的保险费退还被保险人”，“虽有本法第227条规定，货物运输和船舶的航次保险，保险责任开始后，被保险人不得要求解除合同”。

（二）保障范围

货物运输保险的保障范围涉及面广。从保障区域来说，包括国内货物和涉外货物的运输保险；从运输工具来说，包括铁路、水路、公路、航空及其他运输工具的货物运输保险。一般而言，凡是符合保险利益原则的运输货物，都可以投保货物运输保险。但金银、珠宝、钻石、玉器、古物、艺术品、稀有金属等珍贵财物，活牲畜、禽鱼类和其他动物，以及水果、蔬菜等鲜活品需要特别约定，否则除外不保。

（三）保险责任及除外责任

根据保险人承担责任的方式不同，货物运输保险可分为基本险、综合险。

1. 基本险的保险责任

货物运输基本险旨在提供基本保障，保险人对被保险货物在运输过程中遭遇的常见自然灾害与意外事故进行承保，具体包括以下类型的风险：一是因火灾、爆炸及恶劣气候、雷电、海啸、洪水等自然灾害导致的货物损失。二是因运输工具搁浅、触礁、沉没、碰撞、倾覆、出轨或隧道、码头坍塌造成的货物损失。三是货物装卸过程中的意外损失。四是上述灾害、事故中因施救而造成的货物损失及直接合理费用。五是按照国家规定或一般惯例应当分摊的共同海损费用。

2. 综合险的保险责任

货物运输保险综合险的保障范围略有扩充，保险责任除上述基本险责任外，还包括一些特殊风险的责任：一是因震动、碰撞、挤压造成的货物破损，因包装破裂造成的货物散失损失以及盗窃损失。二是外来原因致使提货不着的损失。三是符合安全运输规定而遭受雨淋损失。四是液体货物因震动、碰撞、挤压致使容器或封口损坏而渗漏，或用液体保藏的货物因液体渗漏而造成货物腐烂变质的损失。在公路货物运输保险和航空货物运输保险中，综合险与基本险合二为一。

3. 除外责任

在货物运输保险中，下列原因导致的损失属于除外责任：一是战争或军事行动。二是核事件、核爆炸。三是被保险货物本身的缺陷或自然损耗、市价跌落、运输迟延、包装不善或托运人违规运输而造成的损失。四是被保险货物在保险责任开始前已存的品质不良或数量短差而造成的损失。五是被保险人的故意行为或过失。六是其他不属于保险责任范围内的损失。

（四）保险单的类型

根据投保、承保方式的不同，货物运输保险的保险单主要有以下几类。

1. 逐笔保险单

逐笔保险单是保险合同双方就投保标的逐一商定承保项目，主要适用于单程运输保险，即仅承保所投保货物从起运地到目的地的运输保险，当本次货物运输任务完成后，保险责任自然终止。该类保险单的相关内容在每张保单上逐一列明，无须其他文件证明，如被保险人名称，保险品名、数量及包装，保险金额、条件、费率及运输工具名称、路线等。

2. 定期定额保险单

货物类型、价值、运输工具及线路相对固定的货物运输可采用定期定额保单承保。对制造商、批发商、零售商等经常有大量货物运输的客户，常采用这类保险，通常因签订合同时无法准确预知保险期内运输货物的确切数量与价格，一般按照以往年度运输货物的规模先交一笔约定的保险费，待保险期限届满时再多退少补，保险人同意后也可以按月交付。

3. 货运保险预约协议

保险合同双方当事人也可约定在合同期限内，由保险人对被保险人经营范围内所有发送的货物预约一揽子统保。这种预约协议以开口保险单、统保合同为主，通常按照销售总额控制，由预约保险合同、逐步签发的保险单、启运通知书及货物清单等系列文件共同构成。

4. 暂保单

在货物运输中，为保障货物利益，在未得到详细资料、交付运输之前，被保险人常要求保险公司先行提供暂保单，也称承保便条，该便条上只列明大概估算的保险金额、货物数量，未注明船名、具体开航日期等信息。当货物装载上船后，被保险人需将货物及运输的详细资料通知保险公司，由保险公司按照约定签发正式保单。

二 货物运输保险核保操作要点

货物运输保险类型多、风险广，核保时需结合运输工具、运输方式、运输路线和运输标的等因素综合分析投保单，然后进行风险评估并确定承保条件，具体核保要素及注意事项主要包括以下方面。

（一）风险因素的审核

1. 需严格审核保险标的物

基于货物运输的特殊性，需根据标的本身的特性、客观条件，对标的风险予以识别、认定。特别是对粮谷、鲜活品、瓷器、液体货物、电子产品、机械设备、贵重物品等标的物，应考虑到标的风险及保障的特殊需求，认真审核并选择适用的特殊条款。

2. 严格审核投保人/被保险人的信誉

货物运输保险中易出现道德风险，投保人/被保险人的隐瞒、欺诈行为会给保险公司带来难以预料的风险。因此，核保时需对投保人/被保险人的信誉及相关事项进行核查，以此综合防范道德风险，减少不必要的损失。主要包括经营状况、财务状况、业务往来状况、保费交付情况，是否曾经有欺诈行为，对索赔的追偿态度等。

3. 审核运输工具及方式

对不同的运输工具及方式，需结合运输工具的特点予以审核。例如对船舶，需对船型、船龄、载重吨、船籍、船旗、船级、国际安全管理规则等认真审核。以海陆、空陆方式运输时，要详细了解承运人的资信、管理水平、经营规模、雇员的素质，运输工具、港口、路径、转运方式等情况。

4. 审核运输线路及航程地区

在货物运输保险中，还需对运输路程长短、有无转运、起讫港的设备及其管理等进行审核，此外，气候条件不容忽视，尤其是航行期间及区域范围内的气候因素，如季风、雨雾、地震、火山喷发、海啸、风暴等，均应审查。

5. 审核保险条件

货物运输保险中审核保险条件主要围绕货物及相关文件展开，如进出口货物运输保险中是否有发票、信用证、提单，是否在开船前或运输前投保。无信用证业务的是否提供了有关货物的发票、提单，是否注明了险别及投保金额，船名或装运工具等必备信息。高亏、高危等特殊商品是否提供了商检证、植检证、熏蒸证、装箱单等有关证明。

6. 审核标的的以往损失率

在货物运输保险中，需仔细核查投保标的的以往损失率，对高风险、高损失率、高保额的货物尤其要谨慎分析、从严承保，防止危险逆选择。在日常业务中，需对普通货物的常见损失类型及损失率进行归纳汇总，提前确定适用的特殊条款。例如，轻工品类货物易产生破碎、碰损、偷窃、受潮、霉变等损失，化工类货物易发生短量、沾污、漏损、湿霉等事故。

（二）保险金额和费率的确定

1. 保险金额的确定

货物运输保险需先确定保险价值，对保险价值的生成方式予以明确。常见的做法是可由双方当事人在保险合同中约定、载明，也可以事故发生时的实际价值确定。保险价值确定后，需进一步确定保险金额。保险金额可按保险价值确定，也可协商确定。国内货物运输业务的保险金额以货物在启运地购进的成本价、调拨价或购进价为基础，附加运费、包装费、搬运费等后确定，成本价的判定需以发票为准。如按协商价，则价格不得超过保险价值，超出部分无效。如果存在保险金额低于保险价值的不足额保险，则发生部分损失时按比例赔偿。如果存在一张投保单对不同单价、不同品名货物的投保，则需审核保险金额是否分别列明，是否填写了总保险金额。

2. 保险费率的核定

货物运输保险核定保险费率时，需以货物的损失率和保险赔付率为基础，结合自身经营情况制定，依法报经监管机构批准后执行。在业务开展初期，为拓展客户，可参考以往惯例、市场情况、承保方式确定保费；核保时需结合承保条件、货物特性、运输条件、市场竞争、国内外同类产品费率、是否符合保险人规定等综合审核。其中，货物特性既包括货物自身的种类、性质，也包括货物的装载、包装等外在特性。运输条件包括运输工具、行程及所经区域等。

（三）保险业务的选择

在货物运输保险中，核保人员应根据保险公司经营情况，结合国内、国际货物运输保险市场与业务需求，以及具体承保标的物和被保险人的特点，有针对性地对承保条件进行修改、补充，并采取限制性措施，如规定赔偿限额、免赔额（率），控制保险金额，进行分保等。

（四）保险单内容及条款的审定

货运市场极其复杂、多变，为减少索赔纠纷或诉讼，核保人员应该把好审核关，仔细核对保险单的条款、内容、措辞等细节。对于国内货物运输保险单，应重点审核运输公司为投保人、被保险人为货主的情况，以及保险标的及其件数表述、目的港、免赔额（率）、附加险措辞等细节内容。对出口货物运输保险单，应重点审核被保险人、受益人的具体身份，保险标的及其包装、数量，保险费率及免赔率、运输工具及目的港、特殊附加险、检验代理人等内容的填写。

在审核条款时，应依据销售合同、信用证、运输合同、提单等，核查使用的保险条款及险别是否符合保险惯例，是否满足对运输工具的具体要求，是否可转运、保险份数及特殊需求等。既要遵守惯例，还要注意主险与各类附加险的统一性。

（五）责任起讫的审核

货物运输保险业务中，被保险人对保险标的物享有多重权利。若是在保险有效期限内被保险货物发生保险责任范围内的风险损失，被保险人有权依照保险合同进行索赔，否则就只能凭借物权进行索赔。因此，审核保险责任的起讫时间、确认事故是否发生在保险期限内非常重要。货物运输基本险的责任起讫期通常采用国际保险业惯用的“仓对仓条款”，即每一批投保货物的保险责任均以约定的运输途程为标准，从保险货物离开起运地点的仓库或储存处所开始，直至到达目的地收货人的仓库或储存处所时终止。[①] 如果未抵达收货人仓库或储存处所，则保险人承担的最长责任有效期以被保险货物在卸离最后运输工具 15 天内为限；如果被保险人或其收货人对被保险货物并不立即提取，而是就地调拨或再转运至其他地点，则货物从铁路、轮船等运输工具的仓储处一经提取出仓，保险责任即行终止。[②]

（六）保险单批改、背书、转让的核定

依据国际惯例及保险单内容，出口货物保险单可以进行批改、背书、转让，在上述过程中，保险单上所列各项内容必须与信用证要求、国际惯例和商业发票、提单等一致，严格实现单证一致、单单相符的结汇原则，否则，保险公司应采取必要的措施。核保时，保单的批改、背书与转让也需慎重，任何疏忽或过失都可能引发纠纷或拒付的风险。

其中，对保单批改进行审核时，主要是审核批单上的项目是否齐全，措辞是否严谨，粘贴、盖章等是否合规等。批改内容涉及保额、保费增减时，要核定增收或退回数额是否在自留的批单副本上注明，计算

---

① 郑功成、徐琼飞主编：《财产保险》（第五版），中国金融出版社 2015 年版，第 258 页。

② 郑功成、徐琼飞主编：《财产保险》（第五版），中国金融出版社 2015 年版，第 273 页。

是否准确。

货物运输过程复杂，保险单也可能多次流转。为减少纠纷、确保保险单流转的顺利进行，根据交易惯例，被保险人需遵守流转的程序要求，对保单进行背书并交付后，货物运输保险单的转让才能生效。背书可分为空白背书和记名背书，二者的程序要求略有差异，空白背书只需要被保险人在保单上签名盖章即可，无须注明赔付对象；记名背书则需要被保险人在保单背面签字并注明赔付对象或指定对象。核保人员在核保时，需要结合买卖合同、信用证等，确定保险单的背书类型，进而审核保险单转让的合理性与合规性。

（七）防灾防损工作的审核

防灾防损工作的开展对减少、降低货物运输风险及其损害有积极作用。一是对特殊商品需要监装监卸，如大宗、散装的货物，可委托当地的货损检验代理监装。二是改进包装，对听装、罐装货物、易破碎货物、电器设备和精密仪器的包装等，可事先对包装作出特殊要求。三是对不同运输方式的特殊审核，如集装箱运输时需检查集装箱自身是否完好无损、铅封是否完好等，对铁路运输时的活动车窗关闭要求、车站停留时的安保要求等。

三　货物运输保险理赔操作要点

（一）查勘检验与施救

当被保险人发现或获悉被保险的货物受损后，应立即通知保险公司或保险单上写明的保险公司在货物目的地、目的港的检验理赔代理人，并申请对货损进行检验，后者接到通知后应立即采取以下措施。

1. 查勘检验

保险公司在查勘检验中，第一，需查明出险时间是否在保险期限内。基于货物运输的特殊性，出险时间的确认需结合保险货物的到达日、索赔日及其他单证综合判断。因此，还需同时查明保险货物实际到达日期，核实被保险人是否在规定期限内报案索赔，审查货运单上的承运、到达日或交接单证的备注情况。对运输部门签发的货运记录、商务记录等资料，需审核其编制时间，防止间隔时间较长后实施的补记。通常，若在货物到达后 24 小时内编制，可作为证据材料；否则，只能作为参考。此外，还需特别注意出险日与保险责任起始日接近的案件，避免发生先受损、后投保的道德风险。

第二，需查明出险地点。损失需发生在保险合同约定的责任范围内，保险公司方承担赔偿责任。在货运保险中，空间上需查明货损是否发生在“仓对仓”的范围内，即起运地最后一个仓库或储存点与收货地第一个仓库或储存点之间，时间上需确认是否属于合同约定的保险责任承担的起讫范围内。出险地不同，核查重点不同，若在起运地出险，则应重点核查保险责任是否已开始；若在目的地出险，则应重点查明运输任务、保险责任是否已结束；若在途中受损，则应查明运输路线及时间段是否正常；若属于直接在车站、码头调拨或转售的货物，因保险责任自提货时终止，则须重点确定出险的确切地点。

第三，需查明出险原因。查勘人员应注意查勘现场，并通过向当事人了解事故经过，结合货物特性、损失情况以及装卸、仓储、运输、包装等情形综合分析，作出合理、有据的判断。需核对单证，包括品名、数量、重量等，确定涉案货物是否为被保险货物；需注意包装情况，包装上的放置要求、包装件数、材料、规格，有无破损、变形、湿水、污染等，根据货物本身及包装受损情况判断受损原因，有条件的情况下对运输工具和事故环境进行查勘。查明出险原因时，需索取相关证明。

第四，需查验货物受损情况。在货物运输中，承运人往往是损失发生的主要证人，因此，可以承运人或运输单位提供的货损证明作为判定承保标的受损的依据，但为防止道德风险，查勘人员仍需进行现场清点，核实损失证明中记载的货物品名、数量、损失程度等，以初步确定货损程度与数量。查验时，需有的放矢，对金额较高的单件机器、仪器，需明确受损的具体部位和程度。对技术要求较高的货物，如机械、化工产品现场定损比较困难的，可在定损后，经市场调查、回厂监测或向专家咨询后进行。对建材、食品百货等大宗物资，必要时可进行抽样检验，以便更客观地核实损失情况，明确损失数量、程度或比例。对杂货，需注意区分损失情形，出现变形、破损、湿损时，需区分仅包装受损，还是包装及内货均受损；对烧毁需判断是烧焦、部分焚毁还是全部焚毁；失窃是整件货物、整批货物，还是部分货物失窃；短量需通过过磅、水尺或测量船舱和案罐等方式确认；污染需有合同指标作为参考，并需专业检测。

第五，其他注意事项。采用陆路运输时，除以上事项外，现场查勘时还需了解并收集承运公司、承运工具、驾驶员的具体情况，如公司的名称、地址、联系方式，承运车的载重量、是否年检合格、与货主的运输合同，以及事故报告、证明等。海运时，需重点了解船东情况、船舶资料、运输条件和租约、海损经过情况、载货情况、救助情况、共损等。集装箱货物则需查验装箱单、交接单；箱体外部整体查验，如是否明显变形、破损，箱号是否与约定一致；箱体内部检查，是否有货物泄漏、污染等；封志检查，包括原始封志、海关封志等。

2. 施救整理

为减少不必要的损失，保险公司还需做好施救整理工作。一是查勘人员在现场查勘时，应提醒并协助被保险人对尚未脱离危险的被保险货物采取必要、合理的施救措施，组织人力整理货物并确定损失范围、项目、部位，初步估算有关费用。二是对受损不太严重，修理后可恢复原状或恢复原有使用价值的被保险货物，及时与被保险人协商确定修理范围、部位及适格的修理单位，初步估算零配件、工时等有关费用。三是对鲜货、冷藏货物，应按合理原则立即处理，以减少或避免损失的加大。

3. 其他方式

需要注意的是，在货物运输保险中，货物属性、运输方式、损害类型多样，查勘程序、方法等也并非一成不变。例如，查勘人员结合资料证据认为船东对货损应负责任时，可申请验船验货，以取得相关的确凿证据和准确损失数据。提出申请时，可以收货人的名义提出，也可在宣布共同海损后由保险公司出面申请共损检验。当保险公司收到被保险人或收货人在港口提货时发现货损的通知，应要求通知人取得有关责任方的记录信息，并通知被保险人会同商检部门等第三方在相关地点进行联合检验，从而确认责任归属。联合检验地点，可以是船上、港口码头或收货人首次验收的仓库、场地。损失较大的案件，则应联合检验部门或第三方检验机构在履行合法检验程序后，出具相应的货损检验报告，作为理赔依据。

（二）确认索赔单证真实性

1. 需提供的单证

被保险人提出索赔时，需提供必要的索赔单证，不同保险公司的要求略有不同，一般都包括保险单正本、货物提单、货物发票、装箱单或磅码单、货损货差证明、检验报告、海事报告摘录或海事声明书、索赔清单、向第三方的索赔函等。

具体而言，货物运输保险需提供以下货运保险单证：一是出险通知书、索赔函及索赔损失清单、赔款收据和权益转让书。二是货运保险单正本原件、保险费发票复印件，货物运输合同复印件，整批货物的运单及含受损货物的单价明细的货物发票。三是被保险人的身份证明资料，承运车辆的行驶证及驾驶员的驾驶证复印件，被保险人向承运人、货运公司的索赔函及承运人的答复资料；四是其他必要的单证和资料。

国际货物运输保险需提供以下单证：保单及批单的正本原件、保险协议、共保协议复印件、提单正本原件、运单正本原件、装箱单或磅码单、商业发票、贸易合同、承运人出具的正式的货损证明正本、国际运输保险索赔清单正本、向承运人及相关责任方的索赔函及其答复、照片正本、检验报告正本；涉及修复、海事时的修复费用发票、海事报告；发生共同海损时运输保险索赔人需提供正本发票和装箱单，必要时对涉及集装箱运输的应提供设备交接单，对于大宗散装货提供装船前的品质和重量证明等。

2. 索赔单证的审核

保险公司在接到单证后，需遵守“单单相符”原则严格审核，即理赔的主要单证，如保险单正本、货物提单、发票、装箱单等，编号要相符，反映的内容要一致，有其他货损证明时，货损证明编号也需与提单编号相符。只有编号、内容相符的单证才能视为同票货的单证。

（三）保险责任的审核

运输货物发生保险事故，在查勘人员进行检验定损及审核单证的同时，应从以下方面分析、判断责任的归属。

1. 是否履行相关义务

包括如实告知义务、交纳保费义务、遵守安全运输规定义务、立即通知义务、施救义务等。在国际运输保险的索赔中，除注意是否符合合同要求外，还需审核被保险人是否做到以下方面：一是是否在货物到达后及时提取。二是发现货物缺损后是否及时要求有关部门验货并出具相关证明。三是对遭受承保责任内危险的货物是否迅速采取合理的抢救措施减损。四是获悉有关运输合同中“船舶互撞责任”条款实际责任后及时通知保险人。

此外，被保险人除向保险公司报损外，还应向承运人及有关责任方，如海关、理货公司等，索取货损货差证明，如属于承运人等方面责任的，应及时以书面方式提出索赔。如被保险人提货时发现货物包装有明显受损痕迹，或整件短少，除向保险公司报损外，还应立即向承运方、托运人以及海关、港务当局等索取货损货差证明或提出索赔，并保留追偿权利。

2. 是否具有保险利益、是否有权索赔

一是需检查索赔人的索赔资格及利益转移情况，以及单证是否与被保险货物相符。二是是否在规定的向保险人索赔的期限内。《海商法》规定，根据海上保险合同向保险人要求保险赔偿的请求权，时效期间为2年，自保险事故发生之日起计算；[①] 在时效期间的最后6个月内，因不可抗力或者其他障碍不能行使请求权的，时效中止；自中止时效的原因消除之日起，时效期间继续计算。[②] 时效因请求人提起诉讼、提交仲裁或者被请求人同意履行义务而中断；但是，请求人撤回起诉、撤回仲裁或者起诉被裁定驳回的，时效不中断；请求人申请扣船的，时效自申请扣船之日起中断；自中断时起，时效期间重新计算。[③] 三是损失是否发生在运程之内，即保单上标明的具体地点的“仓对仓”之间。四是损失原因是否是外来的有痕迹并且是导致损失的主要和有效的原因，是否属于承保风险的范围。五是损失程度是否符合保单险别规定的损失程度，是否有扩大，对被保险人未履行应尽义务导致损失扩大的部分，保险公司可以拒赔。

（四）货物检验及赔偿

1. 需在规定期限内收货并索赔

当被保险货物运抵目的地后，被保险人应及时提货，如海运和陆运一般规定为货物卸载后的60天为止，国内水路、陆路以及航空货运险

① 参见《海商法》第264条。
② 参见《海商法》第266条。
③ 参见《海商法》第267条。

为到达目的地后的 15 天内进行收货，航空运输货物保险如未抵达目的地仓库或储存处所，则以被保险货物在最后卸载港卸离飞机后满 30 天为止等。

当发现货损、货差时，应立刻向保险人或其当地代理人报告并提出申请检验，保险人或代理人应立即前往现场对受损货物查勘检验，并采取对应措施。对被保险货物整件缺少或有明显残损痕迹的，应向承运人、受托人或海关、港务等部门索取货损、货差证明。若货损货差是由于承运人、受托人或其他有关方面的责任造成的，应以书面形式提出索赔，必要时可申请延长时效。《海商法》规定，就海上货物运输向承运人要求赔偿的请求权，时效期间为 1 年，自承运人交付或者应当交付货物之日起计算；在时效期间内或者时效期间届满后，被认定为负有责任的人向第三人提起追偿请求的，时效期间为 90 日，自追偿请求人解决原赔偿请求之日起或者收到受理对其本人提起诉讼的法院的起诉状副本之日起计算。①

2. 理算

收集齐全索赔单证并定损后，理赔人员可在分析确定属于保险责任，且索赔人具有保险利益的基础上进行理算。为了保证国际贸易的预期利润收入，国际货物运输保险一般按货物发票价值另加一定的成数投保，损失一般以保险金额的损失率来计算。因此，对进出口货物运输险应该注意审核保额与成交价值的比例，若超出比例过高，则需调阅投保单落实原因，避免道德风险。国内货运险通常不存在加成问题，如保额高于货价，则超出部分无效。

3. 结案赔付

货物运输保险涉及追偿时，应注意最迟在赔付同时得到被保险人签章的赔款收据和权益转让书，定损资料必须有被保险人的签章认可；如涉及追偿的赔案，应将付款的银行凭条复印入卷，作为证据备份。

4. 损余处理

损余物资原则上应该与被保险人协商确定合理残值，并在理算时扣除。如涉及公估人及检验机构介入定损的赔偿，以合理评估价值为准；

① 参见《海商法》第 257 条。

如不接受残值评估，可对损余物资进行回收销售处理，根据实际情况公平、合理、审慎地销售，销售收入可冲抵赔款。

（五）追偿

在货物运输保险中，货物由承运人负责运输，在运输过程中也由承运人负责控制风险，因此，涉及承运人责任时，还需要进行保险追偿，并针对不同的运输方式、运输合同规定了不同的追偿时效。除有特殊规定外，普遍适用 3 年的诉讼时效，并从知道权利被侵犯时开始计算。

铁路运输部门索赔的追偿时效为自铁路运输企业交付货物的次日起 180 天，如果货物已确认灭失的，自铁路运输企业交付货运记录的次日计算。①

就海上货物运输向承运人要求赔偿的请求权，诉讼时效期间为 1 年，自承运人交付或者应当交付货物之日起计算；在时效期间内或者时效期间届满后，被认定为负有责任的人向第三人提起追偿请求的，时效期间为 90 日，自追偿请求人解决原赔偿请求之日起或者收到受理对其本人提起诉讼的法院的起诉状副本之日起计算。② 法律规定，诉讼时效可以因请求人提起诉讼、提交仲裁或被请求人同意履行义务而中断，事由结束后重新核算，但请求人提出索赔不引起中断。

有关航空运输的诉讼时效期间为 2 年，自民用航空器到达目的地点、应当到达目的地点或者运输终止之日起计算。③ 在航空运输中，一旦发生货损事故，保险人应要求被保险人在除斥期间向承运人提出书面的索赔，以避免权利的丧失，同时应保留好相应的索赔证据。

保险公司在赔偿后，依法享有代位追偿的权利，《保险法》第 45 条规定，保险事故发生后，保险人未赔偿保险金额之前，被保险人放弃对第三者的请求赔偿的权利的，保险人不承担赔偿保险金的责任。由于被保险人的过错致使保险人不能行使代位请求赔偿的权利的，保险人可相应扣减保险赔偿。因此，当被保险人发现损失是由于第三方责任造成的，要向第三方索取货损货差证明，还应及时向责任方提出索赔并保留

① 参见最高人民法院《关于审理铁路运输损害赔偿案件若干问题的解释》第 15 条。

② 参见《海商法》第 257 条。

③ 参见《中华人民共和国民用航空法》第 134 条。

追偿权利，必要时可申请延长索赔时效。

货物运输保险投保单（样本）见附录4-5。

第六节　机动车辆保险的核保与理赔要点

一　机动车辆保险概述

（一）基本特征

机动车辆保险是以汽车、摩托车等各种车辆及其对第三者应负的责任为保险标的的运输工具类保险。主要包括两大类险种，即具有财产损失险属性的车辆损失险和具有责任保险属性的第三者责任险，基本特征包括以下几点。

1. 保险标的出险率高，投保率高

机动车辆是陆上主要交通工具，经常处于运动状态的特性导致其很容易发生碰撞及其他意外事故，进而引发财产损失和人身伤亡。随着人类社会的发展，机动车数量日益激增，但因交通设施、管理水平的不匹配，以及驾驶员的疏忽、过失，日常生活中交通事故越来越多，车辆所有者、管理部门的损失、责任也日益递增，再加上各国为了保护受害人利益，普遍设立了强制性的汽车第三者责任险，因此，机动车辆保险业务增多，投保率高，已成为各国财产保险中保费收入占比最高的险种。

2. 不确定性强

机动车辆的主要功能是满足人类在地面行驶、移位的需求，具有流动性大、行程不固定、路况多样、影响因素层出不穷等特点。对保险人而言，增加了危险事故与保险损失的不确定性和难以预测性。

3. 保险利益相对扩大

在机动车辆保险中，汽车所有者和使用者经常是不同主体。为此，各国一般都规定，只要是经被保险人允许的合格驾驶人员使用已保险的机动车辆，发生保险合同中约定的保险事故，并造成第三者的财产损失或人身伤亡的，保险人均负赔偿责任。这就意味着机动车辆保险往往具有扩大的保险利益，从对机动车辆拥有所有权、占有权或管理权等权利要求，扩展到只要驾驶员合格、驾驶已保险的机动车辆且得到了被保险人的同意即可获得赔偿。这实际上是对保险合同中可保利益的一种扩大，也在一定程度上加大了保险公司的保险责任。

4. 被保险人自负责任与无赔款优待并存

为了提高被保险人的风险防范意识，督促驾驶员安全行车，减少事故的发生，机动车辆保险一般根据驾驶员在交通事故中所负的责任，实行绝对免赔率，即通过被保险人的自负责任降低道德风险。

无赔款优待是机动车辆保险特有的制度，其核心是将保险费与风险、实际损失直接挂钩，使风险较低、损失较少的投保人以较低保费获得保障；反之，风险较高、损失较多的投保人要获得同等保障，则需交纳较高的保费。通过挂钩，鼓励被保险人及其驾驶人员遵守交通规则、安全行车。在具体实施过程中，当保险车辆在前一年保险期限内无赔款，下一年续保时，则可按保险费的一定比例享受“无赔款优待”。

（二）车辆损失保险

车辆损失保险属于财产损失保险范畴。

1. 保障范围

车辆损失险的保障标的仅指机动车，生活中，机动车类型多样，根据动力的不同，包括燃油类汽车、各类电车；根据用途不同，包括客车、货车、挂车、摩托车、拖拉机、各种专用机械车、特种车等。当上述机动车辆遭受保险合同约定的自然灾害、意外事故，造成车辆本身损失时，保险人需依约赔偿。

2. 保险责任和除外责任

（1）保险责任。车辆损失险的保险责任范围包括被保险车辆自身的损失和必要的施救费用两部分。

第一，被保险人或其允许的合格驾驶员在使用保险车辆过程中，由于保险单上约定的灾害事故发生造成保险车辆的损失，保险人负赔偿责任。这些灾害事故又分为碰撞责任与非碰撞责任。

碰撞责任主要包括碰撞、倾覆。碰撞指保险车辆与外界静止的或运动中的物体的意外撞击，包括保险车辆与外界物体的意外撞击造成的本车损失，以及保险车辆按《中华人民共和国道路交通管理条例》关于车辆装载的规定载运货物（车辆装载货物与装载规定不符，需报请公安交通管理部门批准，按指定时间、路线、时速行驶），车与货即视为一体，所装货物与外界物体的意外撞击造成的本车损失。倾覆指保险车辆因自然灾害或意外事故而翻倒，车体触地，失去正常状态和行驶能力，不经施救不能恢复行驶。

非碰撞责任主要包括各类约定的自然灾害，如火灾、爆炸，外界物体倒塌、空中运行物体坠落、保险车辆行驶中平行坠落，雷击、暴风、暴雨、洪水、地陷、雪崩、泥石流、滑坡等。

第二，发生保险事故时，被保险人或其允许的合格驾驶员对保险车辆进行施救而支出的合理费用，保险人负责赔偿，但最高不得超过保险金额，并且不包括车辆的修复费用。

2020 年，银保监会在《关于实施车险综合改革的指导意见》中指出，在车损险主险条款现有保险责任基础上，引导增加机动车全车盗抢、玻璃单独破碎、自燃、发动机涉水、不计免赔率、无法找到第三方特约赔偿等保险责任，为消费者提供更加全面完善的车险保障服务。

（2）除外责任。在机动车辆保险中，保险人的责任免除情形包括风险免除和损失免除两种。

风险免除，主要指保险人对以下几类原因造成的损失不承担赔偿责任：一是特殊的自然灾害或社会事件，如地震，战争、军事冲突、恐怖活动、暴乱、扣押、政府征用。二是特殊用途，如从事竞赛、测试，在营业性维修场所修理、养护期间，利用车辆从事违法活动。三是驾驶人员不合格，如驾驶人员饮酒、吸食或注射毒品，被药物麻醉后使用保险车辆；无证驾驶或驾驶车辆与驾照准驾车型不符；无国家有关部门核发的有效操作证、资格证书而驾驶特殊类型车辆；肇事逃逸。

损失免除，主要指对机动车辆的以下几类损失，保险人不承担赔偿责任：一是车辆自身的损耗，如自然磨损、朽蚀、故障，轮胎、玻璃的单独损碎，无明显碰撞痕迹的车身划痕。二是碰撞以外的其他原因造成的损失，如污染、市场价格变动、修理造成的贬值、损失，受损后未经必要修理继续使用导致的损失扩大部分，保险车辆所载货物坠落、倒塌、撞击、泄漏造成的损失，被盗窃、抢劫、抢夺或者导致车辆、车上零部件的受损、丢失，摩托车停放期间翻倒所致的损失，被保险人或驾驶人员的故意行为造成的损失，未投保的车辆新增设备的损失，水淹后未经必要处理启动车辆引发的损坏。

此外，车损险还设置了多种方式的免赔以降低道德风险。例如，根据被保险车辆在事故中所负责任的不同规定不同的免赔率，负次要事故责任的免赔率为5%，负同等事故责任的免赔率为10%，负主要事故责任的免赔率为15%，负全部责任或单方肇事免赔率为20%。还可以结合第三方的责任，对应当找到第三方负责赔偿、但无法找到第三方时，设置30%的免赔率；违反安全装载规定，但不是事故发生的直接原因的，增加10%的绝对免赔率；等等。

（三）机动车辆第三者责任保险

第三者责任保险属于责任险范畴。

1. 保险责任

机动车辆第三者责任保险是保险公司依约对被保险车辆发生意外事故后导致第三者遭受的人身伤亡或财产损毁承担赔偿责任。但因事故产生的善后事宜由被保险人自己承担。

在确定机动车辆第三者责任保险的保险责任时，要注意以下几个关键点。

第一，被保险人是被保险机动车的所有人或使用人。实务中，所有人指机动车办理登记时，登记为所有人的人；在机动车登记尚未开始前被称为“车主”。

第二，“第三者”指的是保险人和被保险人或使用被保险车辆的致害人以外的人员。根据《机动车交通事故责任强制保险条例》第3条的规定，机动车本车人员、被保险人以外的受害人属于“第三者”。在保险条款中，将被保险人或驾驶员的家庭成员或管理成员排除在外。

第三，被保险人对机动车事故受害人的赔偿责任，为机动车责任保险的标的，但不以机动车事故所造成的受害人的人身损失为限，受害人的财产损失也包括在内，需是直接损毁，并以约定的保险金额为限承担保险责任。

第四，被保险人依法应当支付的赔偿金额受到法律与保险合同的双重约束。保险人并非对所有“被保险人依法应当支付的赔偿金额”承担赔偿，而是需要依照《中华人民共和国道路交通安全法》（以下简称《道路交通安全法》）、《最高人民法院关于人身损害赔偿案件适用法律若干问题的解释》及机动车第三者责任强制保险法规规定的赔偿范围、项目、标准作为计算保险赔款的基础。在上述基础上，根据保险合同所载的有关规定计算保险赔款，并剔除合同中约定的免赔部分，才是保险人最终需要承担的赔偿金额。被保险人与第三者因损害而发生的诉讼、仲裁或其他费用，应由被保险人承担的部分，若保险人事先书面同意承担的，应负责赔偿，需在保险单载明的责任限额外另行计算，最高不得超过责任限额的 30%。

2. 除外责任

机动车辆第三者责任保险的除外责任含两大类，一类是车辆损失保险中的风险免除部分同样适用，另一类是一些特殊的损失和费用，如保险车辆发生意外事故致使第三者停产、停业、停驶，电、水、气、通信中断后的损失与各种间接损失；精神损害赔偿；因污染、市价变动、修理造成的贬值、损失；保险车辆被盗、被抢造成的第三者损伤；被保险人或驾驶人员的故意行为造成的损失。

保险车辆造成被保险人、本车驾驶人员及相关家庭成员的人身伤亡、财产损失，以及本车上其他人员的人身伤亡、财产损失，无论法律上是否应由被保险人承担赔偿责任，保险人均不负责赔偿。

此外，机动车辆第三者责任保险还可以根据被保险一方事故责任的大小，规定多种免赔。如负次要事故责任的免赔率为 5%，负同等事故责任的免赔率为 10%，负主要事故责任的免赔率为 15%，全部事故责任的免赔率为 20%；被保险机动车的损失应当由第三方负责赔偿，无法找到第三方的，实行 30% 的绝对免赔率；违反安全装载规定的，实行 10% 的绝对免赔率等。[①]

3. 机动车辆第三者责任保险与“交强险”

“交强险”即机动车交通事故责任强制保险，由保险公司对被保险车辆发生交通事故造成本车人员、被保险人以外的受害人的人身伤亡、财产损失，在责任限额内予以赔偿的强制性责任保险。“交强险”与机动车辆第三者责任保险都属于责任保险，但存在以下区别。

（1）责任原则不同。“交强险”属于强制性责任保险，实行“无过错责任”原则；机动车辆第三者责任保险属于普通商业保险，采取过

① 北京当代金融培训有限公司组织编写：《个人风险管理与保险规划》，中国人民大学出版社 2019 年版，第 122 页。

错责任原则，根据被保险人在事故中所承担的事故责任确定赔偿责任。

（2）责任范围不同。“交强险”的保险责任几乎涵盖所有道路交通风险，且不设免赔率、免赔额，保障范围大；受害人仅排除被保险机动车本车车上人员、被保险人，其内涵大于“第三者”。机动车辆第三者责任保险则规定了较多的免除事项和较高的免赔率，“第三者”的范围除了本车车上人员、被保险人，被保险人的家庭成员及管理成员也被排除在外，并且通常在交强险赔偿后予以补充赔偿。

（3）目的不同。“交强险”不以营利为目的；机动车辆第三者责任保险作为商业性保险，以盈利为目的。实务中，两类险种是单独核算、分开管理的。

（4）条款费率不同。“交强险”由国家统一规定保险条款和基础费率，监管部门按照业务总体“不盈利不亏损”的原则审批费率。同时，对每次保险事故实行分项责任限额，总额 20 万元，其中，死亡伤残赔偿限额 18 万元，医疗费用赔偿限额 1.8 万元，财产损失赔偿限额 0.2 万元；被保险人无责任时，死亡伤残赔偿限额 1.8 万元，医疗费用赔偿限额0.18 万元，财产损失赔偿限额 100 元。[①] 机动车辆第三者责任保险则不区分责任限额，由保险双方自行在合同中约定是单次责任限额还是累积责任限额，条款费率也各有差异。

（四）附加险

在机动车辆保险中，除最主要的车辆损失险和机动车辆第三者责任保险外，还设置了很多类型的附加险，如不计免赔特约险、盗抢险、车上座位责任险、玻璃单独破碎险、自燃险、新增设备损失险等。

二　机动车辆保险核保操作要点

（一）单证的审核

随着网络通信的发展，机动车辆投保方式日益多样化，网络、电话、营业厅、4S 店、中介等都可以作为机动车辆投保方式。无论哪种方式，都要求投保人详细填写投保明细表，对投保人、被保险车辆的相关信息务必填写准确。其中，投保人需写明全称，被保险车辆的厂牌型号、牌照号码、发动机号、车架号码、使用性质、吨位或座位数目、使

① 参见中国银保监会《关于实施车险综合改革的指导意见》（2020 年）。

用年限等相关信息需如实填写。此外，还需明确保险价值、保险金额、保险期限、投保险种及特别事项等。审核时，形式上审核是否完整、清楚；内容上审核是否准确，并查验投保人提交的各项资料，确保单、证一致，单、车一致。

1. 验证

验证即以相关车辆证照检查为主，需结合投保车辆的有关证明，如车辆行驶证、单位证明等，对投保人、标的、种类、牌照、发动机号、底盘号、颜色等予以审核。重点审核机动车辆行驶证件、临时号牌是否真实有效，是否按规定办理了年检，证件与投保标的是否相符，是否为合法车辆。

2. 验车

工作人员还应该实际验车，根据《机动车驾驶证》的相关信息检验车辆的号牌号码、发动机及车架号码是否一致，车辆内外有无破损，是否符合运行条件；投保全车盗抢险的，应核对停放地点、检查防盗设备；在投保单上填写了安全装置的车辆，要检验是否属实。

验车的核心是重点车辆、重点检查。其中，重点车辆，主要包括首次投保、未按期续保、增加附加险、投保第三者责任险后又加保车损险、出险事故较高、重大事故后修复、接近报废的车辆，以及特种车辆、稀有车型及新车购置价较高的车辆等。重点检查，具体程序包括拓印车辆识别代码（VIN 码）并拍照，VIN 码中通常包含汽车的制造商、年份、型号、车身类型和代码、发动机代码和装配位置等信息，对识别车辆类型、进行良好的诊断和维修非常重要。给车辆拍照，对投保时车辆的完好情况、是否与提供资料相符、是否存在改装或附加设备予以确定，查验后需将结果告知投保人，尤其是一些明显异常的状况。

（二）分析保险标的的风险

在机动车辆保险中，根据投保车辆的风险状态，可分为标准业务和非标准业务。

1. 标准业务的风险分析

标准业务即投保车辆可能面临的风险属于常规风险，与机动车辆保险险种设计时所设定的风险情况基本符合，可直接按核保规定予以审核。

（1）纯粹风险。包括驾驶员状况对风险的影响，车辆自身因素，以及地域因素等。其中，驾驶员状况主要考虑性别、年龄、驾龄、驾照类型、职业等，有法律规定的不得违反。如根据《机动车驾驶证申领和使用规定》，申请小型汽车、小型自动挡汽车、残疾人专用小型自动挡载客汽车、轻便摩托车准驾车型的驾驶员需在18周岁以上；申请低速载货汽车、三轮汽车、普通三轮摩托车、普通二轮摩托车或者轮式专用机械车准驾车型的驾驶员需在18周岁以上、60周岁以下；申请城市公交车、中型客车、大型货车、轻型牵引挂车、无轨电车或者有轨电车准驾车型的驾驶员需在20周岁以上、60周岁以下；申请大型客车、重型牵引挂车准驾车型的驾驶员需在22周岁以上、60周岁以下；接受全日制驾驶职业教育的学生，申请大型客车、重型牵引挂车准驾车型的，需在19周岁以上、60周岁以下。① 车辆自身因素需考虑车辆类型、用途、使用年限、产地、安全装置等，如营运车辆和非营运车辆、公务用车与私家车在监管、风险等方面有明显区别；有无安全装置直接影响风险的高低。地域因素需考虑是在熟悉区域、固定路线驾驶，还是在陌生区域、不确定路线驾驶。通常，熟悉区域、固定线路的出险概率低于陌生环境。

（2）道德风险。道德风险需结合被保险人的诚信等道德因素重点核查，例如，是否有未按期交费的记录；是否有多次肇事或多次索赔的记录；是否有过刑事犯罪或交通犯罪记录；是否存在突然主动投保并急于办理手续的情形；是否坚决要求将保险单起保日期提前或接近于签单日期；是否存在收入高低与投保车辆级别不符的状况，即无固定职业、无固定收入的个体客户却对高档车辆投保等。

2. 非标准业务的风险分析

非标准业务是指风险具有较大特殊性的业务，这种特殊性主要体现为出险频率高或出险后损失巨大，超出标准风险。如保险价值浮动超过基本规定，保险金额、赔偿限额、免赔额等有特殊要求，特殊车型、特殊用途车辆、高档车盗抢险等类型的投保业务。这些非标准业务的风险类型独特，损失巨大，需由核保人员结合相关法律法规、公司规定、自

---

① 参见《机动车驾驶证申领和使用规定》（公安部令第162号）第14条。

身专业等逐一分析，必要时应向上级核保部门进行请示或组织专家进行论证。

（三）审核是否具有可保利益

1. 审核标的是否可保

结合投保车辆，需核实投保人或被保险人是否具有合法的可保利益，尤其是存在租赁、转让、转销、变卖、抵押等情况时，核保人员应通过对投保人、投保车辆的详细资料审核，确定可保利益是否存在、是否合法。

2. 审核风险是否可保

基于投保车辆的特殊性，要审核是否属于基本险、附加险或特约承保的范围，并对超出承保范围的增加相应的附加条款或附加险，从而确保风险可保。

（四）审核投保人与被保险人的资信及标的以往损失记录

投保人、被保险人的资信情况、经营管理情况会直接影响被保险车辆的风险管理质量，尤其在车队投保时，车队的整体运营情况以及管理情况，对车辆风险有着直接影响，投保人或被保险人是否如实告知相关经营信息，需要保险公司结合资信审核予以确定，进而决定对机动车辆的承保条件。此外，还需建立被保险人的风险档案，对被保险人的历次事故进行统计、存档，分别对损失发生及索赔进行记录，并在核保时详细核查，从而限制损失严重、车辆状况差的投保人投保。

（五）审阅承保条件

主要是对保险条款、费率、保险金额及赔偿限额、特别约定、免赔额（率）等的审核。

1. 条款、费率的审核

通常，机动车辆保险条款和费率通常由各保险公司拟定后报保险监管机构审批，经批准后商业车险条款和费率方能在业务中应用。保险监管机构要求商业车险费率的拟定需遵守充足、公平、与责任相匹配的原则，既要保障保险公司的财务稳健和偿付能力，也不得损害投保人、被保险人的合法权益。在具体业务中，监管机构审批、颁发后的条款可直接适用，费率需结合投保单上所填写的车辆情况、驾驶人员情况、车辆种类、使用性质等因素，与保险公司制定的“机动车辆费率表”逐一对照确定。对费率表中没有的车辆，视风险情况厘定费率。

2. 保险金额的审核

机动车辆保险金额可通过以下方式确定：一是按投保时的新车购置价确定，即在保险合同签订地购置与被保险车辆同类型新车的价格，此时需包含车辆购置税。该方式主要适用于新购车辆。二是按投保时的实际价值确定，即新车购置价减去折旧后的价格，折旧按月计算，不足一个月的部分不计折旧。该方式主要适用于非新购车辆，通常新车自汽车经销商交付购买方后，即可能发生风险事故，出现贬值，因此，非新购车辆的实际价值需注意核算折旧。三是协商确定。保险双方还可以协商确定保险金额，但需控制在新车购置价以内，并重点审核，以防止超额保险。确定保险金额时，还需约定免赔额（率），对出险率高的车辆不可加保不计免赔特约条款。对大中型客车、运载危险物品的车辆则需适当限制第三者责任险的赔偿限额。

3. 各种附加险及特约事项的核保

对于附加险、双方特别约定的事项，需审核特别约定的内容是否合法，是否拓展了保险人的保险责任，是否语句通顺、没有歧义等，对其他事项也要认真审核以减少后期争议，如投保单的填写、业务经办员的签字、保险起讫期、验车报告等。对高发事故和风险集中的投保单位，应限制承保条件。

（六）审阅续保及是否享有无赔款优待条件

原保险合同有效期满后，投保人基于服务连续的需求，会向同一保险人继续购买同一产品，保险人也可结合投保人情况，对原合同条件进行适当修改而继续签约承保。机动车辆保险中，续保极其常见。

为留住客户，保险公司往往对保险期届满后，整个上一保险年度无赔款，并在本年度继续办理机动车辆保险续保的被保险人，提供无赔款优待的条件。确定无赔款优待时应注意以下几个方面：一是无赔款优待仅限于续保的险种，未续保和新投保的险种都不得享受。二是无赔款指被保险车辆投保的任一险种都未发生赔偿，包括车损险、第三者责任险和附加险。只要投保的任一险种发生理赔，续保时就不能享受优待。三是被保险车辆在上一年度内发生了所有权转移，车主发生变更，续保时不能享受。四是被保险车辆发生事故，续保时案件尚未核查完毕的，被保险人不能享受，但事故处理后保险人未发生赔款责任，保险公司则需按无赔款优待对待，并退还多交的保险费。

三 机动车辆保险理赔操作要点

（一）机动车辆保险核赔工作特点

基于机动车辆风险事故的特殊性，各国有专门的法律法规对事故处理进行约束。中国出台了《道路交通安全法》《机动车交通事故责任强制保险条例》等法律法规，对交通事故的处理、责任认定、事故赔偿等有明确规定，这也对核赔提供了法律依据，要求需依法认定事故责任，核定损失项目和赔偿标准。

与此同时，机动车辆发生的事故多为小额事故，核赔时需注意时效和理赔质量。一是需充分利用异地代查勘的工作方式，适应车辆流动性、跨地区性产生的高效查勘、理赔需求。二是对标准零部件等建立价格信息数据库，提高定损的一致性、准确性，从而提高理赔时效。[①]

（二）报案及查勘

机动车辆保险通常要求被保险人在事故发生后 48 小时内通知保险人，否则，造成损失无法确定或者扩大的部分，保险公司不承担赔偿责任。

保险公司接到被保险人报案后，应及时受理并派人员赴现场进行初步查勘。查勘时需注意审核是原始现场，还是变动现场、恢复现场，从“车”“证”“人”“路”“货”“行”六个方面着手，确定是不是保险车辆，是否属于保险责任，是谁的责任，以及损失金额四个基本问题。查勘人员通过调查取证、现场拍照、查勘报告撰写，为后期定损提供一手资料。保险公司接到报案后 48 小时内未进行查勘且未给予受理意见，造成损失无法确定的，以被保险人提供的财产损毁照片、损失清单、事故证明和修理发票作为赔付理算依据。

（三）定损

核保人员需结合现场查勘定损情况，核实损失痕迹及程度后定损，也可以直接到修理厂、4S 店、定损中心定损。对达到修复标准的被保险车辆，以及因保险事故不太严重、尚可修复的第三者财产，应尽量修

① 王永盛主编：《车险理赔查勘与定损》（第 4 版），机械工业出版社 2019 年版，第 110 页。

复。修复前被保险人应与保险人共同检验，协商确定修理项目、方式和费用，否则，保险人有权重新核定相关损失费用，无法重新核定的，保险人有权拒绝赔偿。

定损时需注意以下几点。

第一，修理范围仅限于当次事故中所造成的车辆损失和第三者财产损失。修理时强调最小成本原则，即能修理的零部件尽量修理，不要随意更换新的，能局部修理的不能扩大到整体，能更换零部件的不更换总成件。所需零部件价格根据市场确定，工时费用则根据修复难易度，参照当地工时费用水平确定。

第二，严格确定事故损失。保险公司只承担保险合同载明的保险责任所导致的事故损失责任，并且仅限于当次事故。因刹车失灵、机械故障、轮胎爆裂及零部件的锈蚀、老化、变形、断裂等所造成的损失，非当次事故造成的损失，保险公司不负责赔偿。这就要求核保人员做好细节审核，结合脱离的漆皮痕迹、金属刮痕、油污、锈迹等综合判断。

第三，需先确定事故发生点，判定肇事损伤部位，以及因肇事部位的震动、撞击扩展引起的损伤。根据损伤情况，确定维修方案，登记损伤零部件，进而结合零部件价格、维修方案、修复工艺确定所需材料费与工时费用。定损时应使事故各方均在场，在修理范围、项目、所需费用达成一致，签订损失确认书后，再进厂修理。

第四，合理确定施救费用。在机动车辆保险中，施救费用仅限于针对被保险车辆发生的施救费用。例如被保险车辆出险后，因受损严重，需雇用其他车辆施救，以及拖运到修理厂的拖运费，在当地相关服务收费标准内负责赔偿。在施救过程中，因施救而损坏他人财产并由被保险人承担责任时，可酌情赔偿，但施救人员个人物品的损伤、被保险人赶赴现场时所付费用，不予承担。

第五，涉及第三者损伤时，需进行医疗跟踪审核，了解伤者基本情况及伤情，跟踪治疗过程，协调抢救、治疗方案，并跟踪、调查死亡鉴定、伤残评定等。对治疗抢救过程中发生的医疗费、误工费、护理费、交通费、住宿费、住院伙食补助费、营养费、残疾人赔偿金、残疾辅助器具费、丧葬费、被抚养人生活费、死亡赔偿金等予以核定。

（四）确定事故责任比例

在机动车辆保险中，保险人承担赔偿责任的大小，还与被保险车辆在事故中所负责任的比例挂钩。交通管理部门有专业事故责任认定的，以认定为主；未确定事故责任或事故双方自行协商的，被保险车辆方负主要事故责任、同等事故责任、次要事故责任的，责任比例分别为70%、50%、30%。

（五）核损

根据损失查勘报告、公估报告、定损单等材料，核赔人员需要核价后确定最终损失。通常，发生损失后，被保险车辆的残余部分由保险双方协商处理。如果是协商确定残值折归被保险人的，需合理作价并由保险公司在定损金额中扣除；如果是由保险公司回收的，需做好登记、移交工作，残余物资拍卖后，需将所得款项冲减赔款。为防止道德风险，对可修可换的零部件定损为更换的，也应回收残值。

1. 赔偿计算方式

机动车辆保险确定损失赔偿金额时，以损失程度为主要依据。当保险金额为按新车购置价确定时，全损的在保险金额内计算赔款，部分损失按核定的修理费用计算赔款，但均不得超过事故发生时被保险车辆的实际价值，即需扣除车辆的折旧。

当保险金额是按实际价值或协商确定时，如果全损，对比保险金额与实际价值，以低者为准核算赔款；如果部分损失，按保险金额与投保时被保险车辆的新车购置价比例计算赔款，但不得超过事故发生时被保险车辆的实际价值。

2. 全损或推定全损的条件

当机动车辆因事故受损严重并出现下列情形时，可认定为全损或推定全损：一是事故车辆无法施救。二是施救费用、修理费用达到或超过事故发生时车辆的实际价值。三是事故车辆的施救、保护、修理费用之和，达到或超过事故发生时车辆实际价值的，双方可协商按推定全损处理。实务中，修复费用达到或超过车辆实际价值80%时，保险即可协商做推定全损处理。

3. 第三者责任险的核损

第三者责任险需重点审核各种责任费用。一是因造成人身伤害进行治疗抢救时发生的医疗费及相关费用，需进行真实性、必要性审核，如误工费、护理费、住院伙食补助费、残疾人赔偿金、器具费、丧葬费、死亡赔偿金等。二是相关的精神损害赔偿金。这类损害赔偿法律并未规定明确的赔偿标准，由司法机关酌情判定。当被保险人依判决或调解需要承担时，保险公司在其他项目足额赔偿后，可在死亡伤残赔偿限额内赔偿。

（六）赔付

完成上述审核后，保险公司需根据不同情形作出赔付决定、预付赔款、协商通融赔付或拒赔的通知。根据《机动车交通事故责任强制保险条例》的规定，被保险机动车发生道路交通事故的，由被保险人向保险公司申请赔偿保险金；保险公司应当自收到赔偿申请之日起 1 日内，书面告知被保险人需要向保险公司提供的与赔偿有关的证明和资料。[①] 保险公司应当自收到被保险人提供的证明和资料之日起 5 日内，对是否属于保险责任作出核定，并将结果通知被保险人；对不属于保险责任的，应当书面说明理由；对属于保险责任的，在与被保险人达成赔偿保险金的协议后的 10 日内赔偿保险金。[②] 实务中，被保险人需提供的与保险赔偿有关的证明和资料一般包括交强险合同、保险单、已支付保险费的凭证、机动车登记证书、行驶证、被保险人身份证明、交通事故认定书、交通事故损害赔偿调解协议、必要的检验、鉴定与评估结论、死亡证明书、医疗费用单据。

在赔付过程中，还会出现一些特殊处理。其一，预付。指保险公司根据法律规定或业务需要，在约定的保险金额范围内，提前支付部分赔款，包括可确定金额的预付和重大赔案的预付。其二，垫付。指在交强险范围内，有下列情形之一的，保险公司在责任限额内垫付抢救费用，并可向致害人追偿：一是驾驶人未取得驾驶资格或醉酒的。二是被保险车辆被盗抢期间肇事的。三是被保险人故意制造交通事故的。但前述情形造成的受害人财产损失，保险公司不承担赔偿。[③] 其三，支付。指在交强险范围内，根据交强险保险责任，因抢救受伤人员需要提前支付费用的，保险公司接到交管部门通知，核对后应及时向医疗机构支付。

---

① 参见《机动车交通事故责任强制保险条例》（2019 年修订）第 28 条。

② 参见《机动车交通事故责任强制保险条例》（2019 年修订）第 29 条。

③ 参见《机动车交通事故责任强制保险条例》（2019 年修订）第 22 条。

机动车辆保险投保单（样本）见附录 4-6。

机动车商业保险电子保单（样本）见附录 4-7。

第七节　责任保险的核保与理赔要点

一　责任保险概述

（一）特征

责任保险是指以被保险人对第三者依法应负的赔偿责任为保险标的的保险。[①] 从保险标的的性质来看，责任保险属于广义财产保险范畴，但其又有自己的特殊性。

1. 法律制度是责任保险产生与发展的基础

责任保险产生和发展的基础是责任，在人类社会发展历程中，法律制度以及强制性的法律责任在规制社会秩序、促进生产力发展、推动社会进步等方面作用明显。正是由于人们的各种社会行为都受到法律制度的规范，在触犯法律并造成他人财产、人身损伤时需承担赔偿责任，并且这种责任以法律形式确认为经济责任，责任人才有转嫁责任风险的需要，责任保险也才会被大众接受。

2. 补偿对象具有明显的第三人利益特征

责任保险旨在补偿被保险人对第三人损失承担的赔偿责任。作为责任保险的直接补偿对象，被保险人需存在因自身行为导致第三人利益受损的事实，第三人的损害赔偿请求权是责任保险成立、存续的基础。只有第三人利益受损，依法应由被保险人负责赔偿时，被保险人才存在利益损失，因此也才需要转嫁。

3. 保险金额具有限额性

由于未来可能发生的责任风险是无形的，民事损害事故的频率、损害程度等都不确定，致使可能承担的损失赔偿责任事先无法估计，也无法确定其保险金额。但对保险公司而言，保险金额的事先确定是保险合同生效的必备要素之一，同时，还需兼顾自身经营风险的防范，因此，在责任保险中，保险公司通过不同等级的赔偿限额确定自身责任，被保

① 参见《保险法》第 65 条第 4 款。

险人则可根据交费能力和可能面临的损失规模选择并确定赔偿限额，双方就赔偿限额达成一致意见后，在保险合同中载明，此限额即责任保险的保险金额。事后发生保险索赔时，保险人只需要在约定的赔偿限额内承担责任，超过部分则由被保险人自行承担。这也意味着责任保险不存在超额保险问题。

4. 保障方式具有多样性

由于事故发生与索赔之间的时间间隔可能较长，在责任保险中，判定保险事故是否在保险合同有效期限内时，规定各异。实务中常用两种方式：一是期内发生制，即以事故发生时间为判定标准，只要是在保单有效期内发生的符合约定责任的损害事故，保险人均需承担赔偿责任，至于事故发现时间、提出索赔时间不予考虑。二是期内索赔制，即需同时兼顾事故发生时间与提出索赔时间，强调事故需发生在保险期间或追溯期内，并且受害方首次提出索赔的时间也需在保险期限内，符合上述条件时，保险人才需承担赔偿责任。追溯期是保险合同中约定的自保险期间开始向前追溯约定的时间，保险公司对该期间内发生并在保险合同有效期内首次提出索赔的保险事故承担保险责任。通常保险公司为规避自身风险，不愿意提供追溯期，只愿意承担从保险合同开始生效日起到约定期限结束日内发生的事故和提出的索赔风险。但期内索赔制要求追溯日为保单的起始生效日，并要求事故发生日和索赔提出日都需在保险合同的有效期内。

5. 责任保险的赔偿处理相对复杂

责任保险的赔偿处理通常涉及保险人、被保险人、受害第三方等多个主体。一是由于责任保险需确定被保险人是否对第三方存在事故损害，是否需要承担赔偿责任，这就使受害第三方在责任保险处理中极其重要。二是被保险人同时又是致害人，这种双重身份使被保险人对待责任事故的处理态度直接关系到保险人的利益，为避免不必要的损失，保险人有权参与责任事故的处理。三是从表面上看，责任保险的赔款支付给了被保险人，但实际上是支付给受害人，因此可以直接支付给受害人。四是从整体来看，基于社会道德，责任保险的承保需以法律制度的规范为前提，理赔也需以司法判决或执法部门的裁决为依据，对法律制度的应用全面性要求更高。

（二）保障范围

责任保险以当事人依法应承担的民事损害赔偿责任为承保对象。法律责任一般可以分为刑事责任、民事责任、行政责任，责任保险的保障范围仅限于民事责任。民事责任又分为绝对责任、过错责任、合同责任。绝对责任指无论行为人是否存在过失，根据法律规定都必须对他人损害承担赔偿责任，又称严格责任。在该情形下，只要民事损害事故不是由受害人自己故意所致，其损害皆可从行为相对方处获得赔偿，主要是为了使公众得到更充分的安全保障。过错责任指行为人因故意或过失损害他人利益而承担的民事责任，其中，因主观故意而承担的过错责任，不仅要承担民事责任，还可能负刑事责任，是保险人不能承保的；只有因主观过失而承担的过错责任，才属于责任保险的保障范围。合同责任是依据合同约定而需要承担的赔偿责任，包括因违反合同规定的义务造成对方损害而需承担的直接赔偿责任，以及依据合同约定需对另一方造成他人的损害应承担的间接责任。通常，责任保险不负责被保险人所应承担的合同责任，但根据保险合同的特别约定，也可以承保。

由此可见，责任保险的承保范围与民法中规定的民事损害赔偿责任的范围并不完全一致。

第一，责任保险剔除了过错责任中的故意行为所导致的损害赔偿责任，仅承保过失行为需承担的损害赔偿责任。一是被保险人需存在过失。过失是应当预见自身行为可能引起损害，但因疏忽大意而未预见到；或者已经预见到而轻信能够避免，以致产生损害结果。二是需存在损害事实，即已经造成了受害人的人身或财产损失。三是过失与损害事实之间存在因果关系，确实是因为被保险人的过失行为才造成了受害人的损害。此时，确定保险责任时要分清原因、条件，要区分主要原因、次要原因。

第二，责任保险又超越了民法规定的一般民事损害赔偿责任的范围，扩展了无过失责任，即只要发生责任事故，无论被保险人是否有过错，保险公司都负责赔偿。

（三）保险责任与除外责任

1. 保险责任

责任保险的保险责任，一般包括以下两项内容：一是被保险人依法应对第三人的人身、财产损伤承担的经济赔偿责任，以及按合同规定应承担的违约责任。二是因责任赔偿纠纷引起的诉讼、律师费用以及其他事先经保险人同意支付的费用，如鉴定费、公估费等。

2. 除外责任

责任保险合同保障的内容不同，除外责任不同，但下列责任往往是各类责任保险共同的除外责任。一是战争、叛乱、军事、恐怖活动、冲突、暴乱、罢工等引起的损害事故。二是核辐射、核污染，但核事故或核责任保险例外。三是被保险人的故意行为。四是被保险人本人、家属、雇员的人身、财产损伤（雇主责任保险除外）。五是被保险人所有、占有、使用、租赁或临时看管控制的财产损失。

（四）类型

1. 公众责任保险

公众责任保险以被保险人的公众责任为承保对象，即被保险人因违反法定义务造成他人人身、财产损伤而需承担的赔偿责任。依法设立的各类法人、自然人均可作为被保险人，对各类活动中的公众责任予以投保。

2. 雇主责任保险

雇主责任保险以雇主对雇员应承担的赔偿责任为承保对象，即雇员在受雇期间从事业务时，因遭受意外伤害导致的伤、残、死亡或患有相关的职业病，以及其他根据雇佣合同应由雇主承担的赔偿责任。

雇主责任保险不同于劳动保险。一是承保基础不同。雇主责任保险承保因雇主的疏忽、过失未尽其法律义务而产生的赔偿责任；劳动保险承保雇主对雇员受雇期间任何时间、地点遭受的人身伤亡和疾病的赔偿责任，但以严格责任为归责原则，不考虑雇主有无过失责任。二是保费交付主体不同。雇主责任保险由雇主支付保险费，劳动保险由政府、雇主和雇员一起交付。三是赔偿金给付主体不同。雇主责任保险的赔偿金交给被保险人雇主，劳动保险则交给受伤雇员。四是性质不同。雇主责任保险属于商业保险，劳动保险属于社会保险。

3. 产品责任保险

产品责任保险以产品制造者、销售者等相关主体因产品质量缺陷造成的他人损伤而需承担的赔偿责任为承保对象。即制造者、销售者或其他相关主体需依法对其制造、销售、修理的产品承担质量安全保障，因缺陷造成消费者、使用者等的人身、财产损伤时，依法需承担赔偿责任。

4. 职业责任保险

职业责任保险以各类专业技术人员因工作疏忽或过失对他人造成损伤而需承担的赔偿责任为承保对象，主要包括医生、注册会计师、律师、房地产评估师、船舶检验师、造价咨询师、注册资产评估师等。

二　责任保险核保操作要点

（一）公众责任保险核保操作要点

公众责任保险既是一个险种名称，也是一类险种的总称，包括火灾公众责任保险、展会责任保险、电梯安全责任保险等。总体上，公众责任保险具有以下特征：一是承担的是场所责任，事故发生地点相对固定。二是包含众多行业。三是包括“占有场所”和“实施业务活动”两种特性的风险，受害人是非特定群体。四是市场需要诸多的扩展责任。

1. 风险评估

保险人承保公众责任保险业务时，需详细审核投保单，进行风险评估时需注意以下事项。

（1）投保场所必须在中国境内（不包括港澳台地区，下同），境外地址不保。

（2）详细了解场所性质、地址所在、数量、承保区域范围、营业性质、周围情况，以及保险地点的安全设施、应急抢救手段，被保险人的管理水平等，以相关信息作为风险评估的基础。

（3）营业活动涉及面越广、涉及人数越多，则风险越大、费率越高。

（4）费率与赔偿限额有直接关联。每次事故赔偿限额越高，费率应越高；每次事故赔偿限额统一，累计赔偿限额越高，保费水平越高，费率可适当降低。

2. 核保要点

（1）赔偿限额。公众责任保险的赔偿限额一般需直接列入保险合同，确定时需与投保人所处的行业和业务相适应，并根据情况设置每次事故赔偿限额、累计赔偿限额及每人赔偿限额。其中，诉讼费也包含在内，并且累计赔偿限额需高于每次赔偿限额。

（2）免赔额。为增强被保险人的注意义务，公众责任保险可对每次事故造成的他人财产损失设置免赔额。但人身伤亡一般无免赔额的规定。

（3）费率与保费。公众责任保险的保险期限一般为一年或不足一年的短期，费率多为年利率。厘定费率时，需按投保场所分别收费，考虑被保险人的所属行业和风险特点、历年损失记录、产生损害赔偿责任的可能性大小和造成损害的程度、管理水平、扩展责任风险等因素综合厘定。此外，还需确定保险费的交付方式与交付期限。

（4）司法管辖。由于公众责任保险事故发生后会涉及不确定的“公众”第三方，而第三方作为受害人与被保险人解决索赔纠纷的方式也不确定。当双方选择诉讼方式解决索赔纠纷时，如何确定审理的司法机构及适用法律极其重要。保险条款一般规定，发生争议诉诸法律时须在被告方所在地，而在公众责任保险中，被告方即被保险人。因此，为降低保险公司经营成本，通常只承保中国境内的公众责任。若被保险人要求保险公司列明世界范围的司法管辖权时，则需酌情考虑接受，提高保险费率、限制保险责任，并将法律费用包含在赔偿限额内。原则上使用“中国司法管辖”。

（5）附加条款。公众责任保险承保对象多样、内容繁杂，单一保单内列举的责任范围无法满足多样化的投保需求，因此需确定被保险人是否需要附加险种保障及其附加险条件。如果需要使用附加险或附加条款，则需审核是否适用投保人的行业，以及与行业特别风险、赔偿责任的关系，并确定是否该加收保费。

（二）雇主责任保险核保操作要点

雇主责任保险主要是将雇主作为被保险人，需对雇员依法、依约承担的赔偿及诉讼费用予以转嫁，由保险人负责赔偿。

1. 风险评估

雇主责任保险的风险审核以投保书为主，一是审核投保单或批改申请书填写是否完整、规范，投保人是否签章。二是审核往年的赔付情况。三是审核承保条件是否合理，高风险或高赔付的业务需慎重对待。

2. 核保要点

（1）被保险人基本信息。被保险人即雇主，直接关系到保险公司需转嫁承担责任的大小。核保时，需对其生产、经营地址，是否设有分支机构并有业务，成立时间、经营规模、行业地位、管理水平、股东背景等信息予以确认。

（2）雇员情况。雇员是雇主责任保险的受害方，直接影响或决定雇主及保险公司的赔付情况，因此，需详细审核雇员的有关内容，包括人数、年龄结构、年工资总额、工作地点、行业工种等。其中，工作地点需在中国大陆地区，不得承保长期派驻海外的雇员。雇员的具体行业、工种，可参考意外险中的职业分类表，例如：对金融保险、邮政电信等服务行业及其他低风险行业积极鼓励承保，对公共事务管理行业、普通加工制造业及有一定风险性的制造业等行业鼓励承保，对冶铁、采掘等严重高风险行业在评估承保条件基础上有选择地承保，危险化学品制造加工业、石油和天然气开采业、煤炭开采和洗选业、各类矿业采选业等则属于严格控制承保行业。在工种中，管理人员、室内办公人员的风险最小，普通操作个人的风险次之，行业中最危险的工作岗位风险最大。一般要求所有雇员全部投保，如出现选择性投保的，则应考察具体岗位和工种，防止出现逆选择。同时，雇员名单的确定需及时、正确，否则理赔时将无法赔付。

（3）被保险人的风险防范措施。需审核被保险人是否已履行劳动安全法规要求配置的必要安全设施以防止事故发生的职责，包括在管理中是否确立了安全生产责任制度、职业安全教育和培训制度、职业安全认证、职业安全卫生设施“三同时”制度①、生产安全事故报告和处理制度。业务中是否符合技术类职业安全规范标准，如工厂工作场所或环境的安全技术规范标准、机器设备的安全规范标准、电气设备的安全规范标准、矿山安全规程标准等，是否配备防火设备及其他特殊风险的防护设备，有无应急抢救措施，是否为相关人员提供了必要的操作培训，有无专门的安全管理人员，生产所用材料的安全程度等。

（4）赔偿限额。不同行业雇员的事故发生概率各异，保险人为了确保险种经营的相对稳定性，对被保险人的雇员保险事故损失以工资为

① “三同时”制度指中国境内的一切新建、改建、扩建工程的职业安全卫生设施必须与主体工程同时设计、同时施工、同时投入生产和使用的一种劳动保护制度。

依据，规定一个最高赔偿限额，并在保险合同中确定、载明。实务中，一般以雇员的月工资为单位表示，将死亡、伤残的最高赔偿限额分别确定，如36个月、48个月的工资。有些项目也可以直接以具体金额表示，如特殊风险的行业或工种不超过100万元/人。与此同时，单个雇员的年累计赔偿限额需与其工资收入存在关联，保单有效期内，无论赔偿次数如何，每位雇员的赔偿累计总额都不得超过规定的赔偿限额。保单附加医药费保险条款时，需控制限额，可单列医药费的累计赔偿限额，如每人不超过1万元；涉及误工费时，按日平均工资额计算，年累计不超过365天，每周可设立赔付标准，如不超过5000元。

（5）免赔额。将医疗费用单列限额的投保单，可对医疗费用加设免赔额，设立每人每次事故免赔额或每次事故免赔额；对附加医药费保险，一般应加设门诊20%、住院10%的免赔额；对误工费，可设立5天的相对免赔。[①]

（6）附加条款。在附加条款中，一般会涉及上下班条款、就餐时间条款，即将承保责任予以扩充，对雇员在上下班期间或在被保险人约定地点内就餐时的伤亡责任予以保障。对某些特殊行业，还可以根据被保险人要求附加雇员的境外商务旅行意外伤害赔偿责任条款，或24小时个人意外事故条款。这些附加条款都在一定程度上扩大了保险责任，为保障经营的稳定性，应将高危活动除外。

（三）产品责任保险核保操作要点

产品责任保险是将有关主体的产品责任转嫁给保险公司。按照《中华人民共和国产品质量法》以及《民法典》第七编第四章产品责任的相关规定，有关主体需对因产品缺陷造成的他人损害承担民事损害赔偿责任。其中，担责主体包括产品制造者、销售者、修配者及承运者等，制造者包括生产者、加工者、装配者，销售者包括批发商、零售商、出口商、进口商。受害主体可以是用户、消费者或普通公众。与其他类型的责任保险相比，产品责任保险具有以下特性：一是产品数量众多，质量差异性导致风险评估困难。二是不同的法律环境对风险影响明

① 张洪涛、王国良主编：《保险核保与理赔》，中国人民大学出版社2006年版，第103—104页。

显。产品责任保险强调以相关法律为基础，受害人需依法索赔，这就使不同国家、区域的法律规定引发的索赔风险各不相同。三是特别容易残留“长尾巴”的风险，强调保险的连续性。由于产品使用期限长短不一，对于一些可长期使用的产品，质量责任的索赔期也较长，而产品责任保险的保险期限通常是 1 年，因此，易出现“长尾巴”风险，强调保险的连续性和长期性。

1. 风险评估

（1）审核投保单或评估申请书。投保单或申请书中需列明基本的承保条件信息，包括被保险人名称、地址、保险期限、投保产品名称、销售区域、承保区域、司法管辖、销售额、销售限额、赔偿限额、扩展条款等。作为风险分析的重要资料，每个项目都需详尽填写，并由客户盖章确认内容的真实性。

（2）审核产品相关信息。在产品责任保险中，产品尤其是产品质量是关键，也是风险点，核保人员需针对产品的潜在损害风险和可能的损害程度进行相关信息审核，如要求产品需有全名和明确的产品型号，并能提供产品使用手册、使用说明、用户手册、安全警示说明等使用说明文件，以及产品图片。审核产品质检证明，包括实验室报告、质量认证、安全认证等。

（3）审核投保人、被保险人的相关情况。投保人可以是商品的生产商、加工商、中间商、零售商、修理人等，需了解投保人在所在行业中的地位或影响力，产品的声誉和投放市场的历史，产品过去几年的损失记录等。审核被保险人的经营历史、资质、生产规模、管理体系认证及在同行业的地位等。对出口产品，不可将境外主体列为共同被保险人。

2. 核保要点

（1）承保时需注意结合销售区域核保。如中国境内销售的产品（不含港、澳、台地区），需积极发展、推进业务规模扩大；对销往中国台湾、香港、澳门地区和出口新加坡、日本及其他东南亚国家的产品，应鼓励承保，在风险可控的基础上增加业务规模；对出口到大洋洲、欧洲的产品，谨慎承保；对出口到美加地区的产品，有选择地进行承保。要注意审核承保区域、区域范围与明细信息中各条产品信息中的销售区域与销售地区是否相互对应。

（2）需结合产品类别核保。不同类别产品的出险概率与可能引发的损伤程度不同，核保中要做好归类，采取不同的承保措施。例如，对箱包、服装、工艺品、五金工具、家用电子产品等普通消费品，不容易出险且损伤后果不严重，可积极承保，积累保费量。对啤酒、暖气片等容易出险但损失后果不严重的产品，可增加免赔额，减少案件处理成本，督促被保险人积极采取措施提高产品质量、控制产品自身风险。对家用电器等损害后果可能较严重，但出险频率低的产品，可控制每次事故赔偿限额。对休闲旅行产品等损害后果严重且出险频繁的产品，则需谨慎承保，设置综合型保险的配套类险种，控制每次事故赔偿限额、设置较高免赔额，寻求再保险支持等。对有毒、有辐射等不易界定责任或风险特殊的产品，严禁承保。对严格控制类产品，如航空、航天、船舶、铁路列车和轨道交通列车类产品，及其上述产品整装时使用的关键设备、零部件、仪器仪表，医疗设备及电子医学设备，医药产品类等，需严格控制风险。具体核保时，需注意审核产品类别是否正确，产品名称是否准确。

（3）赔偿限额。产品责任保险中可以“次”或“人”为标准设置多种赔偿限额，如单次事故赔偿限额、年累计赔偿限额、每人每次赔偿限额或每人赔偿限额，其中每项赔偿限额还可进一步分人身伤亡和财产损失予以单列。基于保险经营稳定性需求，不可承保“累计无限额”的保单。赔偿限额越高，费率越高，其中每次事故赔偿限额对费率的影响最大。

（4）免赔额。产品责任保险中普遍设置每次事故绝对免赔额，并根据风险情况加设免赔率。免赔额一般同时适用于财产损失和人身伤亡，特别是出口产品责任险业务，由于理赔成本高、索赔金额高，往往免赔额也较高。免赔额越高，费率越低。此外，还需要注意多条产品记录的保单，不同产品信息与赔偿限额及免赔额之间的对应关系是否准确。

（5）保险费率和保险费。由于产品的多样性和较快的更迭性，使产品责任保险的风险数据模型无法稳定，从而导致费率厘定多样化。通常，根据保险人事先制定的费率和被保险人当年的生产、销售或营业收入总额计算。需设置预收保费和最低保费，预收保费为当年预计产品销售额与费率相乘的 100%，分期付款情况除外；最低保费通常与预收保费持平，也可规定定额，如出口产品责任险每单保费一般不低于 3000 美元，国内产品责任险一般不低于 5000 元等。保险期满后按年实际产品销售额调整应收保费，多退少补。对全年销售额超过一定金额的产品，可按不同档次给予费率优惠折扣。①

（6）司法管辖。由于各国法律对产品责任的规定及惩处力度不同，当产品责任事故需要通过司法程序解决时，会涉及法律的适用性问题，为减少后期纠纷，保险公司需提前明确所能接受的适用法律。现实中，欧盟以及美国、加拿大对产品责任实行严格责任，赔偿判决概率与额度相对较高，导致产品责任保险的风险大幅度增加，因此，对出口产品责任保险，需特别注意对应司法管辖权的相关条款措辞是否添加在附加条款中，核保时也需要相对严格一些。

（7）承保基础。对产品责任保险，要注意不同险种对承保基础的不同要求，以及不同承保基础与追溯期、追溯期起讫及报告期的相互配合。尽量采用期内索赔制，首次承保追溯期为起保日，每追加续保一年给予多一年的追溯期，一般不超过 2 年。此处所指续保为逐年不间断地续保，若有间断，则以新保业务对待。

（8）法律费用。通常要求法律费用在赔偿限额内列支，且适用于免赔额。

（9）附加条款。附加条款中，成批条款、产品回收/保证除外条款、司法管辖权条款往往是必须附加的，需根据实际情况选用。以功能性风险为主要风险的业务则需附加产品保证除外条款、功效风险除外条款等。

（四）职业责任保险核保操作要点

职业责任保险所称的“职业”指需要具有相应的基本学历和专业知识技能，并需通过国家行业主管部门执业认定程序、被颁发资格证书方可从事的专门行业岗位。根据目前我国相关法律，这些职业包括律师、注册会计师、保险经纪人和保险公估人、医生、船舶检验师、造价

---

① 许谨良编著：《财产保险原理和实务》（第五版），上海财经大学出版社 2015 年版，第 543 页。

咨询师、注册资产评估师等。随着职业类型的多样化，这类保险还需要在实践中具体探索。

1. 风险评估

职业责任保险核保环节的风险评估，主要是对被保险人的基本情况进行了解、审核。通常，保险人只接受提供职业技术服务的团体投保，因此，风险评估时需同时注重团体和个体，一是审核被保险人的开业资格，尤其需审核是否持有合法、有效的执业许可证照，这既是衡量其执业资格的前提，也是判断隐含风险大小的基础。二是确认被保险人的职业场所和执业范围，重点调查业务范围是否扩展到境外，目前，此类险种暂不承保被保险人承担的境外委托人的业务。三是对执业人员的审核，包括参保人员的数量及记名清单，原则上不接受选择性投保，并需提供人员明细清单。四是审核投保的历史及索赔记录，主要是核查过去三年内有无因执业事故受到管理部门的惩戒，有无投保过同险种或类似险种，有无发生赔付。对曾发生过重大执业事故，影响恶劣或赔偿额较大的，核保时需严格审核、慎重处理。

2. 核保要点

不同的职业在确定责任保险时需采用不同的条款，核保时重心各有差异，但以下几个方面是需要共同注意的要点。

（1）保费。保险人通常采用预收保险费，承保期限结束后多退少补的方式确定。预收保险费以被保险人保险期内预计的业务收入为基础，兼顾赔偿限额。由于预计收入的不确定性，还需以预收保费为基准，在合同中预设一个最低保费条件。当保险期限内的营业收入无法估计时，可以上一经营年度的实际营业收入为准确定预收保险费及最低保费条件。此外，制定费率时需综合考虑投保人的职业种类、工作场所、单位性质、业务数量、被保险人及雇员的专业能力、赔偿限额、免赔额及历史损失资料等因素。

（2）保险期限。职业责任保险的保险期限一般为 1 年，如有保险追溯日期、后延日期等时需明确。

（3）承保基础。基于从业人员的高流动性，职业责任保险宜采用“期内索赔制”为承保基础，即承保事件要求发生时间与首次索赔时间皆在保险期间内。实务中，根据投保人的特殊需求，以及职业活动的复杂性、承保历史的长短等因素，保险公司也可以设置追溯期，一般最多为2—3年。

（4）司法管辖。当前主要确定为适用中国（不包括港澳台地区）法律。

三　责任保险理赔操作要点

责任保险的理赔在不同险种中有不同的细节注意事项，但也存在以下共性。

（一）检查保险赔偿责任的确定是否准确

1. 需确定是否符合责任保险赔付的行使条件

责任保险以被保险人承担对第三人的损害赔偿义务为前提，一方面要求被保险人需依法或依约承担损失赔偿责任，另一方面要求受害人行使损害赔偿请求权，上述两项条件兼具时，保险人才需履行保险赔付义务。该环节，重点需审核“第三人”的范围，以及需取得“受害方损害赔偿书面请求”。

2. 需确定出险时间是否属于保险责任范围

如前所述，责任保险的索赔基础包括“事故发生”“索赔提出”两种情况。前者强调事故发生于保险期内，保险人就需赔付；后者强调事故发生及初次索赔均在保险期内，保险人才赔付。但采用事故发生制时，会出现保险索赔时效与法律诉讼时效的差别，可能导致被保险人的民事赔偿责任因时效而消灭，而保险人的赔偿义务依然存在。在立法上，索赔时效的设定是为了催促被保险人及时向保险人行使赔付主张的权利，因此，责任保险索赔时效的起算，重在理解所指的“保险事故”。结合赔付的行使条件，应以受害人依法请求被保险人承担损害赔偿责任为衡量标准。原保监会在《关于索赔期限有关问题的批复》中，也明确了根据《保险法》第26条的规定，人寿保险以外的其他保险的被保险人或者受益人，向保险人请求赔偿或者给付保险金的诉讼时效期间为2年，自其知道或者应当知道保险事故发生之日起计算。[1] 对于责任保险而言，其保险事故就是第三人请求被保险人承担法律责任，保险

---

① 参见《保险法》第26条。

事故发生之日，应指第三人请求被保险人承担法律责任之日。[①]

因此，确定是否属于责任保险的保险责任范围时，需注意索赔时效从责任确定日起计算，责任事故发生日不同于责任保险事故发生日，前者以客观事故发生日为准，后者以依法确定被保险人的民事责任日为准。理赔中，对于“事故发生制”为基础的产品，以“出险日期”和“出险时间”记录损害事故发生的日期和时间，增加“索赔日期”。对于“期内索赔制”为基础的产品，以“出险日期”和“出险时间”记录第三方受害人初次索赔的日期和时间，增加“损害发生日期”。为了防止被保险人怠于行使权利，控制“长尾巴”责任，多倾向采用期内索赔制。

（二）损失计算与赔付管理

1. 损失计算范围

在责任保险理赔中，应根据合同所列的保险责任，以司法部门的裁决或有关法律法规为依据，逐项核定赔偿责任和赔偿金额。

（1）财产损失。责任保险中财产损失赔偿部分仅限于因责任事故造成的直接财产损失，间接财产损失不予承担。对于受损财产，承担与其价值相当的赔偿责任；对于损坏的财产，承担对其恢复原状所需的费用，也可折价赔偿，但需考虑折旧的扣除与赔偿限额。

（2）人身伤害赔偿。责任事故造成的人身伤害包括死亡、残疾、受伤，一般不包括因此而遭受的精神痛苦。主要赔偿事项包括四大类：一是医疗费用，即事故受害人需要治疗、护理而产生的住院费、治疗费、化验费、检查费、医药费，以及因残疾而需要的生活自助具费等。二是丧葬费用，若责任事故造成第三人死亡，则丧葬支出应由保险公司承担。三是误工损失，指因责任事故导致受害人无法正常工作而产生的工资收入减少；四是其他损失，如受害人的抚养人所必需的生活费、生活补助费、伙食补助费，护理人员的误工工资等。

（3）诉讼的必要费用。受害人通过诉讼或仲裁向责任保险的被保险人主张赔偿责任，根据规定，应由被保险人承担的相关费用，保险人也负责赔偿。相关费用包括诉讼费、仲裁费，以及因诉讼、仲裁而支出

① 参见《关于索赔期限有关问题的批复》（保监复〔1999〕256号）第1条。

的差旅费、调查费、鉴定费、律师费等，这些费用因被保险人与第三者之间的抗辩、和解有关，也称抗辩与和解费用，保险公司负责赔偿时以实际支付金额为基础。

2. 确定赔偿责任比例

在责任保险理赔中，为防范道德风险，需结合被保险人在损害事故中承担责任的大小，合理确定保险赔偿比例。被保险人在事故中承担的责任可分为完全责任、主要责任、同等责任、次要责任、轻微责任，其承担的赔偿责任也可区别对待，如完全责任承担90%以上的赔偿责任，主要责任承担60%—90%的赔偿责任，同等责任承担40%—60%的赔偿责任，次要责任承担10%—40%的赔偿责任，轻微责任承担10%以下的赔偿责任。对于事故原则复杂、存有争议或符合需提交鉴定等情形的，保险公司应告知责任事故的双方当事人委托鉴定或直接聘请专家认定，以保证责任的准确性。

3. 审核保险金额与免赔额

责任保险中往往会约定多种类型的赔偿限额，赔偿时需全部遵守。通常，单次事故赔偿额不得超过保单约定的每次事故或每次索赔赔偿限额，单人赔偿额不得超过保单约定的每人赔偿限额。保险期限内发生多次事故时，累计赔偿额不得超过保单中约定的累计赔偿限额。诉讼费用的赔偿额根据合同约定确定。与此同时，责任保险的免赔额属于绝对免赔，财产损失在免赔额限度内的绝对不赔，但人身伤害不得适用免赔规定。

4. 保险人可参与事故索赔的确认过程

被保险人与第三人协商赔偿时，保险人有参与权。《保险法》规定，责任保险的被保险人给第三者造成损害，被保险人怠于向保险人请求的，第三者有权就其应获赔偿部分直接向保险人请求赔偿保险金。①

（三）代位追偿赔案的处理

责任保险理赔时，通常要求被保险人先对第三者赔偿，同时开具赔款收据，在与保险公司履行结案手续并领取赔款时，应向保险理赔人员出具“赔款收据”。涉及向第三者追偿的案件，被保险人要求保险人先

① 参见《保险法》第65条。

予赔偿时，应提供涉案文件、资料、信息、法律依据，向第三者交涉索赔的证明，协助保险人追偿的承诺书等。保险公司支付赔款时，应要求被保险人填写“权益转让书”，并自支付之日起，可代位行使被保险人对第三者请求赔偿的权利。

公众责任保险投保单（样本）见附录4-8。

公共营业场所火灾责任保险投保单（样本）见附录4-9。

雇主责任保险投保单（样本）见附录4-10。

食品安全责任保险投保单（样本）见附录4-11。

产品责任保险投保单（样本）见附录4-12。

司法鉴定职业责任保险投保单（样本）见附录4-13。

第八节 信用、保证保险的核保与理赔要点

一 信用、保证保险概述

（一）概念

随着社会经济的发展，各类信用在经济活动中被广泛运用，信用风险也日益增多。越来越多的经济主体需要通过保险转嫁这类风险，以减少经济活动中的损失，由此形成了信用保险和保证保险。

信用保险是保险人根据权利人的要求担保被保证人信用的保险。[①] 其中，被保证人即义务人，权利人同时为投保人、被保险人。信用保险业务涉及两类相互关联的责任关系：一类是义务人向权利人履行义务的责任；另一类是保险人因义务人未履行责任而需向权利人赔偿的责任。义务人的责任根据义务人与权利人的约定判定，保险人的责任由义务人与保险人在保险合同中设定。当保险人承担了义务人对权利人造成的损失后，保险人可取得代位求偿权，就已赔偿的损失部分对义务人进行追偿。

保证保险是保险人根据被保证人的要求向权利人提供自己信用担保的保险。[②] 其中，被保证人即义务人，同时也是投保人、被保险人，

① 郑功成、徐琼飞主编：《财产保险》（第五版），中国金融出版社2015年版，第394页。

② 郑功成、徐琼飞主编：《财产保险》（第五版），中国金融出版社2015年版，第408页。

他们借保险人的信用向权利人提供担保，当权利人由于被保证人的作为或不作为遭受损失时，保险人承担赔偿责任，本质上属于一种担保。

信用保险与保证保险都属于以无形的履约信用为保险标的的保险，旨在将被保证人致使权利人遭受的损失转嫁给保险人，但保险人担保的对象不一样。在信用保险中，保险人应权利人的要求，主要担保义务人（被保证人）的信用，信用风险主体为履约义务人，投保人、被保险人为权利人；在保证保险中，保险人则是应义务人（被保证人）的要求，主要担保权利人的信用，投保人、被保险人为义务人。

（二）特征

信用、保证保险属于广义的财产保险，但同一般的财产保险相比，又具有以下特征。

1. 仅承保信用风险

信用、保证保险承保的是一种信用风险，不包括自然灾害、意外事故造成的风险损失，因此，承保标的与道德风险关联度极高。这也要求保险人需提高警惕，无论是权利人还是义务人（被保证人）要求投保，都需严格审查义务人（被保证人）的资信情况，确有把握时才能承保。

2. 保险人更多的是只提供担保性服务并收取担保费

实务中，当保证的事故致使权利人受损时，需由被保证人先行承担责任，当其无法补偿时，保险人才按合同约定代为赔偿，从该意义来说，更多的是对债务人的信用向权利人提供的担保。理论上，保险人经营信用、保证保险业务时，只是提供担保性服务并收取担保费，出现失信行为后，均由直接责任者承担责任，保险人即使履行了保险合同的赔偿义务，也可以通过抵押物得到补偿，或行使追偿权追回赔偿。

（三）类型

信用保险一般分为国内信用保险、出口信用保险和投资保险三类，其各自又分为若干具体险种。其中，国内信用保险也称商业信用保险，指在商业活动中，当事人为避免对方的信用风险，而作为权利人要求保险人对对方的信用风险及可能给自身带来的利益损失承担保险赔偿责任。根据不同的保证目的，可分为赊销信用保险、贷款信用保险和个人信用保险。出口信用保险是以出口商的利益保护为主，对出口业务中出口商因进口商方面的可能风险而遭受的损失进行保险赔偿。根据承保的风险不同，可分为商业风险、政治风险的出口信用保险。投资保险，是对投资人因投资地政治动荡或法令变动而引起的投资损失进行保险赔偿的业务，主要对海外投资者承保。

保证保险一般分为确实保证保险和诚实保证保险两大类，各自又分为若干具体险种。确实保证保险是被保证人不履行义务而使权利人受损时，由保险人负赔偿责任的业务。投保人是被保证人自己，承保的风险是被保证人履行一定义务的能力或意愿，大致分为合同保证保险、司法保证保险、许可证保证保险、公务员保证保险、存款保证保险、产品质量保证保险等。诚实保证保险，又称雇员忠诚保证保险，承保被保证人（雇员）的不诚实行为使权利人（雇主）遭受的损失，通常为雇主提供保障，雇主是被保险人，雇员是被保证人，投保人可以是雇主，也可以是雇员。结合险种的典型性，下文涉及保证保险时主要论述产品质量保证保险和雇员忠诚保证保险。

（四）保障范围、保险责任及除外责任

1. 国内信用保险

国内信用保险主要承保买卖双方都在国内的交易关系中，由于买方原因造成卖方无法收回货款而遭受的经济损失，主要指商业风险。投保人是卖方，通常也是被保险人和交易中的权利人，保险人承保的是买方，也就是义务人的信用风险。保险责任包括买方无力偿还和延期付款导致的损失，除外责任主要是被保险人的故意或过失行为，买卖双方共同进行的欺骗行为和一些政治风险导致的损失。

2. 出口信用保险

出口信用保险主要承保因商业风险、政治风险而引发的信用责任。商业风险又称买方风险，即与被保险人有贸易往来的买方在付款信用方面可能存在的风险，如买方破产或实际已资不抵债而无力偿还货款，逾期不付款，违约拒收货物并导致货物被运回、降价转卖或放弃等。[①] 需

① 郑功成、徐琼飞主编：《财产保险》（第五版），中国金融出版社 2015 年版，第 402 页。

要注意的是，此时买方拒收货物、拒付货款是因自身信用丧失或有其他不道德意图，并非被保险人过错所致，且被保险人已采取措施，包括必要时向买方起诉，迫使买方收货付款等。但是，因被保险人未按时发货或货物质量、数量不合要求，而导致买方拒收、拒付的，属于被保险人未履行合同，责任由被保险人自负，不属于出口信用保险的责任范围。

政治风险是指与被保险人有贸易往来的买方所在国或第三国出现政治、经济变化，而导致买卖双方都无法控制的收汇风险，包括买方所在国实行外汇管制、限制汇兑，实行进口管制、禁止贸易，颁布延期付款令，发生战争、动乱、骚乱、暴动，买方的进口许可证被撤销，买方所在国或有关第三国发生非常事件。①

当出口信用保险涉及以下情形时，保险公司不承担赔偿责任：一是被保险人自身过错导致的损失，如因被保险人违法、违约而使买方拒付货款；买方违约在先，但被保险人坚持发货。二是一些无法避免的客观因素所导致的损失，如买方汇率变动所致的损失。三是已有其他保险保障，如交货时已由货物运输保险或其他保险承保的损失。四是其他特殊情形，如因买卖合同规定的付款币制违反国家外汇规定，发货前买方未能获得进口许可证或其他有关许可而导致不能收货、付款的损失。

3. 投资保险

投资保险主要承保本国在外国进行投资的投资者在投资期间，因对方国家的政治风险所造成的投资损失，通常也称为政治风险保险。投资保险主要对以下几类风险所造成的损失进行保障：一是战争、叛乱、罢工、暴动等行为。二是政府有关部门的征用、没收、国有化、扣押等，又称国有化风险。三是汇兑限制，又称外汇风险，即投资所在国政府阻碍、限制投资者对当地货币的兑换、汇出，或者投资者需以远高于市场的价格进行兑换、汇出。四是政府违约风险，即投资所在国政府对与投资相关的特定担保、保证、特许权协议等，非法或不合理地取消、违反、拒绝承认、拒不履行。上述风险直接引起的损失、导致项目企业不能正常经营所造成的损失都可以成为投资保险的保障对象。

---

① 郑功成、徐琼飞主编：《财产保险》（第五版），中国金融出版社 2015 年版，第 402 页。

投资保险涉及以下情形时，保险人通常不承担赔偿责任：一是被保险人的投资项目受损后引发的商业损失。二是被保险人方面违反投资约定或故意违法导致投资地政府的征用、没收，未按投资地政府规定汇款而产生的损失。三是核武器造成的损失。四是投资合同以外的财产被征用、没收造成的损失。

4. 产品质量保证保险

产品质量保证保险，是以制造商、销售商、修理商等主体制造、销售、修理的产品因质量缺陷而给使用者带来的损失作为保障对象的保险，其中，损失包括产品自身的损失及相关费用，如使用者因产品质量缺陷，因更换、修理质量缺陷产品而受到的损失和必要的额外费用，以及被保险人根据司法判决或政府命令收回、更换、修理已投放市场的缺陷产品而产生的损失。

根据《中华人民共和国产品质量法》（以下简称《产品质量法》）的规定，保险公司通常对不具备产品应当具备的使用性能而事先未作说明的，不符合在产品或者包装上注明采用的产品标准的，不符合以产品说明或实物样品等方式表明的质量状况的原因造成的损失承担赔偿责任。[①] 但对下列几类原因造成的损失和费用不负责赔偿：一是投保方的犯罪、故意或欺诈行为；二是特殊的政治社会事件，如战争、军事行为、恐怖事件、罢工、骚乱、盗窃、抢劫、政府没收等；三是特殊的自然灾害和意外事故，如地震、雷击、火灾、爆炸、暴雨、洪水、台风、核反应、核辐射污染等；四是使用者未遵守使用说明违规操作；五是产品的自然消耗、磨损、召回，以及生产时国内技术水平还不能发现的缺陷。

5. 雇员忠诚保证保险

雇员忠诚保证保险，是以被保证人（雇员）从事保险单载明职务时，出现欺诈、不忠实行为给被保险人带来损失，而依法应承担的赔偿责任为保障对象的保险。因此，其保障范围为因雇员的欺骗或不忠实行为而遭受的直接经济损失，包括雇员在受雇期间盗窃财物、贪污财物、欺诈行为而导致的损失。上述行为造成钱财损失的发现期一般规定为6

---

① 参见《产品质量法》第26条。

个月，即最迟自该雇员退休、离职或死亡之日起或保险单规定 6 个月内提出索赔，以其中先发生者为准。

但保险人通常对下列情形不负责任：一是被保证人不具备国家规定的执业资质，从业内容与保险合同载明内容不符；二是因被保险人擅自扣薪或加重任务导致的雇员不诚实行为；三是雇主未尽到安全预防、尽责督查等造成的损失；四是雇主方和雇员恶意串通造成的损失；五是超过索赔期限仍未索赔者。

二　信用、保证保险核保操作要点

（一）注意信用审核

在信用、保证保险中，被保证人能否按照约定履行义务，是决定保险公司是否理赔的关键。实务中，保险人是在“没有损失”这一概念基础上提供相关保险服务，所收取的保险费实质上是一种手续费或担保费，当保险人提供担保服务时，往往要求被保证人向其提供反担保。但是，在向权利人提供信用保险的过程中，保险人无法得到被保证人的反担保，只能在先赔付权利人损失后再取代权利人向被保证人追偿，是否能追偿回所赔金额，取决于被保证人的资信状况。因此，无论是权利人投保，还是被保证人投保，均须在严格审查被保证人资信的情况下才能确定是否承保。[①] 此外，出口信用保险还要求被保险人也必须是资信良好，且具有相当好的出口经验和管理水平、会计账册健全的出口商。保险人根据相关资料及调查掌握情况决定承保与否。

对保证保险，保险人则需对被保险人与被保证人的资信进行严格审查。例如，在产品质量保证保险中，需严格审核作为被保险人的制造商、销售商或修理商的营业执照、生产或经营许可证、财务能力、资信状况、管理制度，是否通过企业标准认证，是否为当地知名企业或行业权威企业，是否获得相关荣誉称号、证书等。在雇员忠诚保证保险中，需严格审核被保险人雇主的经营状况、财务状况、主体合法性材料，以及相关风险管理情况，如外部和内部审计、投保人的销售管理、出纳人员的管理、支票管理、保险箱的管理、历史上的出险状况等；对于高风险类被保险人还需结合业务特点进行特别审核。此外，还需审核雇员的

① 郑功成、徐琼飞主编：《财产保险》（第五版），中国金融出版社 2015 年版，第 417 页。

资信情况，是否有曾经发生过不忠诚行为的员工。

（二）注意分析国际政治经济形势及相关国家的信息

在信用保险核保中，需注意不同国家的政治经济形势、风险级别及投保要求。尤其在出口信用保险中，不同国家的贸易政策、经营结算方式、交易习俗等存有差异，买方违约原因也情形复杂，还会涉及政治风险，因此，需审核买方所在国的政治、经济、外交、法律等状况，有选择地进行承保。投资保险主要针对投资所在国的政治风险状况，包括有无战争、罢工、外汇管制或政府征用等风险，更需要准确分析国家、国际形势。

（三）保险金额、责任限额、免赔额的确定

在信用保险中，由于适用对象的特殊性，国内贸易信用保险根据延期或分期付款行为的特性，保险金额往往采用变额保险的方式，即保险金额与延期或分期付款过程中未付的款项保持一致。

出口信用保险的保险人为了控制风险，通常在保险单上规定三种责任限额，并在风险重大变化时，有权书面通知被保险人撤销或修改信用限额。三种责任限额包括：一是保险单的累计最高赔偿限额，指保险人在保险期限内累计赔偿的最高金额。被保险人遭受保险单上约定的出口信用风险所造成的损失，从保险人处得到的赔偿不能超过此限额。二是买方信用限额，指保险人对被保险人向特定买方所承担的最高赔偿限额。在出口交易中，为保障被保险人利益，降低信用风险，每个买方需按专门流程申请、审批信用限额，对超出规定限额的买方信用带来的损失由被保险人，即卖方自行承担。买方信用限额的控制也是出口信用保险的关键，既要能满足出口商作为被保险人时的对外放账需要，又要能控制超量放账、避免可能的外汇风险。三是被保险人自行掌握的信用限额。实务中，保险人对那些经验丰富、市场广大、长期合作的出口商予以授权，即在保单中规定一定的信用额度由作为被保险人的出口商自行掌握，被保险人发生损失时，可在此信用限额内向保险人索赔。这样规定可以使被保险人在一定范围内具有灵活处理日常业务的权利，鼓励出口商同买方进行更多的交易。① 短期出口信用保险一般实行全额投保的

① 兰虹主编：《财产与责任保险》（第四版），西南财经大学出版社 2023 年版，第 191 页。

方式，即出口商将以商业信用方式出口货物按全部业务额投保，以防止逆选择，达到分散风险和保持业务经营稳定的目的。此外，为提高被保险人的自我风险管理意识，出口信用保险单上通常会规定一个绝对免赔额，当被保险人的一笔出口损失金额低于该规定金额时，保险公司可免于赔偿。

投资保险的保险金额则分为最高保险金额和当年保险金额。最高保险金额往往在长期投资保险中设定。当年保险金额一般适用于一年期及不足一年的短期投资保险，以投保当年的投资金额乘以保险双方约定的百分比核算保险金额。

产品质量保证保险的保险金额一般以被保险人的预计年销售额、购货发票金额或修理费收据金额确定。预计年销售额即承保期限内被保险人生产并销售的所有产品的销售总额，也是保费计算的基础。确认时可参考历年销售记录，如出厂价、批发价、零售价等，以确定投保产品范围及销售情况走势，并追查是否存在质量原因。具体以何种价格确定，可由保险双方根据产品所有权的转移方式及转移价格确定。此外，产品质量保证保险还可约定保单累计赔偿限额、每次事故赔偿限额及每次事故绝对免赔率等，并在保单明细表中特别约定注明。

雇员忠诚保证保险的保险金额通常以限额的方式设定，即对每人、每次事故及累计赔偿的限额进行约定。其中，累计赔偿限额作为保费确定基础，由保险人根据被保险人的需求，对保险期间内总计应承担的赔偿限额予以约定。每人赔偿限额以雇员个体特征为主，结合工种及岗位风险区别约定，岗位风险越高，雇员的赔偿限额也越高，具体额度可根据投保人的需求而定。每次事故赔偿限额主要是为了防止多人共谋、共犯而产生的赔偿，核保时，可以每人赔偿限额为基数，以倍数约定，但不可过高。此外，为提高被保险人的自身风险防范意识，减少道德风险，每笔业务还需加设每次事故的绝对免赔额或免赔率。

（四）保险费的确定

在信用、保证保险中，保险费率的厘定以失信概率及造成的损失大小为主要判定依据，并结合多种因素综合确定。例如，出口信用保险费率厘定主要依据买方及其所在国的风险评估、支付方式、信用期限长短等。

产品质量保证保险费率的厘定需综合考虑相关主体的质量保障能力和产品自身特性。产品制造商、销售商、修理商的技术水平、质量管理情况是确定费率的首要因素。产品自身的性能、用途、数量、价格、年销售额、销售区域，以及投保人投保该类产品的以往损失或赔付记录、赔偿限额、免赔额等因素也影响着费率的确定。由于投保产品过往的返修和退换货情况，可反映出该类产品的质量，需对每一业务了解其过往的损失记录或赔付记录，并作为风险评估的参考依据，确定费率时予以考虑。

雇员忠诚保证保险的费率厘定则需考虑行业风险、雇主管理水平、雇员素质及各类赔偿限额的约定，结合业务处理的成本设立最低年保费。根据费率计算出的实际年保费低于最低年保费时，以最低年保费为准收取。

（五）保险人责任的明确

由于在信用、保证保险中，保险人更多通过履行担保义务实现风险的化解与保障。为减少道德风险，提高经营效率，一方面，保险人要求被保险人以信用好或具有偿付能力的单位或个人为放款或赊销对象，如果被保险人在选择放款或赊销对象时有明显不加注意的行为，并由此产生了损失，则保险人可以不负责任；另一方面，保险人还会要求被保险人在发现被保证人有行为不轨的迹象时，停止让其经管钱财或对其放款、赊销，并及时报告保险人。此外，保险人可以对承保被保证人自己信用的保险，采取下列保全措施：要求投保人或被保证人事先提供实物抵押或现金保证；在保险单上明确规定，被保证人对保险人为其向权利人支付的任何补偿，有返还义务，即保险人为被保证人支付给权利人的任何赔偿，事后有权向被保证人追偿。

三 信用、保证保险理赔操作要点

（一）定损核赔等待期的适用

对信用、保证保险索赔规定赔偿等待期是国际保险市场常见做法，主要是为了使保险人有时间核实损失，有助于出口方或投资方采取一切必要的措施挽救或减少损失，而各个国家对拖欠违约的解释也各有不同。因此，在不同险种中，根据不同的损失原因，索赔期限的规定也有所不同。

在出口信用保险中，因涉及的信用业务责任各异，导致标的核损时间也不相同。除保险合同规定的买方被宣告破产或丧失偿付能力后即可定损核赔外，因其他事由引发的标的损失，保险人需设定一个“观察期”，即定损核赔等待期，主要用于对引发出口信用保险损失的事件进行确认、核实。待观察期满，保险人才予以定损核赔。例如，对于买方拖欠货款所致的损失，赔偿日期要等付款期满 6 个月后方可赔偿；对于买方拒收货物并拒付货款所致的损失，则等待期为货物重新卖出或处理完毕后 1 个月；而对于各种政治原因引起的损失，需等造成损失的事件发生 4 个月后才予以赔偿。[①]

在投资保险中，各种政治风险造成的损失可能在事后不久以其他方式被挽救，被保险人的损失是否发生需要一段时间后才能确定，因此，投资保险也有不同的赔偿期限规定，如征用、没收引起的投资损失，在征用、没收发生满 6 个月后赔偿；战争、类似战争行为、叛乱、罢工及暴动造成投资项目的损失，在提出财产损失证明后或被保险人投资项目终止 6 个月后赔偿；汇兑限制造成的投资损失，自被保险人提出申请汇款 3 个月后赔偿。[②] 当然，等待期的具体规定也不是绝对的，随着国际经济政治和交易环境的改善而会有所调整。

（二）赔偿金额的确定

经过审理后可以确定被保险人已投保的保险标的确实受到损失，这一损失的原因确实属于保险责任范围，而不属于除外责任，且保单规定的赔偿等待期已经到期，理赔人员即可编制“赔款计算书”报相关人员审定签字后赔付。在计算赔款时需要注意以下两个方面。一是应扣除被保险人已经获得的补偿或已经丧失的权利，如买方已付的款项，被保险人转卖货物或变卖抵押品所得的款项，被保险人因不必履约而节省的费用，被保险人与买方已商定的让价等。二是应按保单规定的赔偿百分比计算。在支付赔款时，还应要求被保险人签署“权益转让书”和“追讨委托书”，以利于赔付后的追偿。

在产品质量保证保险中，赔偿金额一般以所需赔偿产品项目的重置

---

① 郑功成、徐琼飞主编：《财产保险》（第五版），中国金融出版社 2015 年版，第 418 页。

② 郑功成、徐琼飞主编：《财产保险》（第五版），中国金融出版社 2015 年版，第 418 页。

价为限，负责赔偿因产品修理、更换、退货引起的鉴定、运输及交通费用。基于产品特性，确定赔偿金额时需注意对“一次事故”的认定。由于产品生产出库的时间不同，可能存在不同的质量差异，但为了保证保险经营业务的稳定，在产品质量保证保险中，同一批产品被先后提出索赔，以及同时对不同批次产品提出的索赔，都视为一次事故。保险公司为了准确核赔，通常要求被保险人，即被保证人，提供所有出险产品的名称、型号、规格，以便确定是否构成一次事故。

在雇员忠诚保证保险中，确认损失时需有合理依据。为保证雇员忠诚行为判定的客观准确，被保险人提供的索赔申请、公安机关的立案证明可以帮助认定是否属于保险责任；被保险人提供的账册、会计报表等可用于审核、判断损失金额。调查中，如果发现被保险人留存有出险雇员的现金、押金，尚未发放的薪金或其他财产，相关金额可在损失中扣除。此外，还需调查是否存在其他担保或保证，如有，则仅负责应赔偿的部分。理赔中涉及每次事故时，指一个员工或一系列员工的一类不忠诚行为，若公安机关立案为一个案件时，则应认定为一次事故。最终核定的赔偿金额以约定的赔偿限额为限，雇员造成的损失扣除约定的免赔部分后若在限额以内，则负责全部赔偿；超出限额部分，则不予赔偿。

（三）要求被保险人应如实履行保险合同规定的义务

在理赔中，各类保证保险都要求被保险人发觉被保证人出现问题时，立即通知保险人，在短期内提出赔偿请求，并提供必要的账册和资料，以供查证。发生保险事故后，要求被保险人应主动采取措施，深入追查，在各方面给予保险人有效的配合，因追查而支出的费用，由保险人负担。

在产品质量保证保险中，为确保保险人的经营稳定性，一方面，要求被保险人获悉可能因产品质量问题引起保险合同项下的损失或诉讼后，需尽快履行书面通知义务。一旦保险人接受该通知，则后期因通知事故造成的索赔，都由保险人承担赔偿责任。另一方面，由于产品质量问题的发现与索赔的提出可能存在较长的时间间隔，该险种往往以消费者购进保险期限内生产并销售的出险产品之日起的 1 年为责任期限，因此，主张产品质量的权利人在保险期限届满之日起 1 年内通过被保险人向保险人提出的索赔，视同为保险期限内提出。被保险人需在权利人认为产品存在质量问题并鉴定确认后，方可向保险人提出索赔，索赔时需提交销售发票、权利人的索赔报告、产品质检报告、合格证、维修费用凭证及其他必要的单证材料。

在雇员忠诚保证保险中，雇员不忠实行为造成损失的发现期一般规定为6个月，投保人须在上述期限内提出索赔。[①] 如果保单终止日期超过6个月，或者雇员离职（包括死亡、退休或者被解雇等）超过6个月，雇主仍未发现雇员的不良行为，保险人有权拒赔。

（四）追偿

保险人进行赔偿后得以债权人（被保险人）的名义代位向被保证人或债务人进行追偿，也可依法处分其财产或抵押物、质押物。如果债权人（被保险人）和有关当事人达成协议和解，则应征得保险人的同意，否则保险人可不受协议的约束。在产品质量保证保险中，若有重复保险，则按比例分摊。若存在其他责任人，则保险人向责任人追偿时，权利人和被保险人应当积极协助。

企业国内贸易应收账款信用保险投保单（样本）见附录4-14。

个人信用保险投保单（样本）见附录4-15。

① 张洪涛、王国良主编：《保险核保与理赔》，中国人民大学出版社2006年版，第285页。

第五章

人身保险的核保与理赔实务

第一节 概述

一 人身保险概述

（一）概念

人身保险是指以人的寿命和身体为保险标的的保险。[①] 当被保险人在保险期限内发生死亡、伤残、疾病或者达到合同约定的年龄、期限等条件时，保险人需依约向被保险人或受益人给付保险金。

（二）特征

1. 以人的生命和身体为保险标的

人身保险的标的是人的生命和身体。生命主要体现为生存和死亡两种状态，身体主要体现人的健康、生理机能、劳动能力等状态。无论哪种状态，生命和身体都很难用确定的货币金额衡量其价值。

2. 人身风险的特殊性

人身保险的风险事故包括生、老、病、死、伤、残等多个方面，相对于财产保险中各种自然灾害和意外事故而言，人身所面临的各种风险发生概率比较稳定。例如，决定人寿保险的死亡率，就受年龄、性别、职业、习惯等诸多因素的影响，其规律直接影响人寿保险的经营成本。对死亡保险而言，死亡率越高，费率越高。相较于各类财产保险的风险发生概率，死亡率相对稳定，且较少面临巨灾风险，稳定性较强，再保

① 参见《保险法》第 12 条第 3 款。

险手段运用少。

3. 保险金额的定额给付性

绝大多数人身保险合同被称为定额保险合同。一方面，人身保险的保险金具有定额性。由于标的的不可估价性，使人身保险的保险金额大小完全取决于投保人的经济能力。保险人事先综合各种因素科学核算后规定固定金额供投保人选择适用，或与投保人协商确定一个固定数额，当约定事故发生后，依此数额履行保险责任。

另一方面，人身保险的保险金给付具有定额性。人身保险合同不存在保险价值的概念，保险金额的约定无法以保险价值为依据，而是由投保人根据保险人提供的数额选择，或由合同双方当事人协商的数额作为保险人给付保险金的最高金额。保险人履行给付义务时，也以约定金额为准，不考虑被保险人的实际损失，也不考虑是否从其他途径得到补偿。

4. 保险期限的长期性

人身保险合同大多属于长期性合同，一般是 5 年、10 年、20 年、30 年，甚至终身。一方面，由于人身保险合同的主要目的是为被保险人或受益人提供稳定的生活保障，长期性有利于降低保险费用；另一方面，这种长期性有利于保险人利用资金进行各种投资而获得经营收益。

5. 特殊的储蓄性

对长期人身保险而言，除提供保险保障外，还具有储蓄性。这是由于长期人身保险的纯保费大多用来提存准备金，这种准备金是保险人的负债，未来需要偿还给投保方，但在保险合同存续期间，可用于投资取得利息收入，应对未来的保险金给付。这一特性仅限于长期人身保险合同，并授予投保方享有保单质押贷款等权利。

二　人身保险的类型

传统的人身保险仅限于人寿保险。现代意义上的人身保险，几乎涵盖了人的生、老、病、死、伤、残等各种风险。各国对人身保险涵盖范围的规定各不相同。《保险法》第 95 条列明，保险公司的人身保险业务包括人寿保险、健康保险、意外伤害保险等。

（一）人寿保险

人寿保险是以被保险人的生命为保险标的的保险。当被保险人在一定期间内发生了死亡或生存事件时，保险人依约给付保险金。与其他非寿险相比，人寿保险具有长期性、储蓄性、定额给付性、无代位求偿权等特点。以保险金的给付条件为标准，包括死亡保险、生存保险、两全保险。

（二）健康保险

健康保险，指以人的身体为保险标的的保险。当被保险人的身体发生疾病或因意外事故所致伤害而产生医疗费用或其他费用损失时，由保险人进行补偿。健康保险具有综合保险性质，承保范围包括疾病、意外事故及其造成的残疾、失能和死亡损失，以及发生的医疗费事故，包含风险广泛、综合性强，保险标的、事故具有特殊性，并具有补偿特殊性。根据具体保障对象的不同，可分为医疗保险、疾病保险、收入保障保险、长期护理保险等。

（三）意外伤害保险

意外伤害保险，指以被保险人在保险期限内因遭受意外伤害或因此导致死亡或残疾为保障范围的保险，相关事件发生后保险人需依约承担给付责任。在社会发展中，保险人也可根据特殊需求，约定承保一些特约意外伤害。如被保险人从事登山、跳伞、滑雪、漂流等剧烈体育活动、竞技性体育比赛或特别冒险活动中遭受的意外伤害；战争、武装斗争、核爆炸等大型灾难引发的核辐射等造成的意外伤害；医生误诊、药剂师错发药品、检查中忽略潜伏病症、手术中错误切除等医疗事故造成的意外伤害等。

三　人身保险核保操作要点

（一）人身保险核保概述

对于人身保险来说，保险标的就是被保险人的生命和健康。而个体由于健康水平、工作性质、生活习惯、业余爱好等方面的不同，导致风险水平差异很大。人身保险进行风险选择时则需考虑健康、职业、业余爱好和生活习惯等主要因素。其中，健康因素主要指被保险人在投保时的身体状况，包括既往病史、家族病史、当前是否患有某种疾病以及该疾病可能的发展情况，不同的险种对被保险人健康状况的要求也有所不同。职业因素是保险公司进行风险选择和分类时需要考虑的重要因素，不同职业的人，所处的工作环境以及由此产生的对健康的影响是不一样的，所面临的风险水平也不相同。随着社会经济的发展，职业的种类和数量会不断变化，某一行业或者工种的风险水平也可能随之提高或降低，职业风险等级也会相应调整。业余爱好和生活习惯也会直接影响人的生命和身体健康。

实践中，保险公司经过长期的经验积累，将具有基本类似特征的风险类型根据其损害程度划为同一等级，并对风险进行若干等级的划分，对每个等级的集合收取与该集合保户所反映的风险量相符的保费。在承保环节，首先要通过对保险标的的系列筛选、评估，判定其风险程度，并归入正确的风险等级组。通常分为优质风险组、标准风险组、次标准风险组和不可保风险组。

优质风险组是指预期死亡率明显低于平均水准且风险程度也低于平均水准的人群。标准风险组也称标准体，是指保险公司能够以标准费率接受的被保人群，即这一人群的死亡率与预期平均死亡率大致相符。一般来说，寿险被保险人的 90% 以上为标准体，其比例可能因年龄、地区而有差异，但不会相差太大。次标准风险组，是指风险程度较高，不能按标准费率承保，但可用附加特别条件接受的被保人群。这一人群的死亡率虽超出预期平均死亡率一定比例，但仍可通过对其额外死亡率加收特别保险费或变更保险责任等方式承保。不可保风险组包括拒保和延期，是保险公司不能接受的被保人群。拒保组指保险公司认为这一人群的死亡率大幅超出预定死亡率，也不可能采用附加特别条件承保，因而无法予以承保。延期组是保险公司认为这一人群的风险程度不明确或不确定，无法进行准确合理的风险评估，暂时不予承保，可在延期时间到达后重新提出投保申请，并补充资料后由保险公司重新审核。

（二）核保主要流程

基于人身保险中投保人、被保险人与保险人之间的信息不对称，以及为避免逆选择，减少保险纠纷，人身保险通常要经过多次的核保选择，其中，保险销售人员、体检医师、生存调查员、核保员分别在自己的职责、业务范围内依次作出危险选择。人身保险核保流程见图 5-1。

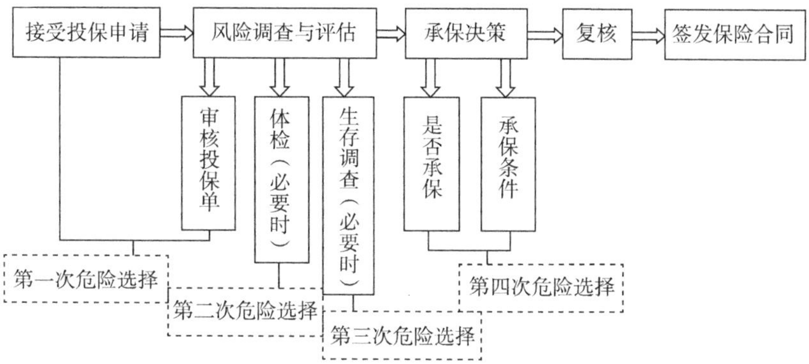

图 5-1 人身保险核保流程

1. 销售人员核保

由于保险代理人等销售人员在展业中需要与客户直接联系、密切接触，辅助客户了解保险产品并进行投保，往往掌握了客户及相关投保信息的一手资料，了解较多。业务拓展中，保险代理人结合专业与职业需求所作的危险选择，称为“第一次危险选择”，也是人身保险整个核保过程中最重要的一环。

（1）内容。销售人员进行的核保与整个展业过程、促成合同签订过程密切相关，具体的核保方式与内容融合在上述流程中，方式多样。

第一，面晤。展业或促成保险合同签订中，销售人员一定要和投保人、被保险人见面，当面了解投保人的投保动机，确保投保人、被保险人、受益人之间的关系，分析购买保险的目的是获得风险保障和投资，还是存在道德风险。同时，还需专业指导投保人填写投保单，明确健康声明及告知事项必须由被保险人填写，被保险人、投保人本人签字。

第二，观察与询问。销售人员面晤时，需要观察被保险人的身体状况及生活环境，包括体格、外观、面色、行动是否正常，有无残疾、智力和功能障碍，工作、居住环境等。同时，需询问健康情况、职业及告知事项等，了解投保的目的、历史，了解被保险人的既往病史、家族史、职业及使用交通工具的具体情况等。

第三，了解投保人的经济能力。通常可以通过询问工作行业、单位、收入来源等评估投保人的续期交费能力，考察其所交保费和收入是否匹配，减少保单失效率；同时，评估投保人购买的保险累计保额是否合适，是否可能诱发道德风险。

第四，填写报告。根据此次观察询问的情况，据实填写报告，提供给核保人员。

（2）注意事项。销售人员作为整个风险评估过程中的第一核保人员，应注意以下事项：一是尽力排除道德风险，通过对购买目的、购买能力等的判断，对非善意投保者、无可保利益者应予拒绝，并根据职业、收入状况提供适当的保额。二是通过详细观察与询问，初步掌握被保险人的身体及健康状况，大致判断是否需要体检。三是应做好本职工作，正确指导投保人准确填写投保书，认真解说保险条款，尤其是条款责任、告知义务、责任免除、失效与复效规定、宽限期、保险合同的撤销请求权、退保规定等，减少客户因误解或不了解条款含义而可能引起的纠纷。同时，投保单上要求投保人、被保险人亲自填写、签名的地方，不得代签。四是需结合销售过程及其自我判断，完成业务报告书，如实说明此次危险选择的结果，并详细列明被保险人的健康、财务、工作等状况中的特殊情况，为后期保险公司的专职核保提供准确依据。

2. 体检医师核保

由于健康危险因素直接影响着死亡率，进而影响保险公司的赔付、经营状况，而投保人、被保险人为了能顺利投保并获得后期赔付，往往在投保环节掩盖其健康缺陷。为减少这种逆选择，维护众多保户的利益，保证保险公司的健康经营，必须借助专业医学人员与设备对投保人群中保额较高或有潜在风险因素的被保险人进行身体检查。与临床医学相比，保险医学在运用医学知识和技术了解受检者既往病史、现症及身体状况等并对健康情况作出评价时，更注重某些疾病或检查结果异常对被保险人未来的影响，尤其是对死亡率的影响，并不是如何减轻或治愈疾病。实务中，保险公司会设置自己的体检中心及专任医师，也会与正规医院签订协议，设立特约体检医院或医师。

（1）内容。体检医师的核保主要侧重以下内容：一是需了解被保险人的投保险种、投保金额以及被保险人的年龄、既往病史、家族史、现病症、职业、生活环境、医疗状况及常用药物等对身体健康状况及预期死亡率有影响的各种因素，并结合专业判断不断地在告知中细化询问，为体检中的重点观测点提供线索。二是需通过观察、询问及必要的化验、医疗器械的辅助进行身体检查，准确掌握被保险人的健康状况，避免逆选择。三是需根据体检情况完成体检报告，提出核保建议。

（2）注意事项。体检医师作为相对专业的检查人员，在核保中应注意以下方面：一是需严格按要求撰写体检报告书，对各项数据及检查结果如实记录，经综合评价后得出体检结论，并对核保决定提出建设性的意见。二是体检时需注意查验身份，确保体检人与被保险人是同一人，避免出现代替体检。三是需向体检对象说明如实告知的法律意义，以及对保险合同的影响，说明相关健康声明书的填写是保险合同的一部分，若有隐瞒或不实声明会对将来不利。四是需如实填写体检报告，不得将体检结论暗示投保人。由于最终的核保结论是由保险公司的核保人员经综合分析后作出，体检医师最好不要把体检结果可能引致的承保结论告知投保人或营销人员，以免引起争议，影响核保人员的核保。五是体检医师需履行为受检者保密的义务，并按要求将检验结果递送至保险公司。

3. 生存调查

生存调查是指保险合同成立前或复效时，由保险公司专职调查人员收集被保险人的各项资料，为决定保险合同的成立或复效提供依据的活动。其主要目的是通过调查审核投保人及被保险人是否确实履行了如实告知义务，进一步核实被保险人的投保动机、财务、健康状况、职业性质等，确定有无隐瞒，从而防范高额保件或高风险保件的增加，维护寿险经营的稳健性。同时，通过生存调查，进一步了解是否存在投保单或体检未能发现的风险，弥补业务员核保时可能存在的不确定性，规范业务。

（1）内容。生存调查主要涉及以下几个方面的内容：一是调查投保事项，主要调查投保动机和保险利益。如投保内容是否经被保险人同意，投保单是否经被保险人亲笔签名，投保的险种、保额与其身份是否相称，等等。二是调查健康状况，通过与客户的面晤、交谈，了解并判断被保险人的身体状况，了解客户有无因健康状况而被其他保险公司延期承保、拒绝承保或拒绝赔付。三是调查财务状况，包括投保人或家庭近三年来的收入状况及来源、投资情况、家庭资产状况、累计投保金额、年交纳保费等，确认投保人的投保动机是否正确，保险需求是否合理，保险金额与被保险人的保障需求是否一致，投保方的财务状况是否能够与保险需求匹配，交费是否合理，从而尽可能避免道德风险。四是调查职业、环境，包括现职工作内容、工作性质，有无危险作业任务、是否使用危险工具，有无兼职，工作、居所环境及有无危险因素等。五是调查习惯、嗜好，包括有无犯罪、违法记录，有无吸烟、嗜酒及其常规数量，有无药物依赖、危险运动嗜好等。

（2）注意事项。生存调查可采用间接调查法与直接调查法，不同的调查方法中需注意事项各不相同。间接调查即由调查人员通过与投保人和被保险人有接触的人的间接交谈，从侧面角度来了解投保人和被保险人的具体真实情况，包括同事、邻居等。由于间接调查对象属于投保方之外的第三方，提供的信息相对客观，但需保证查证方法适当、来源权威，确保信息的深入性、可靠性。直接调查即由调查人员直接与投保人和被保险人见面、交谈，从而了解其健康和经济状况，确认是否符合投保要求的条件。在该过程中，客户不一定如实告知相关信息，但直接、经济、时效快、易被客户接受。调查时，调查人员需提前做好准备，明确访问重点，最好在被保险人家中展开，语言、态度要亲善，时长要适中。生存调查结束后，调查人员需撰写调查报告，内容要翔实、具有时效性。

4. 核保员核保

核保人员是代表公司决定是否承诺保险保障的权利人，是帮助公司选择危险，使被保险人集合体的实际死亡率控制在安全预测范围内的主要职员。因此，核保人员需根据业务员的报告和投保单再次进行审核，进而准确判别是否承保或者以何种方式承保。

（1）程序。核保人员的核保需按保险公司内部的业务要求，逐一完成以下程序。

第一，进行初审。核保人员在收到投保人、业务员所提供的基本资料后，即可按照有关要求进行资料审核，主要是审核投保单的填写是否完整，如有不完整，需了解情况并判断是否需要进一步补充资料；审核保额，判断客户的投保需求是否超出了公司的有关规定和承受能力。

第二，继续收集投保资料。主要是对一些投保额较高，告知声明有异常的保单，或核保员初核中发现疑点的保单，进一步围绕投保方收集、补充有关资料，主要是健康资料和财务资料。

第三，查定核保手册，进行综合分析。核保员需根据投保资料，综合分析影响被保险人死亡率的因素，进而依据核保手册，运用数理手段，以标准体的死亡率为基础，查定被保险人的额外死亡率，确定其危险等级，决定承保条件。

第四，确定承保条件。确定被保险人是属于标准体、次标准体还是拒保体，进而决定是直接承保，还是需要加费、附加承保条件、限额、缩短保险期限、改变交费方式、等候承保，抑或直接拒保。

（2）注意事项。核保人员的核保是代表保险公司开展业务，所以各流程的工作务必详细、认真。

第一，核保员的核保资料来源，包括投保单、业务员报告书、体检报告、病史资料、特殊健康问卷、生存调查报告等。这些资料的收集需注意可信度、时效性和成本，以及获得的资料对核保结论的必要性。

第二，审核投保单时，一方面要审核投保人的基本资料，如投保人、被保险人和受益人的主要信息是否按规定要求填写，填写是否完整、清楚；投保的内容是否明确；是否对保险责任有约定、补充说明，如果有，填写是否明晰。另一方面要审核被保险人的健康及财务告知。包括被保险人的健康、财务状况，以及拥有的所有保单的相关记录。当被保险人的保额超过了年龄、年收入的最高保额限制，并无足够的支撑资料及理由，或者投保人财务状况明显不稳定，又无法提供足以支撑的完整财务证明时，可限额承保。对财务状况恶劣，或提供虚假、伪造财务证明的，或带有明显投机性投保动机、明显的逆选择或道德风险倾向的，可直接拒保。其中，财务资料应针对长期的、持续的、稳定的收入来源展开，一旦投保人身故，这一来源将立即终止；薪资、奖金可视为收入来源，但短期投资所得则不能。①

---

① 陈秀娟等：《从保险欺诈看寿险公司财务核保的重要性》，《上海保险》2019 年第 3 期。

第三，审核业务员报告书时，为防止业务员与投保方联手造假，需对被保险人与业务员的关系、交往年限予以审核。此外，需重点审核被保险人的身体、收入、兼职、婚姻及嗜好状况，确认投保单上签章的亲为性，以及受益人与被保险人的关系。

第四，审核体检报告书时，主要审核被保险人的告知及健康声明是否亲自填写，体检医师的健康检查结果及评估建议，是否增加了常规化验，是否因不能确定风险大小而要求加验某些项目。由于体检不可能准确无误，一般而言，出于费用的考虑，对健康险投保所使用的体检的频率和详细程度要次于寿险。

第五，审核病史资料时，需结合特殊情况审核，如告知近期有常规体检史、有特定疾病，符合一定保额的高额保件等情况时，才需审核病史资料。病史资料是医院对被保险人身体既往症状及现症的客观记录，可以帮助保险人发现被保险人的隐瞒事项、不良习惯等。但医院的病史资料属于保密信息，被保险人需签署授权书、同意由医师获得相关信息。

第六，审核特别健康问卷时，要求被保险人提供有关特定疾病或症状详细情况的书面文件，通常在不需要调阅病历时使用，成本较低。健康问卷与投保书具有同样的法律责任，实务中，保险公司常常对具有较大潜在风险的疾病、症状设计健康问卷，如高血压、慢性肺部疾患、消化道疾病、精神系统疾病，以及针对性的驾驶、职业、高保额等。

第七，审核同业公会记录时，只能作为进一步收集资料的基础，不能作为核保决定的唯一依据。

四　人身保险理赔操作要点

保险公司为了规范工作流程，减少业务纠纷，对人身保险理赔业务的操作规定了一系列的具体工作环节和处理流程。除个别险种的一些小额且无须调查的案件可以采用“简易流程”完成理赔作业外，其余索赔案件的处理一般都要经过报案受理、立案、理赔审核、调查、理赔计算、复核审批、结案归档七个环节，并且每个环节有不同的处理要求和规定。这七个环节共同构成了人身保险理赔的“标准流程”。人身保险理赔的“标准流程”见图 5-2。

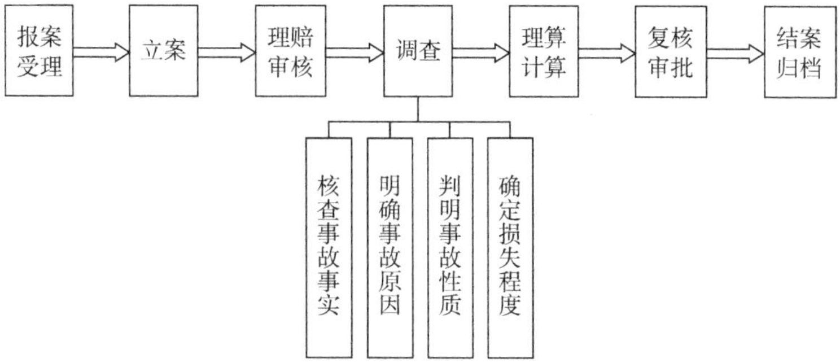

图 5-2　人身保险理赔的“标准流程”

（一）报案受理

报案是指被保险人发生保险事故后，相关知情人将该事故情况告知保险公司的行为。报案人可以是被保险人本人，也可以是投保人、受益人或其他主体。对投保人、被保险人或受益人而言，报案是他们的法定义务。

报案方式包括上门报案、电话报案或其他方式报案。无论采用哪种方式，都需详细说明保单、事故及被保险人的相关信息，如保单号码，被保险人的姓名、身份证号，报案人、事故基本情况（出险时间、地址、简要经过、结果）、就诊医院、现状、联系方式等。以口头形式报案的，事后需补填正式的出险通知单。

为减少道德风险，保险合同往往要求发生保险事故后，投保方及时通知保险公司，否则因此造成的损失由受益人自行承担。其中，投保方包括投保人、被保险人、受益人及他们的委托代理人。“及时”的具体时间限定需遵照保险合同的规定。

一般来讲，报案是保险公司理赔过程中的重要环节，对保险公司及时了解事故情况，确定是否介入调查有积极意义。保险公司也可以告知、提醒申请人所需提交的资料，并对相关资料的收集方法及途径给予指导。在接待报案的过程中，受理人员需要做好相关记载，在了解事故发生的第一手资料过程中，通过必要的询问判断案件情况，以及是否需要采取适当的应急措施，并在报案登记簿中注明。对预计赔付金额较高的案件、意外伤亡案件、社会影响较大的案件、其他需要紧急取证的案件，及时通知核赔人或调查人。

（二）立案

立案是保险公司理赔部门按照要求对案件进行登记、编号，正式受理客户索赔并进行处理。在该环节，立案工作人员以材料的形式审核为主，并分情况做出处理。当提交的证明材料不齐全、不清晰的，需当面告知或书面通知申请人补交相关材料，待材料符合要求后再予以立案。对材料齐全、清晰且符合立案条件的，直接立案并通知申请人。对不符合立案条件的予以拒绝，并将不予立案的决定及理由书面通知申请人，退还原始单证。

进行人身保险理赔时，应根据不同险种及理赔申请提供不同的证明材料。无论是何险种，都必须准备的基本单证包括：保险单正本、批单或其他保险凭证，附加险要提供主险的保险单，团体保险要提供所在团体的投保证明；交纳保费的证明材料；被保险人及受益人、继承人的身份证明材料；保险事故的相关材料，如保险事故导致被保险人死亡的，由保险公司认可机构（公安部门、医院等）提供的死亡证明及户口注销证明；造成被保险人健康损害的，需提供保险公司认可的医疗机构的伤残证明、医疗诊治证明、医疗费用收据；理赔申请书；若委托他人代为办理还需填写委托授权书。其中，“理赔申请书”要求申请人亲自填写，字迹清楚、不能涂改，申请人签名处由本人亲笔签名，不能代签。由授权人填写的，应持有“授权委托书”及授权人和代理人的身份证明。被保险人为未成年人时，申请人是其法定监护人，申请书、委托书均由其法定监护人填写及签名。

（三）理赔审核

1. 审核要点

在理赔审核环节，主要是审核单证，即审核保单原始资料和保险金申请人提供的索赔证明材料的真实性。这主要是出于风险防范的目的，要求接到被保险人或受益人的索赔申请后，保险内勤人员需立即审核单证，以决定是否理赔。理赔部门的审核通常也分等级，每个等级的理赔审核人员具有不同的审核权限，在相应的审核范围内，对理赔事故进行核赔。

审核时，一是审核保险合同的有效性，判定出险时合同是否有效。

二是审核出险事故的性质，是否属于保险责任范围内的事故。三是审核事故证明材料，根据理赔申请及相关证明材料，判定出险事故的类型，检查申请人提供的事故证明材料是否完整、有效。四是审核案件是否需要进一步调查。根据报案情况、投保方的健康及财务告知、体检报告等资料，分析是否可能存在道德风险及责任免除，进而确定是否需要进一步的调查及进一步确认调查的重点。对预计赔付金额较高的案件，长期人身险合同订立 2 年内死亡的案件，存在保险欺诈、恶意投保可能或有保险责任免除可能的案件，核赔人认为其他确有必要进行调查的情形，需进入调查理赔环节。

2. 审核结果处理

如果保险事故发生在合同有效期内，属于保险责任范围，且证明材料齐全、有效，并无须进行专门调查的，理赔人员可直接作出理赔结论，进行赔付计算等后续流程；如果需要进行专门调查的，需等待调查结束后，结合调查结果，再作出理赔结论并进行后续赔付计算等流程。

如果证明材料不完整，则需通知申请人补齐证明材料。对材料有疑义的，如需进一步调查，应通知调查人员继续调查。遇有不实告知、年龄误告或职业变更等，需提请核保部门重新评估该保件风险程度时，并交核保人员重新审核。对可能有法律纠纷的案件，可以选择法务会签并征询意见。理赔计算前需保全会签的案件，交保全部门会签。

材料完整提供后，则可按实际情况进行给付、拒赔、融通处理。

（四）理赔调查

为核查保险事故事实，明确事故的性质、原因及损失程度等，保险公司可以进行理赔调查。理赔调查的主要任务是核查事故事实、判明事故原因及性质、确定损失程度，发现、收集证据，为理赔提供合理依据。

1. 主要适用情形

实务中，并不是所有申请理赔的案件，保险公司都会调查。通常，需要理赔调查的案件适用以下情形：一是理赔金额太大的案件，为防止骗保，保险公司会持谨慎态度进行调查，还可能从财务、负债情况核查客户的投保动机。二是投保后没多久就出险的案件，比如，刚过等待期的医疗险或者重疾险，立马出险申请赔付，保险公司就会怀疑存在逆选择风险，通常会进行调查。三是提交的病历上有既往病史或其他疑点，保险公司需要调查，看是否符合合同免责条款，又或者是否与此次理赔产生关联等。四是在不同公司投保多份同类型保险，如果同时在多家保险公司申请理赔，保险公司会收到保险行业平台的通知，通常也会进行调查，查明购买保险的行为和动机是否有疑点，再根据调查结果进行理赔。五是出现证明材料存在涂改、伪造等虚假嫌疑，抑或措辞不专业、描述不合理等异常情况，保险公司对证明材料存疑，必须考证清楚才能予以理赔。

2. 调查方法

在人身保险中，根据调查需求，可采取现场查勘、询问调查、聘请专门机构鉴定的方法。

现场查勘是查勘人员对事故现场进行查勘的证据调查活动，一是需明确事故原因、判定事故性质。二是发现、记录或保全、收集证据。在查勘过程中，除必须以笔录、照相、制图、录像等方式记录现场的原始状态外，还可以通过对案件当事人、目击者、知情者等进行现场访问，做好记录并要求签字。笔录的顺序应当与现场查勘的实际顺序一致，内容要客观准确，文字要繁简适当、通俗易懂。对于死因不明或案情复杂且保险金额较高的案件，查勘人员应及时与受益人签订有关协议，明确保险公司保留尸检的权利，同时应告知受益人承担未经保险人同意处理尸体，以致最后无法确定被保险人死因，并丧失从保险人处获得保险金的后果。

询问调查是调查人员通过谈话或问话方式了解情况的一种调查方式。询问时，可以是正面询问或侧面询问、电话询问或走访询问，也可以是现场有关人员的随机询问或有针对性的专门询问，现场查勘中的现场访问就属于调查询问的一种。询问调查过程中，调查人员应及时制作询问笔录或访问笔录，做好记录及被问者的签字，为后期做好证据准备。

聘请专门机构鉴定主要针对涉及案件中的专业性问题时，需聘请专门机构。如涉及伤残、死亡、医疗鉴定时，需要进行的法医病理鉴定、临床鉴定、精神病鉴定、物证鉴定等，或者文书、痕迹、微量物证、声像资料等的司法鉴定。人身保险中通常需要鉴定的事项包括死者身份鉴定、事故原因与性质鉴定、伤残等级鉴定、笔迹鉴定等。

3. 调查中的注意事项

基于人身保险事故的多样性、复杂性，实务中要求保险公司理赔人员在进行调查时，注意以下事项。

第一，调查取证一般由双人共同进行，调查中需遵循迅速及时、实事求是、遵纪守法、保守秘密的原则。调查人员需开具单位介绍信并携被保险人、受益人的授权委托书开展调查。

第二，做调查笔录时，需详细记录查勘时间、地点、参加人员和查勘的目的、内容、结果等，做好录音、录像等过程证据留存，并由实地调查者双人签名，遵循回避原则。

第三，现场调查时需以笔录、照相、制图、录像等方式记录现场的原始状态，相关书面材料、文件等需现场见证人签字。

第四，案件中有伤残、死亡、医疗等情况需要鉴定的，应聘请专门机构或专业人员进行鉴定，必要时可与公安部门开展联合调查或请求协助调查，并做好与医院、司法部门、同业之间的沟通与联系工作。

第五，调查结束后，调查员应及时撰写调查报告，在调查报告中写明查证途径，证据事实与结论，其内容必须真实、完整、不加主观臆断，并附有关证明材料呈交核赔员。

第六，无论调查结果如何，保险公司都必须在30天内给出理赔结论，并在达成赔付协议后的10天内支付理赔金。该规定基于《保险法》第23条，即保险人收到被保险人或者受益人的赔偿或者给付保险金的请求后，应当及时作出核定；情形复杂的，应当在30日内作出核定，但合同另有约定的除外。保险人应当将核定结果通知被保险人或者受益人；对属于保险责任的，在与被保险人或者受益人达成赔偿或者给付保险金的协议后10日内，履行赔偿或者给付保险金义务；保险合同对赔偿或者给付保险金的期限有约定的，保险人应当按照约定履行赔偿或者给付保险金义务。①

（五）理赔计算

理赔计算，简称理算，是保险公司工作人员核查后对索赔案件作出

① 参见《保险法》第23条第1款。

给付、拒付、融通赔付、豁免处理，以及对给付金额计算的过程。

理赔人员计算、核定理赔给付金时，应注意以下方面：一是投保人是否有尚未归还的保单借款，若有，则应相应扣减借款本金及利息。二是保单是否处于保费垫交状态，若是，则应相应扣减垫交保费的本金及利息。三是是否有欠交保费、预收保费，若有，则应相应扣减欠交保费或退还预收保费。四是申请人延误报案的，可扣除因其延报而发生的核赔、查勘费用。五是有未领取的满期保险金、红利、利差，应予补付。六是若在宽限期内出险，计算时应扣除欠交保费。

其中，对被保险人因意外事故致残、致死的理赔案件，应注意核实是否重复发生给付。例如，在 180 天内是否已发生伤残给付，本次给付是否基于同一事故，若是，则应扣减已支付的伤残给付金额；在同一保单年度内有无伤残给付，若有，则应对保险金额作减额处理；该保单是否已经申请重大疾病提前给付，若是，则应在核定给付时对保险金额做减额处理。

医疗保险费用理赔时，应注意的问题是，若医疗费用险在保险公司全额赔付，需收取医疗费用原始收据；若部分在保险公司赔付，医疗费用收据原则上应按条款要求提供原始收据，经保险公司赔付后，若申请人索要原始收据，则由保险公司提供原始发票复印件及分割单；若有正当理由不能提供原件而只能提供复印件的，则提供的复印件上需加盖支付单位的公章并出具收取票据原件单位注明已赔付金额的分割单。医疗补贴险赔付时，可审核医疗费原件后留存复印件，并注明“复印于原件”等字样和复印人签名。

（六）复核、审批

1. 复核

复核既可以发现并及时纠正业务处理过程中的疏忽、错误，也可以较好地监督、约束理赔人员，是理赔部门内部风险防范的一个重要环节。复核员接到案卷，要认真细致地开展复核工作，并注意以下事项：一是死亡或意外事故的日期是否在保单有效期内。二是应提交的各类单证及其证明是否齐全。三是立案的案件是否属于保险责任。四是保单上的年龄是否与户口簿上的年龄一致，如发现被保险人投保时填报年龄小于实际年龄，原则上可以通融赔付；但按年龄分档计算保费的，要追收其按实际年龄计算的差额。五是对死亡案件的保险金给付要注意受益人问题。六是对负责给付医疗费险种的案件，申请人提供的医疗费单证是否是原始收据，需审核医疗单据所列的各项费用，对不符合给付范围的费用予以剔除。七是对负责补偿医疗费的意外险伤残案件，要注意补偿期限是否控制在出险之日起 180 天以内，是否有相同日期的病史记录，以分清责任范围。对超过 180 天后的医疗费用支出，无论其医疗保险金额是否给付满额，一律不予补偿。

2. 审批

经复核员审核后的单证，在审核栏内盖章，然后交部门负责人、公司经理审定。关于各级人员理赔审批权限按保险公司的有关规定执行。

（七）结案、归档

理赔人员收到核赔人移交的理赔案卷后，应进行登记，记录赔案号、结案号、结案人姓名及移入时间，并进入计算机系统录入立案号，查询理赔结论计算信息，确认领款人资格，要求经办人认真核对领款人的身份信息。理赔结案后，核赔员对案卷中的材料与明细表内容核对后签收，并按顺序将案卷装订后归档，对相关赔案案卷及时移交。

对通融给付案件，理赔人员履行给付手续前，还应代表保险公司与受益人签订给付协议书，由受益人承诺放弃保险合同中其他与本保险事故有关的权利或者终止合同。

第二节 寿险的核保与理赔要点

一 寿险的概述

（一）寿险的基本类型

以保险金的给付条件为标准，寿险包括死亡保险、生存保险、两全保险。

1. 死亡保险

死亡保险是人身保险中的常见险种，指以被保险人的死亡为给付保险金条件的保险。根据约定保障的时间不同，分为定期死亡保险和终身死亡保险。

定期死亡保险指在合同中约定一定的保险期间，保险人仅对被保险人在该期间内的死亡承担保险金给付责任，否则，保险期间结束后保险人的责任即终止，并无须退还保险费。终身死亡保险指在保险合同中没有约定保险期限，也不附生存条件，保险人自合同约定的生效日起，始终承担被保险人死亡时需支付保险金的责任，并在死亡事件发生时予以履行。

《保险法》第 33 条规定："投保人不得为无民事行为能力人投保以死亡为给付保险金条件的人身保险，保险人也不得承保。父母为其未成年子女投保的人身保险，不受前款规定限制。但是，因被保险人死亡给付的保险金总和不得超过国务院保险监督管理机构规定的限额。"由此可见，中国对以被保险人死亡为支付保险金条件的人寿保险合同有限制。

2. 生存保险

生存保险指以被保险人在规定期限内生存为给付保险金条件的人身保险合同。如果被保险人在保险期限内死亡，合同即告终止，保险人无须给付保险金，也不退还保险费。订立生存保险合同的目的主要是保障被保险人到达一定年龄后的生活质量，即通过保险金的领取满足其生活需要、提高生活质量。

年金保险合同可视为生存保险合同的一种特例。所谓年金保险合同，指保险人在被保险人生存或者特定期间内，依照保险合同一次性支付或分期给付一定金额的保险合同，要求受益人在被保险人生存期间为被保险人本人。年金保险大多数用于养老，故而又称养老年金保险。

3. 两全保险

两全保险也称混合保险，指被保险人在保险期间内死亡或者生存至保险期间届满时，保险人均按约定支付保险金的合同。从经济学角度来看，两全保险分为两个部分，即保额递减的定期寿险及保额递增的储蓄性保险。储蓄部分的价值，保单持有人可以通过退保及保单贷款获得。递增的储蓄部分与递减的定期寿险部分相结合，恰好等于保单规定的保额。

此外，随着寿险的发展，也出现了万能寿险、分红保险等新类型。万能寿险又称综合人寿保险，是一种交费灵活，保额可以调整，分别列示各种定价因素的终身寿险。[①] 为方便投保方，保险公司对万能寿险规

① 魏巧琴编著：《新编人身保险学》（第五版），同济大学出版社 2021 年版，第 186 页。

定了首期保费、续期保费的最高限额和首期保费的最低水平。保单持有人按规定交纳首期保费后，后期交费方式相对灵活，只要保单现金价值足以支付公司规定的最低费用，即使不交纳续期保费，保单也不失效。保单持有人还可根据个人需要，在具备可保性的前提下提高或降低保额。分红保险，指保险公司结合精算，除按保单约定承担保险责任并对被保险人进行给付外，还将公司经营的部分盈利以一定比例向保单持有人进行分配。保单持有人可依约每年获取建立在公司经营成果基础上的红利分配。

（二）寿险的特别条款

基于寿险的长期性、储蓄性，以及保险利益的特殊性等，通常会涉及以下特别条款。

1. 不可抗辩条款

不可抗辩条款，指自合同成立之日或复效之日起经过一定期间（通常是 2 年），保险人不得以投保方违反告知义务为由主张合同无效或拒绝赔偿。该条款主要用于人寿保险合同与健康保险合同。《保险法》规定，合同解除权自保险人知道有解除事由之日起，超过 30 日不行使而消灭。自合同成立之日起超过 2 年的，保险人不得解除合同；发生保险事故的，保险人应当承担赔偿或者给付保险金的责任。①

2. 年龄误告条款

年龄误告条款，指投保人误报被保险人年龄后，保险人可基于被保险人投保年龄与实际年龄不符这一事实，改变合同效力。如果合同仍然有效，保险人应依据真实年龄予以更正；如果实际年龄已超过可以承保的年龄限度，保险人应解除合同，将已收保险费无息退还，但需要在可争辩期间内完成。《保险法》规定，投保人申报的被保险人年龄不真实，并且其真实年龄不符合合同约定的年龄限制的，保险人可以解除合同，并在扣除手续费后，向投保人退还保险费，但自合同成立之日起逾 2 年的除外；投保人申报的被保险人年龄不真实，致使投保人支付的保险费少于应付保险费的，保险人有权更正并要求投保人补交保险费，或者在给付保险金时按照实付保险费与应付保险费的比例支付；致使投保

---

① 参见《保险法》第 16 条第 3 款。

人支付的保险费多于应付保险费的，保险人应将多收的保险费退还投保人。[①]

3. 宽限期条款

宽限期条款，指分期交付保费的保险合同中，自投保人交付首期保险费后，依约或依法允许投保人向保险人缓交保险费并且保持合同效力的期限。依照该条款，在宽限期内，保险合同效力不受未交费的影响，发生保险事故后保险人承担赔偿责任，但需从给付金额中扣除相应的欠交保险费。超过宽限期仍不交保险费的，将导致合同中止或失效。《保险法》规定，合同约定分期支付保险费，投保人支付首期保险费后，除合同另有约定外，投保人自保险人催告之日起超过 30 日未支付当期保险费，或者超过约定的期限 60 日未支付当期保险费的，合同效力中止，或者由保险人按照合同约定的条件减少保险金额。[②]

4. 中止、复效条款

中止条款指保险合同效力的暂时停止。分期交费的人身保险合同中，投保方在宽限期届满后仍未续交保费，保险合同效力中止，保险人无须对中止期间发生的保险事故担责。

复效条款指投保人在规定期限内履行了合同义务，保险人同意使保险合同恢复法律效力的一种合同约定。通常在符合一定条件时，投保人补交保险费后原保险合同恢复效力，继续发生原有约束力，相关权利、义务不变。

《保险法》规定，合同效力中止后，经保险人与投保人协商并达成协议，在投保人补交保费后，合同效力恢复；但自合同效力中止之日起满 2 年双方未达成协议的，保险人有权解除合同；保险人依照前款规定解除合同的，应当按照合同约定退还保险单的现金价值。[③] 复效的具体日期，以投保人交清所欠保险费及其他费用后的翌日零时起算。从效力上看，复效后的保险合同与复效前保持一致，中止期间计入保险期间并视为未间断。复效后发生保险合同约定的事故后，由保险人依约承担赔

① 参见《保险法》第 32 条。

② 参见《保险法》第 36 条第 1 款。

③ 参见《保险法》第 37 条。

付责任。但为了有效减少逆向选择、控制道德风险，防止投保人为骗取保险金而申请复效，人身保险合同也规定某些特殊条款期间不得连续计算，如自杀条款中的自杀期间，以及不可抗辩条款中的抗辩期间的计算等，并非随着保险合同的复效继续计算，而是从复效之日起重新计算的。[①]

5. 现金价值条款

终身寿险和两全保险保单具有现金价值，这是投保人能够进行保单贷款和行使不丧失价值选择权的前提。现金价值指带有储蓄性的人身保险单所具有的价值，主要来自均衡保费制下投保人早期超交的保险费、积累所生的利息，以及生存者利益，即在保险期内被保险人死亡，但其所享有的保险费及利息，由其生存的受益人享受。实务中，体现为人身保险费交纳后分为两部分，一部分用于支付保险人的当期费用，剩下部分则积存为责任准备金，构成现金价值，当出现被保险人死亡、投保人解约、保险人解约等情形时，都可能退还现金价值。但对投保人而言，保单上的现金价值不会因保险合同效力的变化而丧失，因此现金价值又称为不丧失价值或不丧失的赔偿权。

不丧失价值条款指寿险保单所具有的现金价值，不得因投保人退保或者保单失效而丧失，也称不没收价值条款。保险人通常根据双方约定的保险金额及交费情况，将现金价值列在保险单上，当投保人丧失交费能力或不愿意继续交纳保险费时，有权自行选择处理方式。根据该条款，投保人有权在合同有效期内自行选择现金价值的处置方式：一是投保人放弃保险，办理退保手续，领取现金价值。二是抵交保险费，包括减额交清保险、展期定期保险、垫交续期保费等方式。

保单的现金价值还可以使保单用于质押，即保单贷款，该条款指投保人或被保险人在急需资金而又不愿意终止寿险合同的情形下，可以在其保险单具有的现金价值内，以保险单向保险人质押贷款。实务中，保单贷款通常需要注意以下问题：一是审慎性。由于保单质押会影响受益人的权益、削弱保险的保障作用，同时，当保险人作为贷款人时会影响资金运作，接收保单质押时通常会比较慎重。二是时间性。在人身保险

① 朱铭来编著：《保险法学》，高等教育出版社 2014 年版，第 234 页。

合同订立的1—2年，初期现金价值极低，是不能申请质押贷款的。三是限额性。贷款额度及利息以保单现金价值为限，按约定计息，结息日未结，一并计入。四是限制性。以死亡为给付保险金条件的合同所签发的保险单，未经被保险人书面同意，不得转让或者质押。①

6. 自杀条款

自杀条款指对寿险保单生效后一定期间内被保险人的自杀行为，由保险人承担保险金给付责任的条款。自杀，强调被保险人故意结束自己的生命而发生死亡结果的行为，不包含缺乏自由意识决定能力者导致自己死亡的情况。《保险法》规定，以被保险人死亡为给付保险金条件的合同，自合同成立或者合同效力恢复之日起2年内，被保险人自杀的，保险人不承担给付保险金的责任，但被保险人自杀时为无民事行为能力人的除外。保险人依照前款规定不承担给付保险金责任的，应当按照合同约定退还保险单的现金价值。②

7. 受益人条款

受益人可以是投保人、被保险人或其他人，自然人、法人皆可，也不强调有完全民事行为能力。涉及受益人及受益权的条款，主要有以下内容：一是受益权需经被保险人或投保人指定而取得。二是投保人、被保险人指定受益人后，仍有权加以变更，受益人不能反对。但变更权需在保险事故发生前行使，并书面通知保险人，未通知的，不得对抗保险人。其中，被保险人有权自行变更受益人，投保人只有经被保险人同意后方可变更。三是受益权因变更受益人、受益人自行放弃或出现违法行为时而丧失，当受益人先于被保险人死亡时受益权也自行消灭。

8. 保险金给付任选条款

为充分尊重保险合同中被保险人的意愿，保障受益人的相关权益，保单条款通常会列举多种类型的保险金给付方式供投保人自由选择。保险人在保险事故发生时则按约定方式向受益人支付。普遍使用的保险金给付方式有一次性给付现金方式、利息收入方式、定期收入方式、定额收入方式以及终身收入方式。

---

① 参见《保险法》第34条第2款。

② 参见《保险法》第44条。

9. 红利任选条款

红利任选条款指投保人投保分红保险后，可根据需求自行选择享受保险公司红利分配的方式。分红保单的红利来自利差益、费差益和死差益，领取时，可选用领取现金、冲抵保费、存储生息、交清增值保险等方式。

10. 战争除外条款

战争除外条款指在人身保险合同中，对被保险人在合同有效期内因战争或军事行动导致的死亡、残废，保险人不承担保险金给付责任。战争带来的伤害极大，极易造成大规模的人员伤亡，死亡率、损伤程度高且难以预料。保险公司制定正常的人寿保险费率时，不可能也无法把战争所致死亡的因素核算在内，因此战争死亡常被列为寿险合同的除外责任。

二 寿险的核保操作要点

（一）寿险核保需考虑的重要因素

1. 健康因素

在寿险核保中，个体的健康状况是影响死亡率的关键、基础因素，需重点审核。

（1）年龄。年龄是个人寿险风险选择所要考虑的最重要的因素之一，因为死亡概率随着年龄的增加而增加，以此为依据，寿险中制定专门的生命表，对不同年龄的死亡风险予以大数据基础上的统计。对年龄的准确判断，也成为寿险中决定是否承保及适用何种费率的重要环节。之所以限制投保年龄，与高龄被保险人身体机能弱化、意外风险过大、死亡率较高有直接关系，此外，高额保费的交纳与可能衍生的道德风险高概率也需考虑。医学上，年龄与疾病的发生率、病种及预后恢复等也有一定关联，如佝偻病、手足口病等是儿童多发病，但预后较好，恢复快、后遗症少；高血压、冠心病、肺部疾患等慢性病多发于中老年人，但疾病预后不理想，持续性长，难以彻底痊愈且易出现并发症。

（2）性别。由于男性与女性在身体的组织构造、器官机能等基本生物学方面具有先天差异，致使双方在死亡率、重大疾病患病率、意外发生率方面存在差别。而某些疾病的患病率因性别不同也各有差异。这些都直接影响着寿险需求。

（3）体格。体格取决于体型、性别、年龄、饮食、身高、摄入的热量以及内分泌功能等。衡量体格常用身高与体重的关系体现，即身体质量指数=体重（千克）/身高（米）^{2}。医学上，正常值范围为18—25；在被保人群中，正常值范围界定较为宽松，超过25为超重，超过30为肥胖，许多核保手册对超过30才有评点；低于17为体重不足。肥胖症与体重过轻的体格都对寿命有影响，核保时，这两类体格的人都属于需重点核保的对象。

（4）现症及既往症。通常，疾病直接影响人的身体健康状况和寿命期限，在寿险核保中，对投保时存在身体器官上病症的现症患者要延期承保，但对于某些病情发展缓慢的慢性疾病患者，如高血压、控制较好的糖尿病患者等，可按次标准体承保。过去曾患过某种疾病或有外伤史的皆为既往症，有些既往症治愈后死亡率就随之下降，如急性肺炎、急性肝炎等，治愈后可以按健康人标准承保；有些较难治愈且易于复发的疾病，如十二指肠溃疡，不经过一定时间的治愈是不能按标准费率承保的。

（5）药物、毒品滥用。麻醉剂、致幻觉药物、兴奋剂、镇静剂都属于可能被滥用的药物。某些药物和毒品并无严格的区分，在治疗疾病时就是药物，用于非疾病使用时就是毒品。药物毒品的滥用可能因为身体需要、精神需要、迫于压力、顽固性失眠、药物副作用等造成，如镇痛药、运动员使用兴奋剂、促进睡眠的安定，适度使用有利于身心健康，但滥用会增加死亡风险，核保时需重视。

（6）家族病史。核保时应考虑家族病史，主要审核是否有家族遗传疾病及遗传倾向疾病，此外，还需兼顾寿命、家族习惯等因素。现代医学证明，有不少疾病是家族遗传性疾病，如高血压、心脏病、糖尿病、癌症等，往往受到遗传性与后天性基因异常的综合影响，因此核保时需特别注意。当被保险人已出现遗传疾病时，要合理加点。

2. 其他因素

（1）职业。职业危险等级与人身意外伤害有直接关联，会直接影响人的寿命。通常，职业危险等级越低，费率越低；反之，则越高。例如，工种为机关团体、事业单位、一般工商企业单位的人员，发生职业人身意外伤害的可能性要远远低于从事井下采矿、海上作业、高空作业、特警等行业的人员，涉及意外伤害保险方面的费率也相对较低。此外，一些行业容易罹患职业病，进而影响寿命。如煤矿业易出现尘肺病及相关疾病，纺织业、采矿业易出现呼吸系统疾病，光操作员则易形成放射性疾病。

（2）习惯或嗜好。这类因素比较多，常见的包括是否经常出国旅游，是否有特殊爱好，如特殊运动、饮食和烟酒嗜好等。一些高危体育运动、特别偏好某一类饮食或嗜烟、酗酒等，都会对人的健康与生命有直接影响，需要在核保时了解清楚。

（3）驾驶。驾驶已成为大多数人的必要行为，驾驶风险形成原因多样，既包括路况、天气、车况等客观因素，也包括驾驶技术、性格、年龄、有无疾病、药物使用情况、是否饮酒等驾驶员自身的因素，还包括潜在的道德风险因素。人身保险核保时，需以驾驶能力、车辆型号、驾驶区域等风险为主，兼顾驾龄、驾程、驾时等。

（4）财务状况。投保人的投保要求与其收入状况、资产状况是否适应，以避免保单的失效。

（二）个人寿险的核保操作要点

1. 核保中的风险分类

在个人寿险核保中，常采用判断法、评点系统、电子核保进行风险分类。判断法，主要是保险公司依靠医学、精算及其他核保业务人员的综合判断作出核保结论。对不利因素较少，只需要决定是否使用标准体承保的，常采用判断法。评点系统是应用数理统计，对影响寿命的大量风险因素进行统计分析，并根据影响的正负作用、关联度等对每项可能影响风险的因素予以赋值，从而判定影响个体寿命的风险情况。该方法在实践中结合常识运用，通常将身体健康、财务稳健且有保险需求的人设为正常或标准风险，并用100%代表，进而以此为准对身体健康状况不佳的人进行减值评定。电子核保是利用现代计算机技术及特殊程序进行风险的评点，保险行业结合风险经验、死亡率、评定标准等提前设定数据库，将投保申请与数据库信息进行匹配，进而确定投保风险的大小。此时，数据库的全面性、识别并评估负面资料程序的精密性起关键作用。在个人寿险核保中，结合个体情况进行风险评估后给出核保结论，包括属于标准体、次标准拒保体，还是延期承保。

2. 保险责任

个人寿险保险单种类繁多、产品多样，但基本类型只有定期寿险、终身寿险和两全保险三种，保险责任以死亡为主，包含意外身故、疾病身故、疾病致全残、意外致全残、生存年金的给付、在不同时期部分或全部返还保险金等诸多的保障。若产品中除身故责任外还有全残责任，则需对被保险人个人和生活方式的风险因素等多加考虑；对含保费豁免责任的险种，需评估投保人的健康状况、职业和财务状况；对含保险期间内生存金给付的部分，应转换为身故保额考虑；对分红部分、满期金额部分等可不予考虑。此外，对军人、移民和外国人等特殊主体，也需重点核查。

3. 保额的变化

在寿险中，有的产品保额为平准保额，有的为递增或递减保额，核保的重点为确认被保险人最初几年出险后可能获得的所有赔付金额与其保费的差额。

4. 交费方式

人身保险的保费交付方式可以一次性交清，也可以趸交。对出险概率基本相同、保额也相同的个案而言，若为终身寿险，短期交费方式相对于长期交费方式风险较小。对于定期寿险而言，较短的保险期间虽从生命表的死亡概率来看出险概率较小，但核保时一定要核实其投保动机，排除逆选择和道德风险的可能。

三　寿险的理赔操作要点

（一）固定的责任免除条款

在寿险理赔中，被保险人所发生的事故属于保险合同中的免除责任时，保险人无须给付保险金，据此，理赔部门可向保险金申请人发出拒付通知。出现下列情况引发被保险人的残疾或死亡时，通常属于寿险的责任免除情形：一是投保人或受益人对被保险人实施的故意行为。二是被保险人自身的违法、不良行为。如被保险人犯罪、斗殴、酗酒，吸食或注射毒品，酒后驾驶、无证驾驶或驾驶无证的机动车辆，合同生效或复效之日起 2 年内自杀、故意自伤身体。三是被保险人的特殊疾病。如在合同生效或复效之日起 180 日内因疾病引发的残疾或死亡；患先天性疾病、遗传性疾病、感染艾滋病毒（HIV 呈阳性）或患艾滋病（AIDS）

期间。四是其他类型。如战争、军事行动、武装叛乱等；核能爆炸、辐射、污染及由此引起的疾病。

（二）需注意审核合同的效力

寿险理赔时，理赔人员首先要审核合同的效力，确保保险合同诚信、真实、合法、有效，并且投保人按时足额交纳了保险费，保险事故发生在保险期间内，出险人为保单上列明的被保险人，事故属于保险合同列明的保险责任范围，理赔申请在法律规定的时效内，索赔单证提供齐全等。

（三）需注意审核被保险人的自杀行为或失踪后的推定死亡

人身保险合同中的“自杀条款”规定，被保险人自合同生效或效力恢复之日起 2 年内自杀，不构成保险责任。在判断被保险人死亡是否属于自杀时，需结合死者的自杀意图和动机，如财务问题、健康因素、与人之间的矛盾等综合判断，要求主观上需有终结自身生命的意图，客观上实施了使自身死亡的行为，二者缺一不可。对于投保或复效 2 年后且属于条款保险责任范围内的自杀身亡者，则应按合同约定予以赔付。

对于被保险人失踪的认定，需满足以下条件：一是需具有失踪事实。二是失踪日需在保险合同有效期间内发生。三是需经法院宣告。《民法典》规定，只有在自然人下落不明满 4 年，或因意外事故下落不明，从事故发生之日起满 2 年的，经利害关系人申请，法院才能依法定程序宣告死亡。[①] 如果有证据表明失踪的被保险人在这一时期的某个时刻曾遭遇特别危险，可以合理预期已丧失了生命，则可以推定其在法定年数期满前死亡。因此，在被保险人已经失踪，但仍未宣告死亡的这段时期内，投保人仍应交纳保险费，保险合同效力方可维持，如投保人为被保险人本人而导致无法继续交纳保费时，应视具体情况而定。

（四）需注意审核准被保险人在核保期间的死亡

当准被保险人申请投保后，在核保完成及保单签发前死亡，理赔人员必须与核保人员进行密切合作，以确保作出公正的理赔决定。对因核保期间准被保险人因健康状况变化而需要重新体检，或延期承保，或拒保的情况，保险公司对准被保险人的死亡事故不承担保险金的给付责

① 参见《民法典》第 46 条。

任。当准被保险人由于自己事先一无所知的突发事件，如意外事故或急性病况死亡，对保险公司的最终核保结论不产生重要影响时，若其已经支付了保险费，收到了保费收据，且未受到保险公司的任何延期、拒保等方面的通知，则根据实际情况也可支付保险金。

（五）需注意受益权的确认

在人寿保险合同中，被保险人或者投保人可以指定一人或者数人为受益人；受益人为数人的，被保险人或者投保人可以确定受益顺序和受益份额；未确定受益份额的，受益人按照相等份额享有受益权。[①] 受益顺序一般依次为原始受益人、后继受益人、法定继承人。原始受益人即最初指定受益人。后继受益人即保单注明的原始受益人死亡后由其受益的人。当没有指定受益人，或受益人指定不明无法确定的；受益人先于被保险人死亡，无其他受益人的；受益人依法丧失或放弃受益权，没有其他受益人的，[②] 依法由法定继承人受益。

确认受益权时，对于投保人或被保险人在保险事故发生前，以遗嘱形式变更受益人的，如果未书面通知保险人，理赔时则仍按原保单上指定的受益人给付保险金；但当事人主张变更行为自变更意思表示发出时生效的，法院应予支持。[③] 受益人因故不能亲自来办理理赔申请及领款手续并委托他人办理的，需提供授权委托书。

终身寿险投保单（样本）见附录5-1。

两全保险投保单（样本）见附录5-2。

第三节　健康险的核保与理赔要点

一　健康险概述

（一）概念

健康险，指以人的身体为保险标的，被保险人因疾病或意外事故导致身体受到伤害，因此产生的费用或损失由保险人补偿的保险。这类保

① 参见《保险法》第40条。

② 参见《保险法》第42条。

③ 参见最高人民法院“关于适用《中华人民共和国保险法》若干问题的解释（三）”第10条。

险通常具有综合保险性质，承保范围包括因疾病、意外事故造成的残疾、失能、死亡损失及发生的医疗费事故，包含风险广泛、综合性强，保险标的及事故具有特殊性，并具有补偿特殊性，主要对医疗费用及由此引起的其他费用损失予以补偿。

（二）主要类型

1. 医疗保险

医疗保险又称医疗费用保险，是以补偿被保险人因疾病或意外伤害需要治疗的事件为保障对象，以必须支出的医疗费用为给付保险金条件的保险。通常，被保险人以病人身份为治病而发生的各种费用，如医疗费、手术费、住院费、护理费、检查费、药费等都属于医疗费用。根据涵盖费用范围的不同，医疗保险分为住院保险、手术保险、普通医疗保险、综合医疗保险等。

2. 疾病保险

疾病保险是指以被保险人罹患合同约定的疾病为给付保险金条件的保险。保险人无须过问被保险人实际支出的医疗费用。某些特殊疾病往往给病人带来巨大的费用支出，因此可以作为被保险人将这种风险转嫁。通常可分为重大疾病险和其他类疾病险，重大疾病保险是常见的保险类型。在界定“疾病”时，必须同时具备“三非”条件，即须由明显的非外来原因、非先天性原因、非长存原因造成。

3. 收入保障保险

收入保障保险又称残疾收入保险，指以被保险人因罹患疾病或意外伤害不能正常工作而导致收入中断或减少为保障对象并给付保险金的健康保险。主要目的是为那些因疾病或意外伤害而不能正常工作、丧失原来工作收入或收入减少的被保险人提供经济上的保障，以满足其在残疾期间的生活费用等支出的需要，但不承担因疾病或意外伤害发生的医疗费用。

4. 长期护理保险

长期护理保险是为身体衰弱、生活不能自理或不能完全自理而需要他人照顾的被保险人提供护理服务费用补偿的健康保险。由于护理地点、护理方式不同，长期护理保险可分为在护理院、医院和家中的医护人员看护、中级看护、照顾式看护和家中看护四个等级，等级不同，保费也有所不同。

二 健康险的核保操作要点

（一）核保要素

健康险与寿险类似，以被保险人的身体健康与生命安全为保障前提，但以被保险人罹患约定范围内的疾病或遭受意外事故后因此产生各类费用为保障对象，并对医疗费用支出、住院津贴等相关费用以及失能收入减少承担给付保险金责任。因此，其核保因素与寿险大体相同，需主要考虑以下因素：一是包括年龄、性别、体格和营养状况、疾病的性质、病程的长短、发作次数和频率、家族史和遗传史、疾病转归以及理赔记录等专业因素。二是包括收入、职业、驾驶记录、工作经历、道德情况、生活习惯、生活方式等非专业因素。

健康险非死亡险种，以疾病的发生率和意外伤害事故的发生率为保费计算的基础，对被保险人的生命威胁不像一般寿险那样大，加之受益人为被保险人本人，保险事故责任范围的界定以及出险后损失的频率与发生疾病的严重程度在一定时期不具有相对稳定性，极易发生逆选择，因此，更应重视健康风险和道德风险的评估，核保时做好基础资料的审核，包括被保险人的告知及健康声明、业务员的报告书、体检报告及病历、生存调查报告等。

（二）医疗保险的核保操作要点

1. 需明确规定保险期限与责任期限

保险期限是保险合同必须具备的内容，医疗保险也不例外，除此之外，还必须明确责任期限。每个人因为身体状况差异，遭受疾病或意外事故后需要的诊断期、发病期、恢复期等各不相同，产生的医疗费用也各不相同，为了分摊风险，减少逆选择与道德风险，保险人需要对医疗费用负责的期间进行约定，如 90 天、180 天、360 天等，通常以 180 天居多。实务中，医疗费用的责任期限界定涉及疾病诊断日与治疗日两个因素，诊断日与治疗日之间存在长短不定的时间差，致使确定责任期起始日时有两种方式：一种以疾病诊断之日为责任期起始日，并需发生在保险期间，至于何时开始治疗则需另加限制；另一种以规定的治疗日为责任期起始日，疾病诊断也需发生在保险期限内，如住院手术保险。终止日皆为约定到期日。只有在保险期限内发生需要承担保险责任的事故，保险公司才承担相关责任，因此，保险责任的起始日需在保险期限内，终止日则因约定不同、实际情况不同，可能在保险期限内，也可能在保险期限结束后。若被保险人在保险期限内患病并在保险期限内治愈，对保险期限内支出的属于保险责任范围的医疗费用均由保险人承担；若被保险人在保险期限内患病，责任期限在保险期限内满期，那么被保险人在保险期限内发生的属于保险责任范围的医疗费用，由保险人赔付；若被保险人在保险期限内患病，而责任期限延伸到保险期限之后，则保险人只负责被保险人在责任期限内支出的属于保险责任范围内的医疗费用。①

2. 需明确约定保险金额

医疗保险中的保险金额是保险公司赔偿的最高限额。无论被保险人在保险期限内是一次还是多次患病治疗或因为意外伤害接受治疗，保险人均按实际支出的医疗费用赔付，但是累计的赔付金额以保险金额为限。

3. 需明确保障项目

被保险人在治疗疾病或伤残的过程中，因病情及个人身体状况的不同，医疗费用多种多样，例如，有药费、检查费、手术费等直接治疗费用，也有陪护费、膳食费、交通费等间接费用，还可能出现假肢费、整容费等与疾病、伤残治疗无关但患者自行主张的额外费用。在医疗保险中，保险公司既要控制经营成本，还要尽可能为被保险人提供充分的医疗费用保障，真正帮助投保人实现风险转嫁，通常在保险合同中会提前明确保障项目，并列出除外责任。在不同的产品类型中保障项目与除外责任各有不同。

4. 需设置必要的医疗费用分摊

为了控制医疗保险的经营成本，鼓励被保险人将医疗费用支出控制在尽可能低的水平，防止出现道德风险，保险人可以在核保时设置一些限制性条款，让被保险人也分摊一部分医疗费用。一是可以设置免赔额，如规定单一的绝对免赔额、年度免赔额，保险人只对超出免赔额部分承担给付责任，免赔额以内部分则由被保险人自行承担。二是设置共

① 魏巧琴编著：《新编人身保险学》（第五版），同济大学出版社 2021 年版，第 221 页。

保条款，对超过免赔额的医疗费用设置一个与被保险人共同分摊的赔付比例，许多保单包含有一个 20% 的共保要求，即被保险人在自负免赔额以后，还需支付剩余医疗费用的 20%。三是设置赔付限额条款，无论被保险人在保险期限内一次还是多次患病或伤残，保险人都只对限额内的医疗费用部分予以补偿，超出部分保险人不承担赔付责任。[①]

（三）疾病保险的核保操作要点

1. 主要核保要素

基于风险分摊的需求，疾病保险中更多的是重大疾病保险，简称重疾险，指由保险公司以特定重大疾病为保障项目，以被保险人罹患重大疾病后所花费的医疗费用为给付标准的保险。

重疾险一般分为长期和短期重疾险，长期重疾险有定期或者终生的，一般来说，投保 20—30 年的人比较多。长期重疾险由于风险较高，保险公司核保非常严格，主要审核以下方面：一是医疗方面。这是最主要的方面，与寿险核保时的审核类同，主要看被保险人的健康状况，对被保险人进行评估。如果被保险人状况良好，没有过往病史或家族遗传病史，那么核保就很顺利，能够进行正常承保。二是财务方面。主要是看投保人家庭经济能力，如果经济状况良好，则审核通过率大；如果家庭比较拮据，则续保的可能性也比较小，保险公司通过的可能性就比较小。三是其他方面。主要是个人的职业、工作条件和环境、生活习惯和环境等。如果调查结果比较良好，通过可能性就大；如果情况不好，保险公司评估的结果是风险大，那么保险公司就会拒保或者增加保费。

2020 年 11 月，中国保险行业协会与中国医师协会发布《重大疾病保险的疾病定义使用规范（2020 年修订版）》，该规范通过科学分级，首次引入轻度疾病定义，将恶性肿瘤、急性心肌梗死、脑卒中后遗症 3 种核心疾病的轻度引入重疾险，并将可获赔的保险金额比例上限定为总保额的 30%。新增严重慢性呼吸衰竭、严重溃疡性结肠炎、严重克罗恩病 3 种重度疾病，规定了 28 种重度疾病和 3 种轻度疾病的定义，为重疾险的核保、理赔提供了统一依据。

---

① 魏巧琴编著：《新编人身保险学》（第五版），同济大学出版社 2021 年版，第 223—224 页。

2. 需明确观察期、等待期和生存期的规定

保险公司为更好地控制风险，在重大疾病保险中专门规定了观察期、等待期和生存期，核保时需要予以明确。

为了防止被保险人带病投保，重大疾病保险中规定了观察期，即在重大疾病保险单生效或复效后需要经过一定期限（通常为 90 天或 180 天）才能提出索赔申请，保险公司才开始承担保险责任。在此期间被保险人发生保险事故，保险公司不予赔付。观察期从合同生效日或复效日算起，仅用于第一个保险年度，续保年度不再适用。通常，如果在保险观察期内生病，那么该份保险保障将失去效力；若其疾病属于合同保障范围内的疾病，则保险公司可终止合同，并全额退还保险费。一些保险公司会有不同的规定，具体情况以保险合同约定为准。

大多数重大疾病保险只对第一次被确诊为保单列明的重大疾病范畴时，保险人才承担给付责任。对被保险人在保险期间内可能重复出现的多次保险事故，如脑卒中后的再次脑卒中、心肌梗死后的再次心肌梗死等，有些产品规定了等待期，即两次索赔之间的间隔期，若此间隔时间未超过等待期，则保险公司不承担保险责任。

生存期是指被保险人在确诊身患重大疾病后，需要经过一个特定时间才能领取重大疾病保险金。一般规定为重疾确诊日后 30 天、60 天不等，如果被保险人在生存期内死亡，则只能领取身故保险金。该期限的设置是有效区分重大疾病保险金和死亡保险金的重要标志。

3. 需注意不同的核保结果

除《重大疾病保险的疾病定义使用规范（2020 年修订版）》外，中国精算师协会也发布了《中国人身保险业重大疾病经验发生率表（2020）》，作为重疾险产品定价的依据。实务中，以这些规定为依据，重疾险的审核及费率有着大体标准，核保后，可分为以下几种情况。

（1）标体承保。这是最好的一种核保结果，意味着被保险人身体非常健康，风险等级低，可以按照标准的保险产品的全面保障投保。

（2）加费承保。加费承保是指保险公司同意承保，但保费高于一般客户。加费承保在重疾险核保中比较常见，毕竟不是每个人的身体情况都相同。

（3）延期承保。延期承保即保险公司在核保时，认为用户健康情

况需要进一步观察，待观察期结束或进一步治疗有结果后，确定没有风险才予以承保；也或者是被保险人身体状况不佳，无法出具具体的证明，导致风险无法评估，需要临床诊断或者检查，保险公司再进行评估重新决定是否承保。延期承保并不意味着拒保，只是暂时不予承保，可以在身体恢复后或风险确定后再予以承保。

（4）附加特别约定承保。附加特别约定承保时，保险人需要与投保人协商一致。具体包括以下情形：一是缩短保险期间，主要适用于风险呈递增的各种较严重的慢性进行性病症。二是限额承保，主要适用于递减型的健康风险。三是提高免赔额，主要适用于发生概率高、责任较难认定的小事件风险。四是延长免责期，主要适用于近期危险程度较大或是病程短且可完全康复的疾病，以及失能风险呈递减型的病症，可避免带病投保。五是附加除外责任特约，对投保前已患的疾病，或投保前虽没有疾病表现但将来很有可能出现的伤患除外后进行承保。这也证明被保险人的身体健康状况不太友好，属于非健康投保。

（5）拒保。拒保即身体状况无法通过重疾险核保，被直接不予承保。由于不同的保险产品有不同的投保要求，此时可以转投其他产品。

4. 续保

原则上续保业务应等同于新保业务，进行标准的承保流程操作。续保时应提供的审批材料，除常规业务要求的材料外，还应提供原业务的审批签报材料、承保、理赔清单；续保业务与原业务的风险条件变化资料、承保方案变化资料等。

5. 互联网健康险业务

随着互联网的迅猛发展，越来越多的保险公司依托互联网、移动通信等技术，通过自营网络平台、第三方网络平台等开展保险业务，与客户直接在网络平台订立保险合同、提供健康险服务。如保险集团及公司官方网站、官方微信、官方 App 等互联网及移动通信平台开展的健康险销售业务；保险公司通过与符合银保监会规定资质的第三方公司（保险专业中介机构除外）合作，在合作方网站、微信、App 或自建、与合作方共建平台等网络及终端平台开展的健康险销售业务；保险公司与保险经纪代理等专业中介机构合作，通过合作方网站、微信、App 或自建、与合作方共建平台等网络及终端平台开展的健康险销售业务。

在互联网健康险业务中，只是销售、服务方式发生改变，仍需按正常的核保流程与要求开展具体业务的审核。

（四）收入保障保险的核保操作要点

由于收入保障保险是对被保险人因病或意外伤害致残后，劳动力全部或部分丧失并导致收入丧失或降低的状况进行保障，其核保时需注意以下几点。

1. 需约定给付期间

收入保障保险中必须规定给付期间。给付时间长短是影响收入保障保险费率高低的重要因素，保险人在给付期间内向被保险人支付保险金。给付期间的约定可以周、年为标准，也可以年龄为标准。例如，短期个人收入保障保险规定的最长给付期间为1—5年，长期个人收入保障保险规定的最长给付期间至少5年，有些保单的最长给付期间可以延长至被保险人65周岁，在某些情况下，甚至可以为被保险人提供终身给付。① 短期团体收入保障保险通常约定最长给付时间为13周、26周或52周；长期团体收入保障保险的最长给付期间长于1年，有时最大给付期间会延长至被保险人正常退休年龄或70周岁。②

2. 需明确等待期的规定

为了减少在处理和赔付持续期很短的残疾中发生的费用，降低经营成本，保险人在收入保障保险中常规定等待期，即被保险人致残到开始领取保险金所需等待的时间。个人收入保障保险中的等待期通常为30天至6个月；团体收入保障保险的等待期与给付期间的长短有关，一般长期的团体收入保障保险的等待期为30天至6个月，而短期团体收入保障保险通常规定，意外事故所致的残疾没有等待期，因疾病所致残疾有1周的等待期。③

3. 保险金额及其给付方法

收入保障保险旨在帮助被保险人缓解因疾病或意外伤害无法正常工作时引发的困难风险，通常由保险人定期给付收入保险金，以使被保险人的生活水平达到或接近事故发生前的生活水平。因此，在一般情况

① 魏巧琴编著：《新编人身保险学》（第五版），同济大学出版社2021年版，第237页。
② 魏巧琴编著：《新编人身保险学》（第五版），同济大学出版社2021年版，第237页。
③ 魏巧琴编著：《新编人身保险学》（第五版），同济大学出版社2021年版，第238页。

下，以被保险人过去的专职工作收入水平或社会平均年收入水平为依据确定保险金额。

给付时采用固定给付金额法，还是收入给付公式法核算，需提前明确。通常，固定给付金额法适用于个人收入保障保险，以投保时被保险人的收入水平为依据确定给付金额，无论被保险人是否有其他收入来源，保险人都应遵守保险合同约定，给付固定金额；收入给付公式法适用于团体收入保障保险，保险人根据给付公式核算向被保险人应给付的保险金额，通常以被保险人残疾前收入的约定百分比为主，并扣除从其他渠道领取的收入保障保险金。团体长期收入保障保单规定的给付百分比为60%—70%，团体短期收入保障保单规定的百分比要高一些，可以达到90%—100%。[①] 若造成部分残疾，则按全残保险金的一定比例给付，公式如下：

部分收入保障保险=[（残疾前收入-残疾后收入）/残疾前收入]×全残收入保险金

4. 保险费率

被保险人致残后的恢复时限长短不定，收入保障保险的给付时间可能较长，因此，费率的确定除需考虑被保险人的年龄、职业、免赔期间、给付期间等核心要素外，还需考虑长期后的货币时间价值、通货膨胀等因素。实务中，为了给被保险人提供较为充足的保险保障，保险人会加入生活指数条款，规定收入保障保险金的给付结合生活指数予以调整。

（五）长期护理保险的核保操作要点

1. 保险金额及其费率

长期护理保险的保险金可以采用费用补偿型的保险金、固定型的保险金与提供护理服务三种方式，保险人需提前与投保人协商好。长期护理保险的保险费一般按照被保险人投保时的年龄采用均衡保费的形式收取，保费的确定不仅取决于被保险人的年龄，还需考虑被保险人选择的给付期的长短、等待期、保险责任范围等因素。

---

① 魏巧琴编著：《新编人身保险学》（第五版），同济大学出版社 2021 年版，第 239—240 页。

2. 免责期和给付期限

长期护理保险需规定免责期和给付期限。有时还需要区分是护理院护理，还是家庭护理，并确定不同的给付期限。保险公司支付长期护理保险金是以被保险人日常生活无法自理为条件，被保险人日常生活无法自理的项目越多，获得的保险金越多。为了限制给付水平，保险公司需提前规定日常活动表，并以此衡量无法自理的程度，确定保险金的给付比例。

3. 保证续保约定

长期护理保险重在缓解护理费用激增的压力，而年纪越大，对护理的需求越大，为满足这一社会需求，长期护理保险专门设立了保证续保条款，赋予被保险人续保至某一年龄的权利，即保险公司不能在保险期满前终止保单或停止续保，除非被保险人没有交费。

4. 通货膨胀条款约定

为充分发挥长期护理保险的保障功能，保证未来保险金的给付额随生活费用的增长而有所提高，大部分长期护理保险设立了通货膨胀条款，但需投保人额外付费。针对通货膨胀，保险公司一般提供了多种情形供投保人选择，如不购买预防通货膨胀的保单，保险金给付维持原水平；每年增加原有保险给付金额的一定比例；按一定的利率复利累积增加保险金的给付；按每年的物价指数调整保险金的给付。①

5. 保费豁免条款

为了增加保单的市场吸引力，大多数长期护理保险设置了保费豁免条款，即当被保险人全残并且持续时间超过规定期限，可免交保费。通常，被保险人住进护理院或领取保险金后的一定时期内，投保人可以免交续期保费，保单继续有效，一般是 60 天、90 天或 180 天；同时，被保险人在没有完全康复的伤残时期内也可免交保费。②

三　健康险的理赔操作要点

在健康险的理赔操作中，除前面的共性内容外，还需要重点注意以下事项。

① 魏巧琴编著：《新编人身保险学》（第五版），同济大学出版社 2021 年版，第 244 页。

② 北京当代金融培训有限公司组织编写：《个人风险管理与保险规划》，中国人民大学出版社 2019 年版，第 27 页。

（一）审核投保动机

健康险涉及被保险人的身体及生命状况，风险广泛、综合性强、涉及金额巨大，尤其是重疾险，保险公司很容易成为风险转移的对象，出现逆选择。因此，在理赔中，理赔人员需要结合保险金额、出险时间、既往健康状况以及主动投保情形，综合判断被保险人的投保动机，尽可能排除逆选择，公平、公正、合理地理赔。其中，对投保金额较高或在多家保险公司投保，并且投保累计金额较高，或被保险人投保金额与其实际经济收入不符的被保险人，以及出险时间与投保或保单复效时间接近的情况，要在理赔时重点调查。对既往健康状况的调查则是健康险需要重点审核调查的内容，不容忽视。

（二）运用医学理论判断事故的性质

实务中，理赔人员须借助医学的理论和技术，对被保险人现病史、既往病史、家族史、流行病学史、各种检查、诊断以及治疗等医学方面的资料进行分析，结合被保险人投保时的健康告知、体检资料及核保结论，找出其中可能存在的问题，确认该事故是否构成保险责任。如果被保险人在投保前即有相同相关病史或其他严重影响核保结论的疾病，则保险公司不承担保险责任。

（三）理赔标准的确定及适用

由于人的身体器官与机能多样，对其受伤、受损程度的判断，虽然在实践中积累了大量经验，但仍有一些例外、特殊情况，因此，确定并适用理赔标准时需要灵活应对。例如，在重疾险中，虽然有专门的《重大疾病保险的疾病定义使用规范》，并在保险合同的险种定义和理赔事项标准中予以使用，但仍有许多专业医学术语，对缺乏医学知识的投保人和被保险人而言，这些特定的医学界定不容易被理解，也容易产生纠纷。因此，需结合医学基础确定理赔标准，确认保险公司承担保险责任的多寡。理赔人员在经过医学分析确定其构成保险责任后，还应对赔付的金额进行认定，如治疗费用是否合理、检查项目是否恰当、被保险人是否挂床等。

（四）确认代位追偿

对于补偿型医疗保险，保险人拥有代位追偿权，防止被保险人因为医疗保险额外获利。当被保险人发生医疗费用支出并已从第三方得到全部或部分赔偿，保险人则无须支付或只需要支付差额部分。若保险人按照约定支付了医疗费用，保险人有权代替被保险人向第三方追偿。健康险中因涉及各类型的补偿型医疗保险，需结合事故原因确认是否存在代位追偿。

（五）防范道德风险

在健康保险理赔中，道德风险的表现形式有两种：一是被保险人为骗取保险金而伪装患有疾病，包括过分夸大症状、症状混乱而矛盾、病程不正常等。二是冒名顶替看病。由此，理赔时需对被保险人的年龄、性别、职业、既往健康状况和当前所表现出来的症状及预后进行分析，或重新对被保险人进行检查，从而排除其中的疑点，再作出相应的理赔决定。

（六）构建小额案件快赔处理机制

为提高保险理赔服务水平，提升保险业社会信誉和保险消费者满意度，银保监会于 2015 年公布了《关于加强和改进小额简易理赔服务的通知（征求意见稿）》，明确小额简易理赔的范围包含索赔金额较小、事实清晰、责任明确的医疗保险理赔，具体定义为索赔金额在 3000 元以下，无须调查的费用补偿型、定额给付型个人医疗保险理赔。这就要求保险公司在健康险理赔中需构建小额案件快赔处理机制，优化报案受理服务、简化单证、加快理赔时效，建立以五日结案率、平均索赔支付周期、理赔获赔率为核心的保险小额理赔服务监测指标体系，加强动态监测，促进理赔服务水平提升。

重疾险投保单（样本）见附录 5-3。

第四节　意外伤害保险的核保与理赔要点

一　意外伤害保险概述

（一）概念

意外伤害保险以被保险人在保险期限内因遭受意外伤害或因此导致死亡或残疾为保障范围，保险人依约承担保险金给付责任。构成意外伤害需具备三个要件。

1. 必须是被保险人身体上的伤害

伤害，这里特指身体受到侵害造成损坏、创伤的客观事实。从行为认定角度，强调需同时具备致害物、侵害对象和侵害事实三个要素。其中，致害物指造成身体伤害的物体，是导致伤害的物质基础，强调外来性，即被保险人身体之外的物质，如器械、自然界、生物伤害等。侵害对象是致害、致伤的客体，意外伤害保险中仅限于被保险人的身体。侵害事实要求致害物导致被保险人身体受损、受害事实客观存在，不能人为篡改，通常以碰撞、撞击、坠落、跌倒、中毒、灼烫、触电等侵害方式体现。

2. 必须是由外界原因、意外事故所致的伤害

伤害必须是非故意诱发的伤害。在意外伤害保险中，故意自我伤害、故意诱发意外伤害不属于保险责任，包括积极故意和消极故意。保险期限内非故意诱发的意外伤害都属于保险责任之内。

其中，外界原因强调被保险人自身身体以外的因素。若由被保险人身体内在原因造成，如因脑出血引起跌倒而导致死亡，则不属于意外伤害保险合同的范围，而属于健康保险合同的范畴。交通事故、跌伤、误食有毒食物引起的死亡、失足落水死亡等则属于外部作用引起的伤害。一般来说，凡是因自身以外的原因所遭受的伤害，都可以称为外部而来的事故。

意外事故强调事故的发生及其导致结果都是偶然的。“意外”有两重含义：一是指被保险人事先对伤害的发生没有预见，因此也就无法躲避。具体包括受被保险人自身能力限制，实在无法预料或不能预料；被保险人本来事先可以预见，但因疏忽或过失而没有预见；被保险人事先没有预见的伤害是偶然性、突发性事件。二是指违背了被保险人主观意愿而发生，包括预见伤害即将发生，但在技术上已无法采取措施避免；已预见伤害即将发生，技术上可以采取措施避免，但由于法律或职责上的规定，或履行应尽义务，不能躲避或出于道德、公共利益原因不去躲避。①

3. 必须是死亡、残疾或医疗费用支出的直接原因

意外伤害并非一定会引发死亡、残疾或医疗费用的支出，但根据保

---

① 魏巧琴编著：《新编人身保险学》（第五版），同济大学出版社 2021 年版，第 192—193 页。

险责任承担的损害赔偿原则和近因原则要求，意外伤害须是直接原因，即直接造成被保险人死亡、残疾或就医治疗，从而增加投保方的额外开支，或者虽未直接引起死亡、残疾、就医，却是引发上述结果的起因，即诱因。

意外伤害保险并不承保一切意外伤害，还需考虑是否违法、是否违反社会公德。通常情况下，违法或违反社会公共利益而引发的意外伤害，在意外伤害保险中被明确列为除外责任，如被保险人在犯罪、寻衅斗殴中的意外伤害，在醉酒、吸食或注射毒品后发生的意外伤害，以及自杀、故意自残导致的伤害。这主要是因为保险只为合法行为提供保障，上述行为皆具有违法、违规特性，具有社会危害性，不符合保险的基本道德要求。

（二）主要类型

根据承保的风险性质，人身意外伤害保险可分为普通意外伤害保险和特种意外伤害保险。特种意外伤害保险强调发生概率明显较低，仅是极少数状况，如被保险人因战争、核辐射，从事剧烈体育活动、竞技性体育比赛、高冒险活动，或因医疗过程中的医生误诊、药品错发、手术误切等事故造成的意外伤害等。

根据保险责任的不同，人身意外伤害保险可分为专门承保意外伤害死亡残废、收入损失或医疗费用的保险。

二　意外伤害保险的核保操作要点

（一）个人意外伤害保险的主要核保要素

由于意外伤害保险保障的仍然是被保险人的身体健康或生命，其核保因素与前文的寿险类同，核保时需考虑年龄、健康状况、职业、特殊爱好、财务状况、道德风险等。如随着年龄的增长，意外的发生率会显著增加，并且意外医疗保险的发病率、住院率、住院时间等均会较长。在因意外伤害住院的人员中，男性 15—19 岁组最高，30—34 岁组最低，35 岁以上随年龄递增，女性则随年龄缓慢上升。高空作业工人、井下作业的矿工等高危职业的意外事故发生率明显较高，而意外伤害保险的保费也需根据被保险人所从事职业的不同，分为若干个标准。

（二）个人意外伤害保险的道德风险特别注意要求

意外伤害保险核保时一定要注意把控被保险人的有效累计意外险保

额，防止被保险人累计保额过高，从而诱发道德风险。对以下几种情况在作出核保决定前应特别注意：一是短时间内在多家公司重复投保。二是短时间内多次投保以意外保障为主的险种。三是企业经营状况不良的私营业主投保高额意外险。

三　意外伤害保险的理赔操作要点

（一）申请不同理赔项目的索赔资料要求不同

因意外伤害带来的损害程度不同，申请理赔时需提交的材料也各不相同。除“理赔申请书”、保险合同或其他保险凭证外，申请身故保险金还需提供正规部门出具的被保险人死亡证明、受益人或被保险人继承人的户籍与身份证明。如被保险人因意外事故下落不明而被宣告死亡，需提供法院出具宣告死亡证明文件，被保险人户籍注销证明及与事故确认有关的其他材料。申请残疾保险金，除提供被保险人的户籍与身份证明外，还需提供身体残疾程度鉴定书，与事故确认有关的其他材料。申请意外伤害医疗保险金，应提供专业部门出具的意外事故证明，如劳动部门出具的工伤事故鉴定书、公安部门出具的交通事故责任认定书、刑事案件证明书等，医疗机构出具的病历、诊断证明、医疗费用单据，以及与事故确认有关的其他材料。

（二）审核并确定是否属于意外伤害

意外伤害强调外来原因致使人体受到损伤。在法医学中，根据致害物种类的不同，伤害可分为机械、自然、化学和生物伤害四类。其中，因各种器械而引发的机械伤害最为常见。这些致害物以一定方式破坏性地作用于人体，造成人体机能的损伤，从而导致为恢复因伤害所致生理功能的损伤而产生医疗费用，严重的可能造成人体残疾或伤亡。在审核这些伤害时，需要对其损伤性质与程度进行鉴定并根据相应的标准作出判断。在理赔过程中，判断伤害因素与伤害结果是否存在因果关系，不能简单地在“是”与“不是”之间二选一，而要根据行为或灾害各个原因的大小程度，按量和比例将其反映于赔偿金额中。这也要求理赔时需严格调查事故原因、分析经过，从而运用近因原则进行科学、合理的界定，确定是否理赔以及理赔比例。

（三）审核认定意外伤害的性质

通常，就意外伤害的性质而言，可分为自伤、他伤和意外。

自伤是指自己造成的伤害，在法医学中称为造作伤。自伤在保险合同中属于责任免除范畴。在医学中，自伤有一定的特性，如伤害的部位需是本人手能够达到的部位，损害的伤口排列整齐、方向一致，不发生在致命的部位，不发生明显的功能残疾性改变等。若被保险人为意外死亡，需先确定是自杀还是他杀，判定是否为自杀时，需查证是否有自杀动机、有无遗书等提示性记录。他伤有两种情况，一种是被保险人为骗取保险金主动与他人合谋后造成的损伤，另一种是被他人所伤害。相较而言，被保险人与他人合谋后造成的伤害与自伤有类似之处，但被他人所伤则不确定，部位与损伤特点多样化，理赔时需确定是否为投保人的故意行为。意外是指被保险人在没有心理准备的情况下所导致人体的伤害，理赔时需注意区分该伤害是否因被保险人的故意犯罪所引致，还需对被保险人所提供的医学资料进行分析，结合伤害的具体情况，排除伪造、夸大伤害的道德风险。

（四）审核并认定意外残疾的程度

意外伤害很容易造成残疾，而残疾在医学中包括身体器官、组织永久性的缺失和身体器官功能的永久丧失两种情况，每种类型又根据损伤程度的不同分为若干等级。在理赔过程中，进行医学定量分析极其重要。相较而言，实务中，对于身体器官、组织的永久性缺失较好把握，核赔人员只要在认定其构成保险责任后，按照合同约定的给付金额进行赔付即可。对于身体器官功能永久丧失的评估则需要利用专业医学知识予以认定，要求理赔人员需具有临床医学和法医学的相关知识，或通过医学鉴定进行评估。对残疾的定性和程度评估，在2013年印发的《关于人身保险伤残程度与保险金给付比例有关事项的通知》（保监发〔2013〕46号）中，对人身保险合同中的伤残程度与保险金给付比例予以规范，并细化制定《人身保险伤残评定标准》，将人身伤残程度从轻到重分为一至十级，保险金给付比例对应的分为100%至10%。在此基础上，意外伤残赔偿金额根据约定的意外伤害保险金额与伤残比例的乘积核算。意外伤害医疗保险金在其限额内，按实际损失赔偿，若医疗费已从社保或其他保险公司处得到赔偿，则需扣除，只承担剩余部分的赔付责任。

个人意外伤害险投保单（样本）见附录5-4。

第五节　团体保险的核保与理赔要点

一　团体保险概述

团体保险是以团体为投保人与保险人订立一份总的保险合同，为团体中符合资格的所有成员提供保障的保险，它不是一个具体的险种，而是一种承保方式，其中，团体单位为投保人，单位员工为被保险人，保险人用一张保单为成千上万的被保险人服务，具有明显的成本低、保费低廉、保障高、手续简化的优势。但为了防止逆选择，要求团体必须是合法的法人组织，被保险人必须是符合条件的团体成员。并且，为了保证风险的合理分布，团体内须有75%及以上的人参加保险。

二　团体保险的核保操作要点

（一）团体保险的核保因素

相较于个体人身保险的核保，团体保险以投保团体及其成员的综合风险程度为考量点决定是否承保，以及选择何种保障条件进行承保的过程。因此，团体保险在核保时，需重点考虑团体的风险程度、投保团体的性质和特点、经验费率定价、核保的延续性等因素，具体包括以下几个方面。

1. 行业风险

实务中，员工工作内容、工作性质不同，可能遭遇的风险类型、风险频率、损伤程度等也各不相同，在团体保险业务中，一些特殊行业的风险集聚程度明显偏高，如煤炭、化工、建筑、远洋运输等行业，因此，根据从事工作内容的不同进行行业分类，并综合行业特征分析风险特征，提前做好团体保险的风险防范极其重要。实务中，投保时参照“职业分类表”填写行业类别，并通过职业加费等方式，可以对高职业风险的团体进行承保，但需提前做好核保限制。

2. 员工工作环境风险

有些团体不属于高风险行业，但部分员工的工作环境恶劣、难度大、危险多，使其患病或发生意外事故的概率明显偏高，进而拉高整个团体的损失率。这种高风险的工作环境既可能因行业特殊性构成，也可能因企业经营管理方式及水平导致。如野外工作、安保等行业，行业的整体风险水平一般，但不排除部分员工的特殊恶劣环境。企业长期加班、工作负荷过高、劳保措施缺失等，也属于较高风险的工作环境。对这类团体投保需做好核查，对企业选员标准、新入职员工的体检、员工离职等情况都需重点审核。

3. 员工结构风险

由于团体保险以员工为被保险人，员工人数、参保员工占比、男女比例、女性婚否及生育年龄段比例、平均年龄等直接影响风险的发生与损失的赔偿，需要分析有关的数据统计，进而对投保团体可能遇到的风险作出预估。

4. 社会劳动保障水平风险

社会劳动保障水平的高低直接影响着团体成员劳动环境的安全程度，团体保险核保时也需考虑。若团体所在地的相关部门对劳动保障情况监管严格，法律执行到位，则被保险人的劳动环境风险会明显降低。若同一团体的成员分布广泛，比如，分布于不同的地区甚至国家时，则需重点考虑所在地区适用的保险监管制度，以及所在地区不同的死亡率和残疾率。

5. 团体成员保费分担情况

团体保险的保费支付方式包括个人分担保费和不分担保费两种。在个人不分担保费时，应要求所有合格的成员均参加；在个人分担保费时，投保人通常支付的保费不应低于25%，并且参加保险的人数比例不应低于合格成员总人数的75%，以避免因保险人数不足而产生的逆选择。当涉及多个险种，一部分是个人分担保费，一部分是个人不分担保费时，在个人分担保费险种的选择中，一些自认为属于低风险的人往往不愿意参加保险，逆选择的可能性会增加。这就应当对最低投保人数予以限制，如50%、75%等，并需进行专门核保，要求提供健康证明资料或进行体检等，然后做具体处理。

6. 既往的经验

团体保单以一张主保单承保大量团体成员，结合保险公司的经营目的，只有满足经验效益大于未进行个别危险选择而可能增加的赔付成本的条件时，保险公司的承保方才有利于保险经营，因此，团体保险的定价常采取经验费率，历史经验成为关键因素。对于有在其他保险公司投保经历的团体，保险公司应全面了解其相关情况，主要包括投保的原因，向原保险公司支付保费的规模，该团体的理赔经过，原承保人有关承保的规则，费率变化情况等。通过对这些信息的掌握，可以对该团体的风险状况进行初步的评估，并特别注意防范其逆选择的可能。

（二）团体寿险的核保要点

相对个体寿险，团体寿险因涉及成员人数多、个体情形多样、团体状况差异大，再加上缺乏投保团体的历史承保与理赔数据，因此业务管理难度较大，需在现有经营水平上，仔细核查、分析业务，充分评估自身承保实力，才能做好保障。团险核保时，需注意以下方面。

1. 需结合团体标准做好基础审核

包括审核投保单位是否正规、合格；参保比例是否合理；参保成员资格限制是否明确，成员是否具有流动性；投保有身故保障性质的险种时，是否取得被保险人的书面同意；保障范围和保额是否合理。

2. 需做好最高保额限制

基于团体成员的差异，团体保险可能会提供不同的保险金额，为了防止道德风险，排除团体内的少数人对个人保额的选择，以及总保额不成比例地集中在少数人身上，团体保险应对最高保额、平均保额、总保额进行平衡，通常最高保额不应超过平均保额的 3 倍。但在实务中，有些团体要求对高管或某些特殊职位、特殊身份的人员提供较高保额，此时需注意这类人员的参保比例，以及有无逆选择的存在。

3. 费率厘定时需考虑能否满足管理费用及保险金给付的需要，是否公平合理，以及是否具有市场竞争性

核保人员应在了解市场竞争及平均价格的基础上确定自身产品的定价，尽量使报价贴近市场实际，同时，保额应由整个计划决定，费率厘定应考虑被保险人的死亡率/发病率、利息因素/预计保单利率、附加费用因素。当团体投保人数增多时，因所需行政管理费减少，可给予累计折扣，但年交保费太少、人数较少的小团体等不适用。此外，在一个团体内，保险金额的核定也可能存在差异，如按工龄、工资收入、职务等级分别定出保险金额，或是同一的保险金额。保险期限以一年为主，每年更新保单，保险费可以由单位负担，也可以由单位、个人共同负担，保险费率按不同的职业有不同的标准。

4. 需确定团体保险的体检标准

通常，团体保险被视为免体检保险，一般不需要团体成员提供可保证明，不对团体成员的个别危险性和早期理赔的可能性作调查。团体保险中通常设有免体检保额，即团体保险的单个成员不经过个人体检核保而直接被接受参加保险的最高限额。免体检保额越低，说明核保越严格，通常理赔经验也越好。在设定免体检保额时，需结合企业的保险计划、计划的强制性或自愿性、保险金额的分配和平均保险金额等综合考虑。

5. 需关注企业自身的状况

在团体保险的核保中，需对企业自身状况做到以下“三关注”：一是关注企业整体的历史数据，如企业历年的赔付率、人员流动状况等。二是关注行业平均保障水平及政府要求，对保障水平过低的企业提出完善建议，重点关注保障水平过高企业的投保动机。三是关注企业财务状况，根据不同的财务状况作出适宜的核保定价，并对费用较高、企业难以承受的保险安排做好调整、变更，提供符合财务状况的保险保障。

（三）团体意外险的核保要点

团体意外保险核保时侧重从整体角度审核团体规模、职业风险、既往记录等因素，从而确定团体的可保性和承保条件，通常核保具有前置性，保险公司需提前审核相关要素，并采用经验费率予以承保。

1. 审核投保单时需注意团体投保人的特殊性

若是单位投保，投保人应写全称，并与签章相符，行业类别需参照“职业分类表”填写。需审核单位投保人是否具有合法的保险利益，并附被保险人清单；以死亡为给付条件的业务，每一被保险人都需在清单上亲笔签名，若无法做到，则需声明由于被保险人亲笔签名而造成的法律纠纷由投保单位承担。投保险种的主险与附加险应分别填写。

2. 需做好风险评估与调查

在团体意外伤害保险中，需对团体成员从事的行业、工种性质、被保险人总数及变动情况、保障内容及范围、被保险人健康状况、索赔及事故记录、各职位保险金额等内容进行审核，并对人均意外伤害保险金额高于100万元的业务、既往赔付率较高或有不良理赔记录的情况进行生存调查。

3. 需正确拟定承保条件

一是需根据投保人的需求，兼顾风险状况、保障范围、被保险人情况等，确定适用险种及主险与附加险的搭配。二是需正确确定保险金额，团体意外保险的保险金额通常采用均等确定或按职级确定。意外伤害、伤残的保险金额一般不超过 50 万元，附加意外伤害住院津贴保险的保险金额不超过 100 元/天，且赔偿天数不超过 90 天；附加意外伤害医疗保险的保险金额不能超过意外伤害保险金额的 20%。三是厘定费率时，主要根据职业定价，并综合考虑整体风险状况和团体投保规模给予浮动，前者属于标准费率，后者属于浮动费率，其中，浮动费率需综合考虑投保团体的性质、职业类别、人员结构、规模、损失发生率、既往承保及理赔记录等多项影响因素，在授权的浮动范围内确定。四是作出承保决策时，可按照标准条款与费率等条件进行承保，还可以根据具体情况对个体或团体附加条件承保，对个别成员延期或拒绝承保等。附加条件可以针对费率、免赔额、除外责任、给付比例等制定。

三　团体保险的理赔操作要点

（一）团体保险理赔的特殊性

团体保险理赔与个人保险理赔既有相同点，又有区别。一是团体保险理赔针对的是群体，即在理赔人员和被保险人之间，由保险公司的经办人员和投保单位的经办人员作为桥梁，如果因理赔结果而出现纠纷，理赔人员不面对被保险人本人，而是可以通过经办人，实际上是通过投保单位解决。这不同于个人保险理赔时针对的每一个被保险人。二是实务中，团体保险会根据投保团体的差异化需求设计针对性的保险责任并特别约定承保，因此，理赔时除依据保险条款外，还要依据附加于条款的各种协议、投保约定等，而个人保险往往统一适用保险条款，不针对某个人进行调整。三是在结案归档过程中，团体保险理赔往往一险种一案，在一张保单上，往往有几个险种和众多被保险人名单，理赔时则需按保单和险种立案，结案归档时也需一险种一案，不同于个人保险理赔的一人一案。

（二）团体保险理赔流程及注意事项

1. 报案

在团体保险理赔中，投保人、被保险人或受益人可以亲自到保险公司报案，也可以电话或传真报案，实务中，更多的是由保险公司业务代表转达报案，这与团体保险业务的特点吻合，要求当客户将案情通知业务代表后，业务代表要清楚地了解各种信息，包括出险时间地点、出险原因、案情经过、出险人员、损失情况、联系方式以及保单信息后，再向保险公司理赔部门报案。理赔人员应将上述信息连同报案人一并记录在案，待被保险人或受益人备齐文件所需的各种资料后及时对案件进行处理。

2. 申请立案

受益人或具备资格的申请人向保险公司提出理赔申请时，申请表上一定要加盖投保人单位章，这是要求由投保人确定被保险人身份和保险事故的程度，区别于个人保险的申请要求。在理赔申请立案过程中，一是要求申请立案时应同时提交与保险事故相关的证明资料及单证。二是申请中要如实填写事故过程，除申请人签字外，还要加盖投保单位章。三是所提交的保险事故材料，内容上要证明所发生的事故是保险责任内的事故，形式上要有有效机构出具的正式格式的证明材料。四是申请人如果发现理赔申请涉及一些明显不符合赔偿条件的情形，则应通知保险人撤销申请。五是给付申请及有关资料应由投保方提供，如果所提供的资料不全或不能证明保险责任，则理赔部门应及时通知投保方进一步提供。例如，团体医疗保险理赔时，需提供门诊医疗手册、医疗费收据、处方、收费明细单、化验单、诊断证明、病历等单据的基本信息，如姓名、年龄、性别、单位等，均不允许涂改。

3. 审核

审核时需对申请人提交的各项证明资料进行审理，判断保险事故发生后被保险人是否受损，事故证明是否有效，是否需要进一步查勘，计算保险金并确定给付对象等。基于团体保险类型的多样化，审核时也各有侧重。例如，团体医疗保险理赔时，需确认被保险人的就诊医院是否是保险公司确定的定点医院；时间是否在规定时间内，通常员工发生医疗费用一般必须当月报销，因治疗未结束或因公在异地而不能当月提供资料的，需在规定时限内报案，否则，保险公司过期可拒绝受理；用药的报销范围是否符合规定，是否超出规定的药量，超出部分不予赔付，用药范围及药量以社保用药为准。若被保险人未在规定时间内报案或提交相关手续资料，则保险公司有权拒绝赔付。

4. 保险金的给付

团体保险理赔时的保险金给付形式多样，有针对团体的，也有直接针对个人的，还有间接针对个人的。如团体医疗保险金的给付，包括疾病医疗和意外医疗，都以投保人为单位，从申请到给付都是针对投保人即投保单位的，由单位统一领取。保险公司只需要计算出每个被保险人应赔付的金额并列出清单，将赔付总额以现金或其他方式给付投保人，再由投保人分发给每位被保险人，完成给付。团体意外伤害及团体重大疾病保险，因其数额较大，发生概率较低，故保险金的给付对象是被保险人本人或受益人，保险公司向被保险人或受益人直接支付保险金，完成给付。还有一些兼业代理的业务，如旅行社组团以协议的方式投保，出现保险事故后，旅行社代被保险人申请理赔，则可将保险金支付给旅行社，由旅行社向被保险人支付。

保险金支付完后，理赔人员将理赔资料进行整理、归档。

团体保险投保单（样本）见附录 5-5。

团体意外伤害保险投保单（样本）见附录 5-6。

第六章

核保与理赔中的欺诈及防范

第一节　核保与理赔中的欺诈表现

一　保险欺诈概述

（一）保险欺诈的界定

在 1992 年召开的国际保险学术会议上，有关学者指出“基于投保方的不正当目的，故意利用保险合约谋取利益的活动”为保险欺诈。1994 年，国际保险监督官协会（International Association of Insurance Supervisors，IAIS）成立，指出“个体（或机构团体）以作为或不作为的方式或手段从保险行业中获取不守诚信或者违反法律法规的利益”为保险欺诈，这些行为包括侵占、私吞，内线交易，故意隐匿、隐瞒保险合同双方当事人应当知晓的信息，滥用保险合同约定的双方各自的权利与义务关系等。[①] 中国保险业标准化技术委员会则界定为“投保人、被保险人或受益人故意虚构保险标的，在没有发生保险事故的情况下谎称发生了保险事故，或者在保险事故发生后以伪造、编造的有关证明、资料和其他证据来编造虚假的事故原因，或者夸大损失程度，向保险人提出索赔或给付请求的行为。”[②]

结合保险核保与理赔环节的特殊性，保险欺诈可界定为投保双方当

---

① 李聪：《健康保险欺诈的理论分析与实证研究》，中国社会科学出版社 2018 年版，第 8 页。

② 周建涛等：《保险公司应对欺诈的诉讼研究》，《北京工商大学学报》（社会科学版）2011 年第 4 期。

事人及相关人员采取隐瞒事实，虚构、制造保险事故或保险事故发生的原因，夸大损失程度等手段骗取保险金的行为。其中，投保方当事人包括投保人、被保险人、受益人，保险方当事人主要指保险公司工作人员。

根据主体的不同，保险欺诈可分为狭义与广义两种范畴。狭义范畴的保险欺诈仅限于投保方，即投保人、被保险人、受益人以骗取保险金为目的，通过虚构保险标的、编造保险事故、夸大损失程度等手段，使保险人陷于错误认识而向其支付保险金的行为。广义范畴的保险欺诈除狭义范畴投保方实施的欺诈行为外，还包括保险人、保险中介或保险关系第三方为了自身利益而采取的欺诈行为，如保险人虚假宣传、欺骗投保方，非保险机构未经许可非法经营保险业务，第三方冒充保单所有人进行索赔等。

（二）相关概念界定

1. 保险骗赔

保险骗赔指投保方在没有实际发生保险合同约定事故的状况下，为了获取保险金，实施提供虚假单证、谎称保险事故发生等行为。骗赔主体是有权获得保险金的被保险人或者受益人，主要发生在保险索赔阶段。保险骗赔是保险经营实务中常用的一个概念，通常只是一种性质描述，没有具体的内容，也未规定具体的确定标准。

2. 保险诈骗

保险诈骗是法律上常用的术语。为了维护良好的保险行业秩序，遏制保险诈骗，《中华人民共和国刑法》（以下简称《刑法》）专门规定了保险诈骗罪，指出："有下列情形之一，进行保险诈骗活动，数额较大的，处 5 年以下有期徒刑或者拘役，并处 1 万元以上 10 万元以下罚金；数额巨大或者有其他严重情节的，处 5 年以上 10 年以下有期徒刑，并处 2 万元以上 20 万元以下罚金；数额特别巨大或者有其他特别严重情节的，处 10 年以上有期徒刑，并处 2 万元以上 20 万元以下罚金或者没收财产：（1）投保人故意虚构保险标的，骗取保险金的。（2）投保人、被保险人或者受益人对发生的保险事故编造虚假的原因或者夸大损失的程度，骗取保险金的。（3）投保人、被保险人或者受益人编造未曾发生的保险事故，骗取保险金的。（4）投保人、被保险人故意造成财产损失的保险事故，骗取保险金的。（5）投保人、受益人故意造成被保险人死亡、伤残或者疾病，骗取保险金的。有前款第四项、第五项所列行为，同时构成其他犯罪的，依照数罪并罚的规定处罚。单位犯第一款罪的，对单位判处罚金，并对其直接负责的主管人员和其他直接责任人员，处5年以下有期徒刑或者拘役；数额巨大或者有其他严重情节的，处5年以上10年以下有期徒刑；数额特别巨大或者有其他特别严重情节的，处10年以上有期徒刑。保险事故的鉴定人、证明人、财产评估人故意提供虚假的证明文件，为他人诈骗提供条件的，以保险诈骗的共犯论处。"①

最高人民法院对上述"数额较大""数额巨大""数额特别巨大"进行了专门规定，对个人而言，保险诈骗数额在1万元以上的属于"数额较大"，5万元以上的属于"数额巨大"，20万元以上的属于"数额特别巨大"；对单位而言，5万元以上的属于"数额较大"，25万元以上的属于"数额巨大"，100万元以上的属于"数额特别巨大"。②

此外，《保险法》规定："投保人、被保险人或者受益人有下列行为之一，进行保险诈骗活动，尚不构成犯罪的，依法给予行政处罚：（1）投保人故意虚构保险标的，骗取保险金的。（2）编造未曾发生的保险事故，或者编造虚假的事故原因或者夸大损失程度，骗取保险金的。（3）故意造成保险事故，骗取保险金的。保险事故的鉴定人、评估人、证明人故意提供虚假的证明文件，为投保人、被保险人或者受益人进行保险诈骗提供条件的，依照前款规定给予处罚。"③ 保险欺诈相关概念见表6-1。

表6-1　保险欺诈相关概念比较④

项目	数额	主体	实施阶段	性质
保险骗赔	无限制	被保险人或受益人	索赔阶段	违反保险合同

① 参见《刑法》第198条。

② 参见最高人民法院《关于审理诈骗案件具体应用法律的若干问题的解释》第8条。

③ 参见《保险法》第174条。

④ 叶明华：《中国机动车保险欺诈：经济理论与实证分析》，光明日报出版社2010年版，第6页。

续表

项目	数额	主体	实施阶段	性质
保险欺诈	无限制	投保人、被保险人、受益人（广义范畴还包括保险人、第三方）	全过程	违反保险合同
保险诈骗	1万元以上	投保人、被保险人、受益人	全过程	违反保险合同与刑法

二　核保中的欺诈表现

2018年2月，保监会印发了《反保险欺诈指引》，规定“保险欺诈指以假借保险名义或利用保险合同谋取非法利益的行为，主要包括保险金诈骗类欺诈行为、非法经营保险业务类欺诈行为和保险合同诈骗类欺诈行为等。”[①] 此处从广义范畴分析核保中的欺诈表现。核保环节中，保险人、投保人、保险中介皆有可能进行欺诈。

（一）保险人的欺诈表现

保险公司虽然是核保主体，但在市场竞争中，可能存在违规揽保的情况，即以不正当渠道诱保。在保险实务中，具体表现为引诱、欺诈投保人投保，宣传产品时夸大保险责任，故意使用有歧义的文字模糊条款，私下许诺给予回扣或其他利益，暗示投保人不如实告知，超额承保，与投保人串通谋骗等。

（二）投保人的欺诈表现

1. 虚构保险标的

虚构保险标的指投保人以虚构捏造的、并不存在的标的为投保标的，并向保险人进行投保的行为。如为死人投保，而后称意外死亡，并开具假证明骗赔。

2. 不具有可保利益投保

保险法律及各类保险合同都会强调投保人投保时需具有可保利益。因此，当投保人对不具有可保利益的标的进行投保时，即形成欺诈。如未经被保险人同意，私下投保以死亡为给付保险金条件的合同，未经被保险人书面同意认可保险金额甚至篡改保险金额等。

3. 对标的风险状况作虚假陈述

保险公司为了风险选择的需要，在承保前往往要求投保方如实告知

---

① 参见《反保险欺诈指引》第3条。

与保险标的有关的重要事项。因此，当投保人对保险标的的风险状况以隐瞒、捏造等方式进行虚假告知，并使保险人基于错误的判断而承保，即构成欺诈。如投保时已知被保险人患重病却故意不告知，或财产保险投保人隐瞒标的处于危险的情况而投保。

4. 超额保险

当投保人所投保险的保险费超过了其经济承受能力，也属于保险欺诈。超额保险是以投保人自身经济承受能力及其所属权利作为衡量标准，不一定是高额保险。如购买人寿保险时，每年所需交纳的保费超出经济支付能力；投保财产保险时，借他人物品为自有财产而进行投保验证，或提供虚假的他人保管“证据”、价值鉴定意见书等，夸大保险标的的实际价值。

5. 高额保险

保险金额很高，超出保险价值，即属于高额保险。高额保险的具体衡量标准因各国、各地经济状况的不同而判定不同。投保人身保险时，高额保险的判定应结合投保人的需求和经济承受能力来判断，其中，不属于超额投保的部分是正常的投保行为，表明投保人经济实力强、保险需求高，但超额投保的部分则存在较大的道德风险，特别是以集中购买、分散投保方式获得超额的高额投保更是保险欺诈的前奏。[①] 在财产保险中，重复保险极易形成高额保险，尤其向境外保险公司投保并希望获得比损失额度更高的赔偿。

6. 出险后投保

出险后投保是指投保人利用一定的手段，将已发生的保险事故伪装成在保险合同期内出险。一是与保险公司业务人员内外勾结，倒签单，将投保日期往前推，如已办好住院手续而后投保疾病保险等。二是与鉴定部门等合谋，更改出险日期，将出险日期往后推。

（三）保险中介机构的欺诈表现

保险中介机构在保险经营中具有特殊地位，保险需求方与供给方的直接关联在保险中介介入后，使保险欺诈更加复杂。保险中介既可能与投保人共同策划保险欺诈，也可能直接欺诈委托人。如保险中介机构及

---

① 张洪涛、王国良主编：《保险核保与理赔》，中国人民大学出版社 2006 年版，第 592 页。

工作人员单独或者伙同投保方，以同款车型打“擦边球”，利用已出险的未投保标的物进行欺诈，即验车投保时找同款车冒充标的车，投保后伪造虚假事故现场，造成未保险车辆的出险场景，骗取保险赔偿金。保险中介机构及工作人员也可能与投保方共谋，向保险公司提供虚假信息实施倒签单，进行索赔欺诈。

三　理赔中的保险欺诈

保险合同履行时的欺诈是最常见、最主要的欺诈形式，也是理赔时的多发状况。

（一）保险人的欺诈表现

理赔环节，保险人的欺诈表现主要是制造保险事故、“制作”伤害结果，即保险公司工作人员利用职务便利，编造未发生的保险事故并进行虚假理赔；保险人与被保险人、受益人串通，把故意行为编造成意外事件，把疾病情况编造为外伤伤情，使之符合保险事故条件，私分保险赔偿金；在估损、定损时故意扩大损失，套取理赔费用。

（二）投保方的欺诈表现

保险合同履行环节，投保方的各类主体，即投保人、被保险人、受益人都可能采取非正当手段获取保险金，主要方式有以下几种。

1. 制造保险事故

投保人、被保险人、受益人人为制造保险事故。为了获取保险赔偿，投保方通常会利用一定的时机，将本不属于保险合同约定赔偿的事件人为制造成保险事件，进而骗取保险理赔。如在财产保险中，投保企业经营亏损，却故意高额投保，并在保险期间纵火；或者趁暴雨时有意将滞销商品浸湿，伪造成暴雨损害而骗取赔偿。在人身保险中，最常见的即受益人亲自或雇佣他人人为地对被保险人进行伤害、杀害，作案后伪装成抢劫杀人、溺水、失足、中毒、失火、交通事故、疾病或自杀等情形；或者决定自杀的被保险人为了使遗属获得保险金，在保险公司不承担自杀保险给付的期间，[①] 将自杀伪装成其他原因以获取保险金。

---

① 《保险法》第 44 条规定，“以被保险人死亡为给付保险金条件的合同，自合同成立或者合同效力恢复之日起 2 年内，被保险人自杀的，保险人不承担给付保险金的责任，但被保险人自杀时为无民事行为能力人的除外”。

2. 虚构保险事故

在保险期限内并未发生保险事故，但投保人、被保险人或受益人故意编造假象，使保险人确信保险事故已经发生，从而获取保险金。通常故意掩饰、改变非保险责任范围内的真实原因，虚构事故近因。如对不属于保险责任范围的车辆损失再次制造碰撞或损毁现场，谎称或编造事故经过骗取赔款；或人身险中被保险人自杀或自然死亡，伪装成交通事故或其他意外事故导致的死亡。

3. 夸大损失金额

当保险标的发生保险事故、遭遇保险责任范围内的部分损失后，被保险人不仅不积极施救，反而故意扩大损失，企图获取更多保险赔偿金。如投保健康险后，被保险人虽已痊愈，但不肯出院，或者小病大养，借一次轻微的外伤做无期限的治疗等，诈领额外的保险金和医疗补贴；在机动车辆保险中，被保险人与汽修厂合谋，夸大损失，“以换代修”，更换那些仍可以使用的零配件等。①

4. 变造、伪造资料

变造、伪造资料是指投保人、被保险人或者受益人自行伪造、变造与保险事故有关的证明、资料和其他证据；或者指使、唆使、收买他人提供虚假证明、资料或其他证据，使保险公司陷于错误判断而支付保险金。如串通第三方主体开具虚假证明，扩大事故损失或挪移到被保险人名下冒名顶替。理赔常见的伪造资料有：身份证明、事故证明、关系证明、病历、检查报告、监管证明、交通事故认定书、司法文书、单位入职、出差、外派证明等。

（三）第三方的欺诈表现

第三方涉及的主体较为广泛。如机动车辆保险中涉及的4S店或汽车修理单位，可能利用保险承保而从中获利，如瞒着车主和保险公司，在维修车辆时对零部件以次充好、以假充真、以劣充优，核算价格时仍以正品计算费用，骗取差价。在医疗保险中，定点医疗机构诱导住院、虚假住院、虚构费用、过度治疗、虚记多记诊疗项目等；定点药店串换药品、虚记项目、虚开发票、诱导参保人参与套现等。

---

① 尹江鳌等：《保险欺诈的表现形式及危害》，《中国金融》2012年第16期。

第二节 欺诈的防范

在复杂的社会环境和多样的利益追求下，保险欺诈行为层出不穷，对保险行业的健康发展产生了严重影响。2009 年 7 月，原保监会会同公安部联合印发了《共同打击保险领域违法犯罪行为的通知》，2012 年，原保监会会同有关部门发布《关于加强反保险欺诈工作的指导意见》，[①] 对保险欺诈进行了严厉打击，与此同时，经济社会的发展更需要做好保险欺诈的防范。从核保与理赔的角度来看，需要多主体联手、多角度开展，并从以下几方面做好防范。

一 加强风险评估，提高承保质量

风险评估是防止保险欺诈的第一道防线，也是保险公司承保质量高低的关键。风险评估的任务是通过对投保资料的审核、实况的核验，确定保险业务的风险状况，进而作出正确的承保决策。因此，对保险人而言，需严格制定并遵守保险核保流程及相关规定，认真审查投保申请书中的内容及相关证明材料，必要时进行详细调查，从根本上做好对投保标的和投保人、被保险人的选择，剔除不合格的标的、投保人、被保险人，使有欺诈企图的人意识到风险，打消欺诈念头，将可能的欺诈隐患在保险合同签订之前予以清除。同时，保险公司应做好对承保审核流程的检查、监督与管理，规范操作。

二 建立科学的理赔程序，提高理赔人员素质

理赔是保险经营中的重要环节，建立科学的理赔程序，严格审核流程，提高人员素质，是保险公司阻断外部理赔风险的最后一道关卡。一是要建立起标准统一的理赔作业流程和理赔审核规则，确定理赔程序、理赔权限，规范理赔人员的作业方式；按岗位、工作内容设置分级权限制度，建立审核人员的作业权限调整审批流程；实行接案人、查勘人、定损人、理算人、审核人和审批人分岗制度，明确各岗位具体工作内容、要求、职责及考核标准，列明差错案件的考核及责罚。二是要建立

① 李聪：《健康保险欺诈的理论分析与实证研究》，中国社会科学出版社 2018 年版，第 78 页。

核赔制度和理赔稽核制度，用户权限管理要求采用岗位与职责一致原则，对于关键作业岗位按权限最小原则进行设置，对特殊岗位设置互斥原则，如审核岗与调查岗不得为同一人、受理岗与审核岗不得为同一人，审核、结案通知不得兼岗等，尽可能规避内部作业人员个人的道德风险。对不同的险种理赔，应采用专门的技术人员进行查勘，理赔审核需分设初审及复核，建立一定金额以上案件的交叉审核制度，理赔结果至少要经过两名专业人员一致同意才能接受。三是定期开展风险评估报告，基于前期理赔数据对理赔风险进行分析，总结风险点、提出风险控制措施，以更好地控制风险。四是加强对理赔岗位员工的技术培训，督促理赔岗位员工及时掌握新型保险欺诈特点，并同时掌握反欺诈的方法和手段，提高他们识别保险欺诈案件的正确率。

三　及时选派查勘人员，获取第一现场资料

现场查勘是确认现状、防范欺诈的重要手段，也是贯穿在保险核保与理赔环节的重要流程。财产保险核保环节，对一些风险较大、出险概率高或者保险金额较高的标的物，必须进行现场查勘，如工程保险进行项目风险评价时，需核对投保单、风险评估表，并进行现场查勘；机动车辆保险投保时需验车，尤其是一些特殊车辆、改装车等，必须实际审验；企业财产保险核保中需实地查勘投保单位的周围环境、防灾措施、风险管理情况等。人身保险核保环节，保险业务员的面谈就属于对被保险人的现场观察。现场查勘更是理赔环节必不可少的流程，尤其在机动车辆保险、金额较大的财产保险及健康保险中，通过第一现场查勘可以很好地确定损失。现场查勘中，保险公司需做好及时派员，对于异地出险事故，需委托异地保险公司或第三方正规专业公司及时进行查勘，降低投保人或被保险人蓄意隐瞒重要信息、造假事故痕迹等概率，减少对查勘人员判断的错误影响及事故的错赔。随着我国数字产业的发展和数字业务的拓展，未来可以充分利用智能联网系统，借鉴国外先进经验将其应用到保险查勘中，迅速整合查勘资源，提高查勘速度、降低查勘成本。

四　加强对核保、核赔环节的责任控制和管理监督

如前所述，核保、核赔环节是最容易产生保险欺诈的环节，也是防范欺诈最重要的阶段，为此，在保险公司内部，应健全核保、核赔人员

的内控机制，完善规章制度，建立核保、核赔环节全系统、全流程的风险管理体系，明确员工的从业资格、岗位职责、工作要求、违规处罚制度，使管理职能部门与业务单位分工明确、密切协作，使各流程环节相互衔接、分岗制约。一是制定大案集中讨论和错赔、骗赔责任追究制度，对造成错赔、骗赔的公司责任人及具体工作人员要根据不同情况分别予以处罚，严防公司内部人员道德风险的发生。同时在保险公司内部建立与完善保险反欺诈业务的奖励机制，激发全体员工开展反欺诈工作的热情，提高员工责任意识。二是遵守行业信息披露制度要求，做好必要的产品信息披露。2023 年 6 月，银保监会公布的《人身保险产品信息披露管理办法》开始施行，要求保险公司及其保险销售人员、保险中介机构及其从业人员需根据法律、行政法规等要求，通过线上或线下等形式，本着真实性、准确性、完整性、及时性原则，向投保人、被保险人、受益人及社会公众公开保险产品信息。① 例如，销售一年期以上的人身保险产品时，应在销售过程中以纸质或电子形式向投保人提供产品说明书。② 订立保险合同，采用保险公司提供的格式条款的，保险公司向投保人提供的投保单应当附格式条款及条款查询方式，保险公司应该提供适当方式向投保人说明保险合同的内容，并重点提示格式条款中与投保人有重大利害关系的条款。③ 保险公司应当通过公司官方网站、官方 App、官方公众服务号、客户服务电话等方便客户查询的平台向客户提供理赔流程、理赔时效、理赔文件要求等相关信息；理赔披露内容包括但不限于理赔服务的咨询电话等信息；理赔报案、申请办理渠道，办理理赔业务所需材料清单以及服务时效承诺；理赔进度、处理依据、处理结果以及理赔金额计算方法等信息。④ 三是保险公司要增强风险意识，努力提高保险经营中认识、分析风险的能力，改变“重业务承保，轻风险防范；重速度发展，轻质量管理”的传统经营意识。同时，加强内部监督，强化纪检、监察、稽核、审计等工作的职能，做好核保、核赔各环节的督查。同时，加强员工的法治教育，使全体员工知法、懂

---

① 参见《人身保险产品信息披露管理办法》（银保监会令 2022 年第 8 号）第 3 条、第 4 条。
② 参见《人身保险产品信息披露管理办法》（银保监会令 2022 年第 8 号）第 12 条。
③ 参见《人身保险产品信息披露管理办法》（银保监会令 2022 年第 8 号）第 13 条。
④ 参见《人身保险产品信息披露管理办法》（银保监会令 2022 年第 8 号）第 17 条。

法、守法，将个体风险意识与公司风险意识融为一体，把个人利益同公司的整体利益联系起来，把防范和化解风险作为公司生存和发展的根本所在。

五 建立资料基地与行业信息共享机制，发挥信息职能

随着数字化资源的扩张，保险公司应充分利用数据信息资源，通过信息平台，提供便捷、快速、准确、合法的客户信息查询服务，尤其是医疗、健康信息，可通过平台为核保与理赔环节提供客户信息查询，进而成为管控逆选择或保险欺诈风险的有力手段。还可以通过缜密的理赔调查、审核和事后审计，建立自己的专业信息库、保险欺诈被保险人或投保人黑名单库等，对欺诈实施人员和疑似人员进行详细的记录，并详尽分析曾经实施欺诈的手段和类型，重点予以防范。这种信息的提炼、积累，既可以增强对有记录的欺诈人员的投保注意力度，又可以通过保险同业公会等渠道在行业内共享，实现各公司之间信息的交换，维护整个保险业的发展。从行业角度，可建立行业投保信息共享平台，保险公司可在该平台查询投保客户的同业投保情况，当客户出现频繁投保、大额投保等情况时，及时进行深入核实，以此规避道德风险。同时，可建立行业黑名单，根据风险评级，对黑名单上的个人或企业加费承保或拒保，提高其违约失信的成本，共同降低保险公司的信用风险。

六 建立健全跨行业的反保险欺诈协作机制

保险欺诈的识别与风险防范已经大大突破了保险行业的范畴，需要与其他机构部门加强合作，需要公安部门、司法机关等执法司法部门发挥主导作用，同时与安全生产、卫生健康、医疗保障、工商管理、交通运输、农业等社会公共机构建立联系，推进保险业务相关领域信用信息系统对接，充分利用公共资源的共享，减少逆选择与道德风险。[①] 例如，在美国经识别确认的健康保险欺诈案件中，有 80% 的证据来自医疗服务机构。[②] 在我国，保险公司与医疗服务提供者的合作对打击、防范保险欺诈也很重要。因此，可以加强与医疗机构的合作，共享现有的

---

① 李玉泉、乔石：《大金融背景下保险欺诈的新特征和风险防范路径》，《保险研究》2021 年第 4 期。

② 李聪：《健康保险欺诈的理论分析与实证研究》，中国社会科学出版社 2018 年版，第 174 页。

电子医疗数据信息。借助社会医保部门的行政力量共同对医疗机构的就诊行为进行监督及正确引导，通过医院巡查、医疗病历审核对医疗费用及诊疗行为进行过程管理；通过专业的运行分析报告和精算数据为社会医保提供专业合理化建议，协助并参与社会医保定点医院资格复审等；推进与非金融行业、社会组织及地方性信用信息系统互联互通和信用信息交换共享，完善保险征信系统及信用数据库，有效降低欺诈风险。

第七章

典型案例

第一节　财产保险核保核赔纠纷案例

一　企财险理赔中免责条款不生效纠纷[①]

（一）案情简介

2015年10月13日，A公司向某保险公司L地分公司（以下简称“L保险公司”）投保企业财产保险基本险4097.01万元，交纳保费4.09万元。该保险由某银行L地P支行（以下简称“P支行”）代理销售，保险公司职工李某负责制作投保单和保险单，L保险公司收取保费并核保、留存验险照片。投保单载明投保金额分项为固定资产2284.51万元，流动资产1812.87万元。L保险公司提交的投保单清单打印件（TQJA2015×××清单附件）载明：①部分赔偿金额不超过分项保额，总损失金额不超过总保额。②保险人已就本合同中责任免除条款作出说明，投保人对此无异议。③经双方同意，本保险每次事故绝对免赔额为：因火灾原因造成的财产损失每次事故绝对免赔额为2000元或者损失金额的20%，以高者为准；其他原因造成的财产损失每次事故绝对免赔额为2000元或者损失金额的10%，以高者为准。④保险价值以出险时固定资产重置价值、流动资产账面余额确定。⑤未尽事宜以保

① 中国裁判文书网，https：//wenshu. court. gov. cn/website/wenshu/181107ANFZ0BXSK4/index. html? docId = uRWyTlZjqeF6jKQ3B dK81K8L15xVX2CvITBP7N3DRimbT5qlv2ROXJ/dgBY-osE2gyXrgT7nWQRBqKfaX9jA + 5vYsw2FL8k d4JilLVvXfHTFhg7eK0aRogxpMANb1RA9c，2022-01-05。

险公司财产保险条款为准。应被保险人要求，P 支行为保单第一受益人，享有保险公司物质损失赔款的优先支付权。附加条款与主条款内容相悖或未尽之处，以附加条款为准。清单附件中加盖 A 公司公章。

保险单载明：财产保险基本险保险单，单号 PJA2015×××，鉴于 A 公司已投保基本险及相关附加险并交纳保险费，本公司同意依照条款及特别约定条件承担下列责任。基本险投保标的：房屋厂房、楼房等建筑物，罐头设备，冷库设备，原材料（白糖及各种配件）……（详见标的清单）保险金额 4097.01 万元，保险费 4.09 万元。本公司在被保险人履行交付保险费义务后开始承担保险责任，责任期限自 2015 年 10 月 14 日 0 时起至 2016 年 10 月 13 日 24 时止。特别约定：部分赔偿金额不超过分项保额，总损失金额不超过总保额。……（同投保单）。销售单位：某银行 L 分行。核保人：贾某；制单人：李某；经办人：某银行 L 分行；销售渠道：中介机构—兼业代理。销售人员姓名：刘某某。保险单上盖有 L 保险公司承保专用章，但未加盖 A 公司公章。责任范围及免责条款中，第五条第四款规定空中运行物体坠落属于责任范围；第七条第八款规定对雪灾不承担赔偿责任。上述保险单、条款均未送达 A 公司。

2015 年 11 月 24 日 L 市出现暴雪天气，降雪量 22.7 毫米，积雪深度 16 厘米。上午 8 时，A 公司成品罐头仓库发生火灾，公司自救并报火警，火灾致使库房、成品罐头、控制柜等物品不同程度受损，无人员伤亡。事后 A 公司向 L 保险公司报案。26 日，双方就财产损失保险理赔事宜商谈，A 公司得知雪灾损失不在保险范围内，经制单员李某确认，案涉保险单及条款没有送达 A 公司，对保险范围、免责条款、投保单清单附件特别约定条款等内容未告知。双方协商未果，遂委托 D 公估公司进行公估。29 日，A 公司提出书面索赔申请。2016 年 1 月 6 日，消防部门出具事故认定书，认定因电气线路故障引燃周围可燃物导致火灾。4 月 15 日，A 公司向 D 公估公司催要报告，但 D 公估公司称需与 L 保险公司协商后方可提供，直至 5 月 12 日才出具报告，结论为：出险日期在保险期内，受损财产属于保险标的，出险原因属于保险责任范围。事故核损金额 290.61 万元，残值 0.4 万元，建议赔款金额 65.37 万元。报告中罐头损失按 65%计算，另 35%为罐头瓶未计损失价值，报告结论中未涉及该内容。2017 年 11 月 9 日，A 公司再次向 L 保险公司提交书面索赔申请，17 日接到回复，称“经我司核定，依据灾后查勘和评估，贵司因火灾导致的损失为 65.37 万元。请接到本回复后，……来办理支付保险金事宜……对贵司因雪灾造成的损失，因不属于双方企业财产基本险合同约定的责任范围，我司拒绝赔付”。A 公司不认可该回复，未办理领取，提起诉讼。

一审中，法院委托 T 公司重新进行损失评估，评估费 13 万元由 A 公司交纳。3 个月后，T 公司出具评估报告，认定案涉财产损失总金额为 2327.24 万元。L 保险公司提交的投保单未填写单号，填有投保人的联系电话、复核同意承保印章及复核人武某某签字，业务来源项勾选兼业代理。A 公司提交的投保单填有投保单号 TJA2015×××，未填写投保人联系电话、复核意见及复核人武某某签字，未勾选业务来源项。制单员李某认可 A 公司提交的投保单是其制作，并书写手写内容；认可 L 保险公司提交的投保单前半部分手写内容是其书写，不确定后半部分手写内容是否是其书写，不知道同意承保印章是谁加盖、复核人武某某的签字是谁书写；承认办理业务时拿着空白投保单、保险合同送达及如实告知回执单等去 A 公司找会计加盖公章，拿回后在投保单和回执等材料上填写内容，保险单打印后将保险单、保险条款、保险费发票等材料交给了 P 支行，没有送至 A 公司，投保过程中没有向 A 公司任何人说明保险险种、责任范围及免责条款等在内的合同内容。

另查明，2009—2010 年 A 公司连续两年在 L 保险公司购买财产保险综合险，2011—2014 年连续四年购买财产保险基本险。其中，2014 年基本险保险金额 6897.01 万元，保险费 8.14 万元，保险费率 1.18‰。2015 年在 L 保险公司投保前，在 Z 财保公司为部分产成品购买财产保险基本险，保险标的为存货，保险金额为 2055 万元，保险费 1.85 万元，保险费率 0.9‰。其中的存货指由某物流公司监管 A 公司质押给 P 支行的产成品罐头（包括成品和半成品）。

法院认为争议焦点包括：投保单及免责条款的效力问题；是否构成重复投保、不足额投保；保险标的的损失价值、应当理赔的保险金额及利息。判决 L 保险公司支付 A 公司财产损失保险金 1771.27 万元及利息（利息以财产损失保险金为基数，自 2016 年 1 月 26 日起按照中国人民银行同期贷款基准利率计算）；支付保险事故施救费损失 15 万元及利息（以事故施救费为基数，计算方法同上）；评估费 13 万元由 L 保险公司负担。

（二）案件处理评价与分析

首先，审核投保单是保险公司核保环节的关键，投保单需由投保人亲自填写，展业人员可以给予协助和指导。填写时要求内容真实、书写工整、完整。但在本案中，保险公司提交的保险单与被保险人提交的投保单不一致，各自的内容也不全面。事后证明 A 公司的投保单由业务员填写，保险公司提供的投保单前半部分由业务员填写，后半部分不知道谁填写。由此可见，案件中保险公司在投保单审核环节未尽到完全注意义务，存在明显的工作疏漏。

其次，核保环节要求双方当事人应遵守最大诚信原则，其中，保险人需履行告知或说明义务，未履行的，对对方不产生约束力。本案中，一是投保单及清单附件、保险条款、保险单及合同等材料，业务员先让投保人盖章，然后才补填内容，程序有错，并且未将相关单据交付于被保险人，业务员也证明对合同中的免责条款未进行书面或口头形式的告知或说明。二是即使是连续投保企业财产基本险，或者从综合险变更为基本险，无论投保人对雪灾免赔是否知情，保险人都需履行送达和明确告知义务。本案中，保险人在免责条款告知说明环节存在漏洞，证据证明未履行告知义务，因此，保险合同的免责条款及免赔规定不发生效力。

再次，保险理赔中，需注意是否构成不足额投保、重复保险，从而更好地确定保险赔偿金额。本案中，L 保险公司结合 2009 年以来 A 公司的连续投保，认为是续保，而保险金额比上年度减少属于不足额投保，并认为与 Z 财保公司的保障构成重复投保。但结合证据来看，鉴于保险单未送达被保险人，并且保险单与投保单内容不一致，记载分项保额有不明确内容，应以投保单为准。投保单中表明，投保时将已投保部分排除，并在保单附件示意图中明确标出，证明 L 保险公司承保时已知情；同时，L 保险公司核保、验险后已知存货部分在其他公司投保，但未载明“不足额投保”字样。从保险金额、保险价值看，固定资产、流动资产的保险金额足额率分别为 99.98%、98.27%，均略低于保险价值，属于不足额投保，但与公司另行投保的标的无关。两份保险标的不同，一份为厂房、楼房等建筑物，罐头设备，冷库设备，原材料等，一份仅为监管的产成品存货，故保险利益不同，不构成重复保险。

最后，保险标的的损失价值、理赔金额及利息核算，这是理赔环节重点关注的问题。对于暴雪是否属于免责条款中所述的“其他空中运行物体”，双方存在争议，根据格式条款的不利解释原则，应作出不利于提供格式条款方的解释。鉴于L保险公司未能证明其已向投保人履行明确说明或作特别提示义务，免责条款不发生效力，理赔请求范围可以是火灾损失、雪灾损失、施救费、评估费等损失之和。而D公估公司的公估过程及结论受L保险公司影响，报告存在重大遗漏，失去独立性、客观性和公正性。应以法院委托的T公司的评估结论为依据确定损失价值，并包括必要的施救费用。同时，主张理赔的过程中，被保险人在案发后及时履行报案、主张索赔等程序，但L保险公司违反了理赔程序时限规定，因此，保险公司除支付保险金外，还应当赔偿因此受到的利息损失。法院判决合理。

二　货运预约保险理赔纠纷[①]

（一）案情简介

2016年4月7日，原告T物流公司（以下简称T公司）作为投保人和被保险人，被告某财产保险公司J中心支公司（以下简称J保险公司）作为保险人，签订《国内货物运输预约保险协议》（以下简称《预约保险协议》），险别为综合险，约定：J保险公司为T公司水路运输的大理石损失承担保险责任，双方权利义务适用J保险公司备案的《国内水路、陆路货物运输保险条款》，承保方式为预约方式。免赔额：石材类每次事故绝对免赔额为保险金额的1%或损失金额的10%，以高者为准；保险费率为0.04%；协议有效期为2016年4月8日0时至2017年4月7日24时。T公司依约支付了保险费。9月4日，T公司委托上海H国际物流有限公司作为承运人运输大理石，装货港为锦州、卸货港为乍浦、收货人为刘某，并于当日起运。9月6日，T公司申报该宗

① 中国裁判文书网，https：//wenshu. court. gov. cn/website/wenshu/181107ANFZ0BXSK4/index. html？docId=j92DiLD zw1oeEfZ/2U/7v6gTAg5VHQNH9P0g23YxttzY17xNL0mjEp/dgBYosE2gyXrgT7nWQRBqKfaX9jA+5l 6ZDo0v2p27iXrSLaaivhgqwzRn03JxpkDKqHidSduU，2018-06-05。

货物的投保事宜，保险金额 100000 元；9 月 7 日，J 保险公司出具保单。9 月 18 日，该箱货物在杭州下沙闽发石材市场收货人刘某处拆箱卸货时发现箱内大理石严重破损，经 J 保险公司委托人员现场查勘，共有 386 块不同程度损坏，损失金额不能确定；有 86 块特级大理石破损严重，损失合计 20433.6 元。经统计共有 216 平方米的大理石不能使用，按 180 元/平方米计算，损失合计 38880 元，J 保险公司依约应履行赔偿义务却拒绝赔偿，原告诉至法院。

另外，2016 年 6 月 14 日，T 公司作为投保人和被保险人向 J 保险公司投保国内水路货运险，保险期限自 6 月 15 日至 9 月 13 日，该单货物于 6 月 12 日开航起运，6 月 30 日出险，J 保险公司于 2017 年 2 月 23 日赔款 5545 元。2016 年 10 月 8 日，T 公司作为投保人和被保险人向 J 保险公司投保国内水路货运险，保险期限自 2016 年 10 月 9 日 0 时至 2017 年 1 月 7 日 24 时，该单货物于 10 月 7 日开航起运，10 月 25 日出险，J 保险公司于 2017 年 2 月 24 日赔款 9180 元。双方争议焦点为：本案是否存在 J 保险公司法定或约定的拒赔或免赔情形及货损具体金额。

（二）案件处理评价与分析

首先，海上预约保险合同作为一个总合同，本身具有保险合同的效力，被保险人需依约支付保险费，保险人需依约对保险事故损失和责任负责赔偿。该类合同可避免被保险人逐笔投保时与保险人的多次协商，简化程序，降低交易成本，并避免偶尔的疏忽而造成的不必要的漏报。对保险人而言，简化程序同时还能保证获得稳定的保费收入。本案案涉货物保险金额 100000 元、不存在保险标的或条件超出《预约保险协议》约定范围的情形，投保人不需要在起运前 5 日书面通知保险人；案涉保险标的于 2016 年 9 月 4 日装船起运，于 9 月 6 日申报保险，9 月 7 日签发保险单，双方之间就该单货物保险不仅达成合意而且已经实际履行；9 月 18 日发生保险事故，属于保险责任期间。对于 T 物流公司延后申报保险不规范录单行为，保险人未能举证证明，也未能充分说明该行为导致风险增加或影响保险人判断真实风险，并由此造成损失扩大或无法核实损失，不符合协议约定的保险人有权拒绝赔偿情形。本案《预约保险协议》约定险别“综合险”，根据保险条款规定，案涉保险标的大理石在保险责任期间发生破碎的损失，属于综合险，保险人应予赔偿。保险人J保险公司对投保人T公司于2016年6月15日、10月9日延后申报保险的两单货物损失的保险赔偿，也体现了保险合同的最大诚信原则和预约保险协议自身的特有属性。所以，J保险公司应当对本案损失承担赔偿责任。

其次，保险事故发生后，J保险公司派人员查勘事故现场，根据“现场查勘记录”记载：有386块大理石边缘有不同程度破损，因其损坏程度和损坏面积不详，损失金额不能确定；有86块大理石破损一半，另一半已碎、已清理，现场未可见，根据特级天然大理石自然属性和使用价值，应视为全损，T公司该单货物损失金额为：2.2米×0.6米/块×86块×180元/平方米=20433.6元。根据《预约保险协议》“免赔额”条款的约定：石材类每次事故绝对免赔为保险金额的1%或损失额的10%，以高者为准。故案涉保险事故赔偿额为：20433.6元×（1-10%）=18390元。

综上所述，法院判决被告J保险公司赔偿原告T公司货物损失18390元。该判决遵守预约保险核保流程的特殊性，以现场查勘的一手资料为理赔金额核算证据，合理合规，保险公司应履行赔付。

三　医疗责任保险理赔纠纷①

（一）案情简介

2018年6月3日，Y县某医院（以下简称Y医院）在某财产保险公司A支公司（以下简称A财险公司）投保医疗责任险，保险期间为一年，自2018年6月3日0时至2019年6月2日24时止，每次事故赔偿限额为50万元。2019年5月1日，患者徐某因交通事故入住Y医院治疗，因抢救无效于当日21时30分死亡。徐某家属与Y医院产生医疗纠纷，经A市医疗纠纷调解机构调解，双方达成调解协议，约定于2019年8月13日由Y医院一次性赔偿患者徐某23.1万元。因Y医院不履行该调解协议，被家属诉至法院。

诉讼中，Y医院辩称调解协议系因重大误解产生，要求撤销，并称“在治疗过程中可能存在一定失误”。但Y医院作为专业医疗机构，在

① 中国裁判文书网，https：//wenshu. court. gov. cn/website/wenshu/181107ANFZ0BXSK4/index. html？docId=2Fh5SZQZfVAGdRA7ZJDwCHro MiNefxyJYqKYb2vLfQTcPWMwgMlXBp/dgBYosE2gyXrgT7nWQRBqKfaX9jA+5l6ZDo0v2p27iXrSLaa ivhhnK+TnRYVD3bCPJfmJBKEg，2023-02-21。

A 市医疗纠纷人民调解委员会主持下，与受害人家属签订的调解协议，系双方自愿达成且因其对自身诊疗过程中可能存在过失进行判断后达成的调解。法院判决 Y 医院对患者徐某履行赔偿责任，该判决已生效，Y 医院向患者家属履行了支付 23.1 万元赔偿金的责任，并因此承担了 7147.5 元的诉讼费和 3472 元的执行费。事后，Y 医院向 A 财险公司主张责任保险理赔，遭拒绝，双方诉至法院。

A 财险公司拒赔的理由为：一是因交通事故受害方已获得全额赔偿，医疗责任属于财产保险，根据《保险法》损失填补原则，受害方不可兼得，否则构成了重复保险。二是医院与受害方达成赔偿协议不属于承保范围。三是本案死者死亡直接原因为交通事故，并非医疗事故，不属于责任保险的理赔范围，故拒绝赔偿。

Y 医院认为，死者是因交通事故到医院急救，因医疗过错导致患者死亡，一审已经证明这一点，A 市医疗纠纷人民调解委员会进行调解也通知了 A 财险公司，保险条款中也明确了医疗纠纷调解委员会及法院判决就是赔付的依据。

案件争议焦点为：一是本案是否属于双方医疗事故责任险承保范围。二是本案因机动车事故已获得赔偿，是否存在重复赔付问题。三是诉讼费及执行费应否由 A 财险公司承担。

（二）案件处理评价与分析

从保险核保角度看，Y 医院与 A 财险公司签订的保险合同，系双方当事人真实意思表示，合法有效，双方均应按合同约定履行合同义务。Y 医院按照合同约定向 A 财险公司交纳了保险费，A 财险公司应当按照保险合同的约定向 Y 医院承担保险赔偿的责任。本案中涉及的医疗责任保险中，被保险人为 Y 医院，保险标的是被保险人对第三者依法应负的赔偿责任，该医疗责任保险与机动车交通事故责任险是两种不同法律性质的保险，责任形态不同，保险标的也不相同。机动车交通事故责任险系因机动车交通事故致使人身伤亡或财产直接损害，由保险人依照保险合同的规定予以赔偿的责任险。医疗责任保险是指医疗机构及医务人员在医疗过程中因过失或法律规定或双方约定等情形，造成患者人身伤害或其他损害应当承担的以损害赔偿为主的责任险，目的在于帮助医疗机构分担医疗风险。事故发生后，本案受害人家属依据交通事故所得理赔，与被上诉Y医院对其承担的医疗损害赔偿责任是两种法律关系，且在医疗纠纷人民调解委员会调解下，Y医院与事故家属已达成调解协议，同意予以相应补偿，这与交通事故对受害者家属的赔偿并不冲突，不存在重复给付问题。

从理赔角度看，本案中，Y医院在A市医疗纠纷人民调解委员会主持下，与受害人家属签订的调解协议，是双方自愿达成，且因其对自身诊疗过程中可能存在过失进行判断后达成，并已按协议约定履行了相关义务。根据本案医疗责任保险条款，医疗机构的责任，不仅包括医疗过错，还包括执业过失，经第三方机构对医疗过错进行鉴定确定并非合同约定的必备理赔条件。因此，Y医院与受害人徐某家属就赔偿事宜经医疗纠纷调解委员会调解达成协议后，就调解书确认款项，向A财险公司提出索赔要求，符合医疗责任保险的承保范围。案例中，Y医院在A财险公司处投保了医疗责任险，A财险公司应按合同约定对医院应当承担的医疗责任承担保险赔偿责任。因A财险公司拒赔产生的诉讼费、执行费，应由A财险公司负担。Y医院已对患者徐某家属履行了支付23.1万元赔偿金的责任，并因此承担了7147.5元诉讼费和3472元执行费，该费用属于应当由保险人承担的必要、合理费用，故A财险公司应给付Y医院保险金241619.5元。

第二节　人身保险核保核赔纠纷案例

一　理赔人员多方调查确定户口性质减损案①

（一）案例简介

某年10月18日下午3时，F财产保险有限公司（以下简称F财险公司）接到王某报案，称驾驶车辆在J市X镇刮到并撞伤骑电动车的刘某。接到公司通知，理赔查勘员立即联系报案人王某，并及时赶至事故现场。现场查勘后，查勘员确认事故事由是标的车由南向东右转弯时因观察不周与刘某相撞，导致刘某当场死亡。

① 中国银行保险报·中保网，http：//chsh.cbimc.cn/2017-09/07/content_242027.htm，2017-09-07。

经核查，王某为该车辆于某年3月1日在F财险公司Z中心支公司投保了机动车辆保险与第三者责任险，保险期限1年，事故发生时保险合同合法、有效。根据合同约定，此次事故属于保险公司理赔范围。但因涉及第三者的死亡，而死亡赔偿金的核算与死者身份及户口密切相关。为慎重起见，F财险公司理赔部经理与业务员对受害第三者刘某家属进行走访调查。同年12月16日，二人到刘某户口所在地J市X镇后，家属称家中无人、拒绝见面。随即与周边邻居交谈、了解情况，经多位邻居反映，刘某生前在家务农，属于农业户口。一周后，二人再次联系并走访刘某家属，刘某儿子称父母事故前均在外省Q县亲戚家的汽车美容中心打工，并居住在附近社区。二人详细询问了打工时间及事故前的返家时间、方式等问题并作好记录。

12月底，刘某家属向J市基层法院提起诉讼，称刘某生前在Q县城打工，要求按照城镇居民身份进行死亡赔偿61.4万元，庭审中，向法院提供了Q县公安局签发的刘某的暂住证，Q县公安局某派出所及某社区居委会提供的刘某工作证明。法院对上述证明予以采纳、认同。

但保险公司的两位调查人员结合前期的走访、了解，对刘某的打工和居住情况产生怀疑，并联系所在地公安机关请求协助调查取证。公安机关派民警协同理赔部经理赴Q县调查取证。通过对某汽车美容中心、Q县某区居委会、某派出所的走访调查，发现当事人向法庭提供的证明均属虚假，并取得相关单位开具的真实证明，皆证明刘某未曾发生Q县的居住、工作经历。

翌年1月中旬，法院判决F财险公司Z中心支公司按城市户口及城镇居民身份对刘某家属进行保险责任赔偿，赔偿金额61.4万元。法院判决后，保险公司理赔部经理与业务员再次来到刘某家，将理赔人员的调查取证结果予以告知，阐明已涉及保险诈骗犯罪及其中的利害关系。

一周后，刘某家属同意与保险公司调解，接受一次性给付赔偿金30万元，承诺放弃法院判决书的申请执行权，签署调解协议书。经过查勘人员的努力，F财险公司成功减损31.4万元。

（二）案件处理评价与分析

本案例中，事故发生后，保险公司及时派人员进行现场查勘，确认了事件发生的第一手证据。但在调查取证中，两名查勘人员调查细致，结合间接访谈信息，对事故受害人身份的认定产生合理质疑。由于中国对交通事故死亡赔偿金的确定是按照人身损害赔偿确定的，根据最高人民法院《关于审理人身损害赔偿案件适用法律若干问题的解释》，死亡赔偿金按照受诉法院所在地上一年度城镇居民人均可支配收入或者农村居民纯收入标准，按 20 年计算。[①] 在中国，农村居民纯收入与城镇居民人均可支配收入差异较大，因此，本案中，案件死者的身份及户口性质是确定理赔金额的关键。理赔、查勘人员在事发后及时走访并调查取证，反复核实死者家属提供的居住和工作证明，并以良好的专业性、高度的敏锐性和职业责任心，结合细节证据发现了案件证据的问题，有效防范了被保险人家属存在的索赔欺诈，最终使案件成功、合法地降低了赔偿，由此充分反映出保险理赔中核赔的重要性。

实际中，保险人处理理赔业务时，积极预防被保险人欺诈行为同时，对事故受害者的欺诈行为也不容忽视。通常，事故发生后，受害者容易得到社会公众的同情，但一些受害者为了多获得赔偿，会故意伪造事故证据、隐瞒事实真相而实施欺诈，这就加重了保险人的核赔负担。本案就是受害者以虚假证据诈骗超额赔款的典型。结合案例与实际，针对受害者的欺诈行为，可采取以下预防措施：一是实施赔付前的调查制度，是理赔中进行现场查勘的一种措施。案发后，通过派遣查勘人员第一时间进行现场查勘，开展赔付前的调查，认真审核案涉人员及其相关证明，可以很好地预防理赔中的欺诈。其中，案发地属于保险公司临近地区时，可派遣公司查勘人员实地调查，案发地较远时，可请当地保险公司代为调查。重大案件则不管地区远近，也不管证明是否规范，都必须实地调查。调查时可以走访当地群众、有关单位，如当地派出所等。走访调查中，需坚持实事求是的原则，选择与案件相关的单位和个人，及时、全面、深入、细致地走访，并对访问材料进行认真审核分析。二是建立与司法机关联合办案制度。保险公司作为专门从事风险保障业务的商业性经营主体，只能在职责范围内进行案件的调查，对于案情复杂、取证难度大的案件，以及无权调查取证的案件，可积极寻求公安、检察等司法机关的配合，建立联合办案制度，通过发挥司法机关的威慑

① 参见最高人民法院《关于审理人身损害赔偿案件适用法律若干问题的解释》第 15 条。

作用和职能作用，防范、减少保险欺诈。

二　团体业务追溯保期纠纷[①]

（一）案例简介

A 造砖厂为其单位造砖工人购买了意外伤害保险，包括意外身故责任险 20 万元、意外医疗险 5 万元、意外住院津贴 100 元/天，保险期间为 2013 年 3 月 28 日 0 时至 2014 年 3 月 27 日 24 时。该方案为非分担计划，保费由投保单位全额承担，投保单位符合投保条件的人员必须 100%参加本保险。由于单位人员流动性较大，为避免频繁加减保保全操作，保险公司同意新入职和离职员工追溯加减保并做特别约定如下：①保单生效后新入职/离职的员工需在距其入职/离职之日起 45 日内办理加保/减保手续，其加保/减保的生效日期以入职/离职日期为准，否则其生效日期将以投保单位正式提交保全变更资料、保险公司审核同意的次日为准。②加保人员必须是投保单位新入职员工，身体健康、能正常工作，符合本保单的初始投保条件。③若新入职员工在入职日至办理加保日之间发生了保险事故（包括身故、残疾、疾病、医疗费用支出等），且预计该事故赔付金额在 5000 元以上，则理赔时需提供被保险人的入职证明，作为理赔评判的依据之一。

2013 年 9 月 17 日，该单位员工杨某在驾驶电瓶车运砖途中被后方一辆失控电瓶车撞伤，造成全身多处软组织挫擦伤，在医院住院 8 天，花费医疗费用 7000 余元，医疗费由单位先行垫付。

9 月 25 日，单位向保险公司申请保全操作，对杨某进行加保，同时对另一名员工减保，告知杨某为新入职员工，入职时间为 8 月 24 日。保险公司根据追溯约定同意将杨某保期追溯至入职时间，对杨某进行加保操作。

11 月 6 日，投保单位就杨某的保险事故向保险公司提起理赔申请，由于单位已代为垫付医疗费，被保险人同意将理赔款转账到单位账户。理赔人员经过核实发现事故属实，但杨某称其从 2013 年 7 月 6 日开始在投保单位从事驾驶电瓶车运转工作，而不是加保时告知的 8 月 24 日，并且告知理赔人员没有与单位签订劳动合同，也没有填写入职表，并在

---

① 高菁等：《保险新常态下理赔实践探索与展望》，上海交通大学出版社 2015 年版，第 148—150 页。

询问笔录中签字确认。理赔人员进一步了解发现，此类砖厂工人与工作单位均无正式劳动合同。

投保单位在被保险人入职45天内没有按照约定为杨某加保，而是在杨某发生保险事故之后才为其进行加保操作。按照约定，保险公司以单位正式提交保全变更资料的翌日为该被保险人保障的生效日，即2013年9月26日0时生效。事故发生在约定的生效日后，故保险公司以事故不在保险期间作拒赔处理。

（二）案件处理评价与分析

案件拒赔后，投保单位提供两张入职登记表，主张被保险人7月6日入职后因家中有事离职，并于8月23日再次入职。本次入职时间为8月23日，符合约定的追溯期间，故要求保险公司赔付被保险人本次事故的医疗费用并将理赔款按照被保险人授权转账到单位账户。

理赔人员经过多方了解该单位在大多数员工入职时并未要求填写入职登记表。本次补充提供的7月6日的入职登记表中工作简历一栏登记2013年7月6日至8月1日在该造砖厂工作。依常理推断，入职登记在入职时填写，7月6日填写的工作简历中不可能提及之后的工作经历，故两份入职登记表在保险公司出具拒赔结论后后补的可能性极大，结合前次走访事故者本人时说到7月6日入职，入职后一直在该单位工作，并未提及离职再入职的情形（有询问笔录和录音），判断投保单位存在虚构入职登记表的行为，故保险公司维持原拒赔结论。

在保险实务中，鉴于团体保险业务的特殊性，考虑团体中从员工变动到通知保险公司变更有一定的时间差，故允许入职和离职的加减保可以追溯变更时间。保险公司基于最大诚信原则设置了加减保追溯期，同时也是基于投保单位能自觉遵循最大诚信原则，对基本情况、员工人数、员工入职和离职情形等如实告知。如果投保单位利用这一点违反诚信原则作出欺诈的行为，保险公司一旦发现，不仅不能获得赔偿，还会对单位的诚信状况重新评估，给后期参加保险增加障碍。对保险公司而言，在团体保险业务中设置保险追溯时，应考虑团体的实际情形，结合人事管理水平、员工签订劳动合同状况综合断定，对管理不规范甚至连劳动合同都不签订的单位，应严格评估追溯保险期的应用，通过事前风险管控减少保险欺诈的可能性。

第三节　保险欺诈案例

一　车险诈骗案[①]

（一）案情简介

某年6月11日，某县农民李某将其所有的一台中型拖拉机向保险公司投保了第三者责任保险。同年11月27日晚6时，李某驾车去另一地点拉运石头，另一驾驶员张某和两名负责装卸的农民随车同行。当拖拉机行至一弯道处时，连人带车坠于50米高的岩坎下，造成重伤1人，轻伤3人的车祸。事后，李某向保险公司报险，声称车祸是因方向臂脱落、操纵失灵所致，重伤者是过路行人，并提供了当地交通监理部门的证明材料。翌年3月中旬，李某获得了保险公司的4万元赔款。

保险公司支付赔款后，收到了当地居民的举报信，称本案是一起骗赔案。保险公司收到举报信后，重新安排查勘员进行调查。由于事故案件地处山路，没有摄像头，并且事发时天色已晚，没有目击证人，故接受报案的交通监理部门在现场调查中未发现端倪，出具了事故证明材料。查勘员再次查勘时，因无法还原事故现场，只能在已有材料的基础上扩大调查面。调查中，查勘员对涉案车辆的投保状况、当事人身份、出险记录等信息全面筛查，多次走访当事人事发前的活动现场，询问相关人员，并对案涉当事人的社会关系进行调查，核查事发前几人的活动关系，联合公安部门进行全面的调查取证。综合调查中的多项信息，保险公司确认该事故系李某酒后驾车所致，而车祸中的重伤者系随车同行的驾驶员张某。由于机动车辆保险明确规定“本车上的一切人员和财产不属于机动车辆保险的第三者责任范围”，李某正是因为知道这一点，才伪造事实，谎报张某是过路行人，并骗取了有关部门的证明材料，使骗赔行为成为事实。

（二）案件处理评价与分析

本案中，保险公司收到当地居民举报后，联合公安部门进行深入调查，获得了当事人实施保险诈骗犯罪的事实证据，不仅厘清了保险公司

① 许飞琼编著：《财产保险案例分析》，中国金融出版社2004年版，第248—249页。

无须承担赔偿责任的事实，追回全部赔款，还及时确认了犯罪事实，公安部门对李某做了拘留处理。

随着机动车辆保险业务的迅猛发展，投保方的道德风险防不胜防，并具有极强的隐蔽性，机动车辆保险欺诈已成为现阶段财产保险中欺诈最严重的一个险种。面对这类案件，保险公司需要做好证据的调查，除了做好现场的走访调查，还需充分掌握外围线索和情况，认真收集充分的欺诈骗赔证据，才能降低蓄意欺诈案件的骗赔概率。本案中，被保险人故意隐瞒事实，将车上人员谎报为第三者，骗取机动车辆保险的赔付，属于明显的保险欺诈行为。由于道德风险因素是保险人无法控制的，此类案件发生后，保险公司需结合报案情况与机动车辆保险欺诈风险特征等，及时进行事故调查，还需要与公安等部门加强合作，寻求专业调查部门的帮助。实务中，机动车辆事故调查人员根据多年的经验，总结出一些车险欺诈案件的常见现象，这些现象可以作为具体案例操作时的对比点，当投保方因车辆损失保险提出理赔时，查勘人员应与这些现象予以比对，如果出现其中某项或某些情况时，就应引起警觉。本案中，交通监管部门与保险公司都有一定的失职，由此可见，提高保险理赔质量，将事故调查与保险查勘程序化、严格化极其重要。同时，本案是在已经结案且已支付赔款的情况下，经当地居民揭发的，因此，保险公司应该奖励这种行为，并将所有赔案公之于众，由群众相互监督，必然能有效地控制道德风险的发生。保险业务中道德风险的防范任重而道远，需要保险公司、保险当事人及全体社会公众的共同努力。

二 建工险安监证明造假案①

（一）案例简介

李某某，男，54 岁，系某某建筑公司员工。2012 年 10 月 26 日由单位投保建工险，其中意外伤害保险，保额 30 万元；意外伤害医疗保险，保额 1 万元。2013 年 4 月 19 日，李某某在承保工地工作时，在负责往二层架子上递砖块时不慎滑倒，碰撞到二层的架子，致使架子上的

① 高菁等：《保险新常态下理赔实践探索与展望》，上海交通大学出版社 2015 年版，第 154—157 页。

砖块部分下落，击中其头部。事发后被送医院抢救。2013 年 7 月 11 日因家属放弃治疗出院，并于 8 月 7 日在家身故。

被保险人家属于 2013 年 11 月 27 日向保险公司提交材料申请意外身故保险金理赔。提交的理赔申请材料包含一份由当地安全生产监督管理局于 2013 年 10 月 19 日出具的工程事故调查报告。该报告中“事故原因分析”之“直接原因”描述为：施工人员李某某不按规定佩戴劳动防护用品、安全帽，违规操作滑倒，碰撞到二层作业架，致使架子上的砖块部分下落将其头部砸伤。报告中“事故责任和处理意见”描述为：施工人员李某某不按规定佩戴劳动防护用品、安全帽，违规操作致使事故发生，负事故直接责任，由于施工人员李某某已经死亡，不追究其事故责任。条款约定除外责任为“被保险人在施工过程中，因不符合施工章程规定而导致的意外”。本次事故为条款约定除外责任，故保险公司于 2013 年 12 月 20 日拒付处理。

案件拒付后，被保险人家属于 2014 年 2 月 10 日第二次向保险公司申请理赔。本次理赔申请材料中补充了一份由当地安全生产监管管理局于 2013 年 12 月 20 日出具的证明。该证明的事故经过描述为：在某某工程项目中，负责往二层架子上递砖的李某某因前一天下雨地滑摔倒，碰撞到二层的架子，导致架子上约重 80 斤砖块掉落，击中头部，使该员工佩戴的安全帽碎裂，同时左侧脑部着地，致使颅内少量出血并伴有面部出血……在该证明最后，注明“所有理赔事宜以此注明为准，调查事故报告和事故认定有不符冲突之处，以新证明为准！（此证明只限保险理赔使用）”。

两份安监证明材料均有安监局盖章，但第二次提供的材料内容与第一次材料内容明显不同。该证明描述出险时被保险人佩戴安全帽，且写有“不符冲突之处，以新证明为准”。此份证明材料出具时间正是保险公司拒付当天，且针对性很强，即针对保险公司拒付内容进行的更改。理赔人员认为此证明的真实性存在很大疑点，故走访安监局调查核实两份证明材料的真实性。

保险公司于 2014 年 3 月 3 日前往某区安监局走访了解到，前期调查人员前往核实咨询事故监察大队的队长告知事故属实，安监证明是自己出具的。由于之前曾和此单位有过交往，被告知安监证明不会单独出具。

再次前往核实。走访安监局办公室主任，经其确认提交的第一次和第二次的安监证明全部是假的，从来没有出具过类似的证明。对该单位的事故也不知情。

基于本次调查结论，保险公司进一步开展深入调查，于 2014 年 3 月 17 日由保险公司调查人员、保险专员及投保单位负责人一同前往安监局再次走访出具安监证明材料的队长。队长证实，客户提供的“2013 年 10 月 19 日出具的某某公司某某店续（改）工程 4・19 事故调查报告”与某某区安监局存档报备的档案资料一致，为真实调查报告；而第二次 2013 年 12 月 20 日出具的“证明”，是由队长根据后期工头描述的情况撰写的，并没有报备存档，属个人行为。

（二）案件处理评价与分析

由于被保险人家属第二次申请理赔时提交的安监局证明材料属于出具安监证明材料队长的个人行为，与档案材料记载不一致。结合案情经过，可以认定为是投保人在保险公司出具拒付意见后，依据拒付理由，有针对性地要求安监局工作人员出具虚假证明材料。该材料有悖于事故事实，虚构事故经过，违反诚信原则，已构成保险欺诈。

在保险实务中，投保方为了获得保险赔偿，当被保险人的损失因除外责任引起时，会出现“以假充真”，提供虚假证据并将其“转化”为保险责任范围内的损失，以骗取保险金。保险欺诈虽然是一种民事法律行为，但造成严重后果的，还可能构成刑事犯罪，面临刑法的处罚。现实生活中，伪造虚假材料引发的保险欺诈行为较为普遍，这也是保险公司理赔时需要重点关注的方向之一，对于拒付后补充提交新证据而推翻初始证据的案件，理赔人需对材料的真实性进行审核。需要注意的是，安监局、质监局、公安机关、海关、医疗机构等专业部门出具的各种证明材料，其真实性、出具人的资质以及有无报备存档等都应该严格核查，证明其材料的真实性及效力性往往能够成为解决保险欺诈案件的突破口。这也要求保险公司需注重理赔中的证据查验，通过证据链条的环环相扣、材料的客观真实性、材料与事实的吻合等，确定证据的真实性、可靠性，进而确认事实真相，为合理、合法的保险理赔奠定基础。

三 故意制造意外伤害保险事故理赔案[①]

（一）案情简介

2021 年 4 月 6 日至 4 月 10 日，客户龙某主动联系保险销售人员肖某、刘某、沈某等人，在多家保险公司购买意外伤害保险共 17 份，合计保额数百万元。2021 年 4 月中下旬，多家保险公司先后接到龙某报案，称其在 4 月 13 日做饭时斧头不慎跌落，导致左足脚趾断裂，现向 F 保险公司申请意外伤害保险理赔金，合计申请理赔金额达 43 万元。因意外事故在投保后短期内出险，赔付保额较高，F 保险公司立即开展案件调查取证工作。

首先，医学鉴定调查人员走访就诊医院。医生表示龙某伤口整齐，出血量较少，疑似锐器直接砍伤。后经当地司法鉴定中心鉴定，龙某左足损伤系锐器作用所致，与其在报案时所述“用左手持斧头砍猪脚时，不慎将斧头跌落，将左足第 4、5 趾砍断”的致伤方式不相符。其次，经保险公司工作人员调查，龙某曾在案发前通过手机浏览器搜索“脚趾功能丧失鉴定”“人身伤残鉴定标准”“保险公司立案标准”“保险诈骗案的立案标准”等字段，欺诈意图明显。再次，理赔人员对关键人群进行走访，据肖某等代理人反馈，之前和龙某并不相识，仅在一个微信群中，龙某主动添加自己为好友，并咨询意外险、短期险产品，理赔时效、伤残赔付标准等信息。最后，保险公司工作人员进行财务情况调查，发现案发前，龙某已经有 6 万元负债，之后又不幸遭遇网络诈骗，被骗金额达 20 多万元，债务压力巨大。

结合上述案情调查取证的情况，保险公司进行了风险评估，发现本次龙某人身伤害保险事故存在以下疑点：一是在投保后的极短期内出险，案发在保险合同生效后的一周内。二是投保人仅购买短期意外险产品，并且每份产品保额都很高。三是被保险人在负债情况下投保，并且是主动联系保险销售人员，投保动机明显存疑。四是事故原因存疑，创伤部位与医学常理不符。综上，保险公司认为龙某是有预谋地作案，欺诈动机明显。

随着调查的深入，保险公司发现越来越多的疑点，由于涉案金额巨

---

① 正北方网，http：//www.northnews.cn/finance/2022/0915/2137798.html，2022-09-15。

大，2021 年 4 月 23 日，相关保险公司正式向警方报案，公安机关立案调查，并联系司法鉴定机构对龙某伤口进行鉴定。经调查取证，警方取得关键性证据，案件得以进一步突破，龙某主动认罪。

（二）案件处理评价与分析

2021 年 7 月，公安机关对龙某涉嫌保险诈骗罪立案调查，龙某作为投保人故意制造保险事故，造成左足伤残，并故意虚构保险事故致残原因，企图骗取保险理赔金行为属实，数额巨大，已构成保险诈骗罪，应追究刑事责任。因最终未能得逞，属于犯罪未遂。当地法院依法判决龙某有期徒刑三年，缓刑四年，并处罚金 5 万元。

本案中，保险公司在事故发生后的理赔环节，积极组织人员开展案件调查取证工作，通过多角度的调查走访发现其中问题，进而对事故进行风险评估，发现欺诈疑点，由公安机关调查后认定罪行。正是保险公司开展了认真、专业、详尽的理赔调查工作，才避免了错误理赔的发生。在保险实务中，理赔调查是保险公司开展理赔业务的必经程序，通常由专业调查人员核查案件，核实合同效力、事故性质及原因，为及时、准确、公平地作出理赔决定提供依据。理赔调查既有利于保障客户的利益，又有利于规范保险业务经营、提高风险防范能力与经营效益，可以有效地防止保险欺诈，为保险公司减少不必要的损失。理赔调查中，需贯彻实事求是、合法取证、效率效益、客户服务和信息保密原则，要求调查人员在法律允许的范围内开展调查活动，如实反映调查了解的实际情况。调查人员既要善于发现疑点，找出隐藏风险，又要强化服务意识，守法遵规、勤勉尽责，发现线索后要及时采取行动，采用合法、合规、科学、专业、合理的方式深入调查，与团队做好协作，从而得出公正理赔的结论。在意外保险中，由于意外事故种类繁多，保险人不可能对每一类事故都作出正确分析与判断，还需要向专业人士请教，听取专业意见，从中找出哪些属于不可抗力的因素，哪些违背自然规律，哪些属于故意行为，从而分辨真伪，确定是否属于真正的意外事件。对人身意外伤害者，还需要有医疗资料为客观依据，认真查证医疗资料，鉴定原始资料的真伪，从而甄别事故发生的真正原因，为合理理赔做好证据支撑。

四　伪造理赔证据骗保案[①]

（一）案情简介

某年5月7日，某保险公估公司受G保险公司委托，核查一安姓机动车辆保险第三者责任险索赔案。案情如下，同年1月3日，安某向G保险公司报案，称其驾驶汽车在某市某镇新华路西段撞伤了骑自行车的陈某，发生医疗费用及其他经济赔偿费用共计8.73万元，并提供了索赔所需的证明：市某医院的诊断证明书、收费单据、医疗账目清单和交警大队交通事故责任认定书、调解书、赔偿清单等。

该保险公估公司接受委托后立即进行调查，在调查中发现安某提供的索赔材料中存在以下疑问：一是“住院证明书”中诊断名称医学术语不专业。二是欠医院医疗费用2万多元，医院竟违反常规给受伤者办理了出院手续。三是费用明细汇总清单多处出现差错及非专业术语。四是道路交通事故责任认定书是在发生事故3天后认定的，不符合一般交警处理规律。五是道路交通事故损害调解书和经济赔偿凭证的签署日期是同一天。

带着上述疑点，该保险公估公司成立了专案组，立即对证实材料展开调查。调查发现：住院证明书上署名的“H”医生，医院查无此人；医院的住院号不是六位数。医疗费用发票底单记录的名字不是陈某的名字；明细汇总清单中的项目代码和价格与医院的不相符。患者如未缴清医疗费用，医院一般不予开具出院证明。最后经医院确认，安某提供的材料，医院收费专用章和诊断证明章都是伪造的。该保险公估公司对道路事故有关的法律文书也全部进行核查，发现皆为伪造，公章和承办人的印章也是伪造。

专案组调查人员基于上述情况，认定安某可能是保险诈骗惯犯，立即报告公安机关。在公安机关的协助下，调查到安某曾是Y保险公司的业务员，有6年保险工作经历。在职期间，安某利用工作便利，伪造公安局各交通警察大队公章、某省各市人民医院收费专用章，某市及各工厂、商店、市场印章，以及刘某等私人印章40余枚。与此同时，安某利用手中保险客户资料，编造假的交通事故向某保险公司索赔多次，

① 许飞琼编著：《财产保险案例分析》，中国金融出版社2004年版，第291—293页。

骗取保险金额40余万元。在大量的伪造骗赔证据下，安某犯罪事实确凿，公安机关将其抓捕，并被依法惩处。

（二）案件处理评价与分析

在该案件的侦破中，保险公估公司充分发挥其专业性，对疑惑问题进行深入细致的调查取证，有效阻止了骗赔事件的进一步发生，为G保险公司挽回了损失。这说明保险中介在保险经营中的作用不可估量。保险公司应充分利用保险中介的专业优势，做好配合，为自己的核保核赔业务把好关。与此同时，本案中，安某利用保险代理人身份及工作便利，私自伪造印章，利用客户资料骗赔，属于典型的保险代理人虚假理赔现象。现实中，保险代理人素质参差不齐，在理赔环节欺诈骗赔事件屡屡发生，影响了保险公司的正常经营。为此，提高保险代理人的业务素质，加强日常业务监管，提高理赔专业水平，做好核保核赔业务中的漏洞防范，防微杜渐、禁于未然，也是保险公司不容忽视的工作。

五 医生联合被保险人骗保重疾险案①

（一）案情简介

2020年7月，某保险公估公司受保险公司委托，安排调查人员前往A市对某重疾险理赔案件进行调查。调查人员在调查中发现，近期有多家保险公司委托其公司调查A地发生的急性心肌梗死案件，并且案件中涉及的就诊医院均为A市人民医院。调查人员遂对各家保险公司委托的案件进行比对，发现所有案件除就诊医院完全同一外，就诊病区、疾病类别、住院流程等也大同小异。为进一步确定案件可能隐藏的共性，扩大排查线索，该保险公估公司向当地省保险行业协会报告了相关情况。省保险行业协会立即组织辖区内的各寿险公司开展联合排查，经辖区内相关机构的排查发现，自2019年以来，辖区内共有19家保险公司先后受理因心肌梗死等心脏类重大疾病的理赔案件100余起，并且这些理赔案件中绝大多数案件的就诊医院与医生完全一致，即均由A市人民医院的医生明某负责。此外，绝大多数案件中，被保险人的联系方式完全一致，电话号码、联系地址均重复，进行理赔回访时，出现医生明某冒充被保险人接听回访电话的情形。

---

① 正北方网，http：//www.northnews.cn/finance/2022/0915/2137817.html，2022-09-15。

省保险行业协会依据排查情形，认为可能存在团伙诈骗，立即向公安机关报案。公安机关经侦部门、地方保险监管部门、保险行业协会、各家保险公司通力配合，依据排查线索，再次开展深入调查。随着对相关保险理赔案件的层层核查，以A市人民医院明某为核心的团伙保险诈骗案件浮出水面。明某借自己的医生职务便利，利用自己科室的病人或指使亲戚朋友伪装成病人住院，并虚构病人在住院期间发生急性心肌梗死，伪造虚假病例，进而利用虚假材料向保险公司申请重大疾病保险理赔。经侦查，明某及相关人员已联合作案7起，单件案值最高达68万元，涉案保额近800万元，涉及12家保险公司承保的共计47张人身险保单。

（二）案件处理评价与分析

2021年11月，地方法院对此案进行审判，在大量事实证据中，确认了明某作为A市人民医院主治医师，于2018年8月至2020年8月，伙同朱某等人利用虚假病例，先后骗取多家保险公司的重大疾病保险理赔款、支付宝互助宝重大疾病互助金。依据相关法律，判决被告人明某犯保险诈骗罪，判处有期徒刑十年，并处罚金人民币10万元。

在现实生活中，重疾发生的诱因诸多，难以把握固有规律。为充分发挥保险保障作用，缓解被保险人病后困境，保险公司需把好核保关，更重要的是在理赔环节认真审核各类证据，找出重疾近因，判断是否属于保险理赔范围。通常，对不同个体而言，重疾的发生是随机的、不可预测的，然而本案中公估人员核查后却发现存在规律性的、有地域集中性的急性心肌梗死情况，这明显不符合常理，进而展开更深一步的调查，遂发现以医生为主体的团伙保险诈骗。通过本案可以得知，理赔中，保险公司需提高提防意识，出现疑案时，应做好案件的材料收集与材料的分析审核。调查人员在收集疑案材料的过程中要随时对所收集到的疑案材料进行审查、判断与核实，逐一梳理，去伪存真，正确使用。在日常案件调查及理赔数据分析时，可以尝试以疑案材料为突破口进行案件线索串并分析，理赔中，加强对医院证据的收集和分析，从中发现问题，减少欺诈。

附　录

附录 4-1：企业财产损失保险（一切险）投保单（样本）

财产一切险投保单

投保须知：

1.本投保单和《财产一切险条款》及附加条款是保险合同的组成部分，请您仔细阅读上述条款，特别注意有关责任免除、投保人、被保险人义务的规定。

2.请您如实填写投保单，如故意隐瞒事实，不履行如实告知义务的，本公司有权解除保险合同或不承担保险责任，对已支付的赔款，本公司有权要求退还。

3.请您按本保险合同的约定及时交纳保险费。

投保情况： □新保　□续保　（上年保单号：　） 原投保公司：	
☆以下信息是本公司为您提供理赔及售后服务的重要依据，请务必翔实填写。	
被保险人资料	正式名称：
	证件类型：□组织机构代码证　□税务登记证　□工商登记证　□营业执照注册号　□其他____
	证件号码：□□□□□□□□□□□□□□□□□□
	通讯地址：　省/自治区　市/县　区/镇
	邮政编码：□□□□□□
	公司电话：　—
	保险联系人姓名：____ Email：____ 固定电话：____—____ 移动电话：____
	行业类型：□农、林、牧、渔业　□教育　□采矿业　□制造业　□电力、燃气及水的生产和供应业　□交通运输、仓储和邮政业　□建筑业　□金融业　□信息传输、计算机服务和软件业　□水利、环境和公共设施管理业　□租赁和商务服务业　□科学研究、技术服务和地质勘查业　□居民服务和其他服务业　□文化、体育和娱乐业　□房地产业　□国际组织　□卫生、社会保障和社会福利业　□公共管理和社会组织　□批发和零售业　□住宿和餐饮业
	组织机构类型：□自然人　□个体工商户　□企业非法人　□企业法人　□机关法人　□机关非法人　□工会法人　□事业法人　□事业非法人　□社团非法人　□社团法人　□民办非企业单位　□其他____
投保人资料	是否同被保险人：□是　□否　（投保人同被保险人时可不填写以下投保人资料）
	正式名称：
	证件类型：□组织机构代码证　□税务登记证　□工商登记证　□营业执照注册号　□其他____
	证件号码：□□□□□□□□□□□□□□□□□□
	通讯地址：　省/自治区　市/县　区/镇
	邮政编码：□□□□□□
	公司电话：　—
	保险联系人姓名：____ Email：____ 固定电话：____—____ 移动电话：____
	行业类型：□农、林、牧、渔业　□教育　□采矿业　□制造业　□电力、燃气及水的生产和供应业　□交通运输、仓储和邮政业　□建筑业　□金融业　□信息传输、计算机服务和软件业　□水利、环境和公共设施管理业　□租赁和商务服务业　□科学研究、技术服务和地质勘查业　□居民服务和其他服务业　□文化、体育和娱乐业　□房地产业　□国际组织　□卫生、社会保障和社会福利业　□公共管理和社会组织　□批发和零售业　□住宿和餐饮业
	组织机构类型：□自然人　□个体工商户　□企业非法人　□企业法人　□机关法人　□机关非法人　□工会法人　□事业法人　□事业非法人　□社团非法人　□社团法人　□民办非企业单位　□其他____
受益人资料	正式名称：____ ____ 通讯地址：　省/自治区　市/县　区/镇 （如有多方受益人，此处最多填写两个，其余请写在特别约定中）
保险财产地址：　邮编： （如果有多个地址，请在《保险财产地址清单》中分别填写，此处只填写最主要的一个保险财产的地址）	

行业类型：　　　　　　　　　　　　　　　　　　　　投产或经营开始时间：

主要原材料和主要辅料：

主要产品（商品）：

生产工艺：

以往出险损失情况（时间、原因、损失金额）：

安全设施情况：			建筑类型及周围情况：
1. 火灾自动报警系统	□有	□无	1. 建筑类型（可选多项）：□钢混 □砖混 □轻钢结构 □木结构及其他
2. 自动灭火装置	□有	□无	2. 与其他建筑物距离________米
3. 消防栓	□有	□无	3. 是否位于洪涝区　□是　□否
4. 灭火器	□有	□无	4. 距消防队最近距离________千米
5. 保安24小时值勤	□有	□无	
6. 防洪防汛设施	□有	□无	

保险期间：　　个月　自　　年　　月　　日　　时起至　　年　　月　　日　　时止

保险财产项目		投保金额	保额确定依据（评估价/账面原值/账面原值加成/重置价值/账面余额/被保险人自行确定）	费率	每次事故绝对免赔额为损失金额的
选择一	房屋建筑　栋　平方米				%或　　元，以高者为准。
	机器设备（附明细）				%或　　元，以高者为准。
	装置及家具				%或　　元，以高者为准。
	原材料				%或　　元，以高者为准。
	在产品及半成品				%或　　元，以高者为准。
	产成品				%或　　元，以高者为准。
	商品				%或　　元，以高者为准。
	低值易耗品				%或　　元，以高者为准。
	在建工程				%或　　元，以高者为准。
	其他财产（附明细）				%或　　元，以高者为准。
选择二	固定资产				%或　　元，以高者为准。
	存货				%或　　元，以高者为准。
	在建工程				%或　　元，以高者为准。
	其他财产（附明细）				%或　　元，以高者为准。

总保险金额（大写）：　　　　　　　　　　　　（小写）：

主险保费（大写）：　　　　　　　　　　　　（小写）：

附加险（如附加多个条款，可另附清单）

附加险名称	保险金额/赔偿限额	费率	免赔及其他情况说明

附加险保费（大写）：　　　　　　　　　　　　（小写）：

总保险费（大写）：　　　　　　　　　　　　（小写）：

付费方式及期限：

金额	付款起期	付款止期	付款方式

付费约定：

1.投保人应按约定交付保险费。

2.约定一次性交付保险费的，投保人在约定交费日后交付保险费的，保险人对交费之前发生的保险事故不承担保险责任。

3.约定分期交付保险费的，保险人按照保险事故发生前保险人实际收取保险费总额与投保人应当交付的保险费的比例承担保险责任，投保人应当交付的保险费是指截至保险事故发生时投保人按约定分期应该缴纳的保费总额。

特别约定：

投保人声明： 1.本人兹申明上述各项内容填写属实。 2.本人确认已收到了《财产一切险条款》及附加条款，且贵公司已向本人详细介绍了条款的具体内容，特别就该条款中有关免除保险人责任的条款（包括但不限于责任免除、投保人及被保险人义务），以及付费约定的内容做了明确说明，本人已完全理解，并同意投保。	投保人签字（盖章）： 日期：

以下内容由保险公司填写：

机构代码		业务渠道代码		商机编号	
业务员姓名		业务员代码		业务员手机	
主介绍人姓名		主介绍人代码		业务员签字	
代理人名称		代理人协议		校验	
付款方式：□公司柜面　□银行柜面　□银行转账　□网上银行　□电话银行　□银保通					
审核人代码		审核人姓名		审核日期	

附录 4-2：家庭财产保险（综合险）投保单（样本）

家庭财产综合保险（2009版）投保单

投保单号码：

<table>
<tr><td rowspan="2">投保人</td><td>姓名/名称</td><td></td><td>身份证号码/
组织机构代码</td><td></td></tr>
<tr><td>联系地址</td><td></td><td>联系电话</td><td></td></tr>
<tr><td rowspan="4">被保险人</td><td>姓名</td><td></td><td rowspan="2">身份证号码</td><td rowspan="2"></td></tr>
<tr><td>联系电话</td><td></td></tr>
<tr><td>保险标的地址</td><td colspan="3"></td></tr>
<tr><td colspan="4">集体投保时，请如实填写被保险人分户信息投保清单（共　　户）。</td></tr>
</table>

<table>
<tr><td rowspan="10">综合险</td><td colspan="2">保险标的项目</td><td>保险金额/
赔偿限额（元）/户</td><td>费率（%）</td><td>每次事故免赔额
（元）/户</td></tr>
<tr><td colspan="2">房屋及其室内附属设备</td><td></td><td></td><td></td></tr>
<tr><td colspan="2">室内装潢</td><td></td><td></td><td></td></tr>
<tr><td rowspan="3">室内财产</td><td></td><td></td><td></td><td></td></tr>
<tr><td></td><td></td><td></td><td></td></tr>
<tr><td></td><td></td><td></td><td></td></tr>
<tr><td rowspan="4">特约标的</td><td></td><td></td><td></td><td></td></tr>
<tr><td></td><td></td><td></td><td></td></tr>
<tr><td></td><td></td><td></td><td></td></tr>
<tr><td></td><td></td><td></td><td></td></tr>
<tr><td rowspan="5">附加险</td><td colspan="2"></td><td></td><td></td><td></td></tr>
<tr><td colspan="2"></td><td></td><td></td><td></td></tr>
<tr><td colspan="2"></td><td></td><td></td><td></td></tr>
<tr><td colspan="2"></td><td></td><td></td><td></td></tr>
<tr><td colspan="2"></td><td></td><td></td><td></td></tr>
<tr><td colspan="6">总保险金额（大写）：　　　　　　（小写）：　　　　元</td></tr>
<tr><td colspan="6">总保险费（大写）：　　　　　　（小写）：　　　　元</td></tr>
<tr><td colspan="6">保险期间：自　　年　　月　　日零时起至　　年　　月　　日二十四时止</td></tr>
<tr><td colspan="6">保险合同争议解决方式选择：☐诉讼　　☐提交＿＿＿＿＿＿＿＿仲裁委员会仲裁</td></tr>
<tr><td colspan="6">特别约定：</td></tr>
<tr><td>投保人声明</td><td colspan="5">保险人已向本人提供并详细介绍了《　　　　　　　　家庭财产综合保险条款（2009版）》及附加险条款（若投保附加险），并对其中免除保险人责任的条款（包括但不限于责任免除、投保人被保险人义务、赔偿处理、其他事项等），以及本保险合同中付费约定和特别约定的内容向本人做了明确说明，本人已充分理解并接受上述内容，同意以此作为订立保险合同的依据，自愿投保本保险。
投保人（签章）
年　　月　　日</td></tr>
</table>

（公司内部作业栏，客户无须填写）

附录 4-3：工程保险投保单（样本）

工程保险投保单（2009版）

投保单号码：

本投保单由投保人如实和尽可能详尽地填写并签字（章）后作为向　　　财产保险股份有限公司（以下简称“保险人”）投保工程保险（含建筑工程一切险、安装工程一切险及建筑、安装工程保险）的凭据。对本申请书所填之内容，保险人负有保密之责。

1.投保人信息名称、地址、邮编、联系电话、传真及组织机构代码：

名称：________________

地址：________________

邮政编码：________________

联系电话：________________

传真号码：________________

组织机构代码：________________

2.投保险种：□建筑工程一切险　□安装工程一切险　□建筑、安装工程保险

3.对工程内容的总体描述：

____

4.被保险人名称及地址：（如为多个被保险人，请填写工程保险被保险人清单（2009版））

____

5.被保险工程名称、地址及相应承包合同号：

____

6.工程所有人名称及地址：

____

7.工程承包人名称及地址：

____

8.工程分承包人名称及地址：

____

9.其他关系方名称及地址（包括但不限于工程设计、工程监理等）：

____

10.建筑工程情况

（1）工程种类说明：

____

尺度（长、高、深、间距、楼层数量、地下室层数）

____

地基施工方法及挖掘深度：

____

主体工程施工方法：

____

建造材料：

____

（2）承包人对此类施工是否有经验？　　是（　）否（　）

（3）分包人施工的项目：

（4）分包人对施工的项目是否有经验？　　是（　）　否（　）

11.安装工程情况

（1）安装机器设备主要制造人或出口商名称及地址：

（2）安装机器设备情况（必要时另附清单）：

1）如系单项设备，请逐一列明名称、型号、技术指标、制造厂方及价格：

2）如系成套设备，请列明主要设备的名称、技术指标、制造厂方及价格：

3）如有旧机器、设备，请逐一列明名称、价格及已提折旧：

（3）安装前的机器设备：

1）储存地点：

2）储存条件：

3）保管方法：

（4）承包人对这类安装是否有经验？　　是（　）　否（　）

（5）由分包人安装的项目：

（6）分包人对安装的项目是否有经验？　　是（　）　否（　）

（7）本安装项目是否为原有工厂的扩展？如是，原有工厂是否继续生产？

是（　）　否（　）

（必要时，请附工厂平面图纸）

12.地质情况：

地形特点：

地质及底土条件：

地下水水位：____________________

最近的江、河、湖、海的名称、距离：____________________

以往最低、一般和最高水位：

其他地质情况：

13.特殊风险情况说明：

该地区曾是否有地震？如是，请列出震级：　　是（　）　否（　）

建筑物是否按有关防震规定设计？　　是（　）　否（　）

设计要求是否高于该防震规定？　　是（　）否（　）

是否有其他的火山、海啸风险？　　是（　）否（　）

雨季：　　从_______月至_______月

最大降水量：　　每小时___毫米，　每天___毫米，　每月___毫米

暴风雨危险：　　小（　）　中（　）　大（　）

其他已知特殊风险

____

14.是否容易发生火灾、爆炸？如是，请说明情况：　　是（　）否（　）

____

15.工地周围环境状况：

（1）现场及周围建筑的状况：

____

（2）工程所有人或承包人所有的现场建筑物情况：

____

（3）现场或周围建筑物是否有受开挖、围护、震动、地下水降低等影响可能？

____

16.被保险人就同一工程是否有其他保险？　　是（）否（）

如有，请列出保险公司名称及保险内容：

____

17.投保项目信息

（1）有关物质损失部分保险标的投保信息，应填写《工程保险保险标的投保清单（2009版）》；

（2）特殊风险投保信息

特殊风险	保险金额/赔偿限额	免赔额/免赔率
地震、海啸		
洪水、风暴、暴雨		

（3）第三者责任部分投保信息

保险项目	赔偿限额	每次事故免赔额/免赔率
1）每次事故 A.人身伤亡 每人 总额 B.财产损失		
2）保险期限内第三者责任限额共计		

18.保险期间

（1）建筑期间：________________

（2）安装期间：________________

其中试车、考核期间：________________

（3）保证期间：________________

19.有关附加条款投保信息，应填写《工程保险附加条款投保清单（2009版）》。

20.是否需要附加其他保障？如是，请列出具体内容是　　是（　）　否（　）

____

21.保险费支付日期

____

22.争议处理方式：

□提交________仲裁委员会仲裁

□诉讼

23.请随同本申请书提供下列文件：

（1）工程合同　　（3）工程设计书　　（5）工地地质报告

（2）承包金额明细表　　（4）工程进程表　　（6）工地略图

（7）其他

投保人声明：

保险人已向本人提供并详细介绍了《×××××保险条款》及其附加险条款内容（若投保附加险），并对其中免除保险人责任的条款（包括但不限于责任免除、投保人被保险人义务、赔偿处理、其他事项等），以及本保险合同中付费约定和特别约定的内容向本人作了明确说明，本人已充分理解并接受上述内容，同意以此作为订立保险合同的依据，自愿投保本保险。

投保人（签章）

年　　月　　日

（以下公司内部作业栏，客户无须填写）			
初审情况	业务来源： □直接业务　　□个人代理 □专业代理　　□兼业代理 □经纪人　　□网上业务 代理（经纪）人名称： 业务员签字： 年　月　日	核保意见	 核保人签字： 年　月　日

附录 4-4：建筑、安装工程一切险投保单（样本）

风电企业建筑、安装工程一切险（2009版）投保单

投保单号码：

本投保单由投保人如实和尽可能详尽地填写并签字（章）后作为向　　财产保险股份有限公司（以下简称“保险人”）投保风电企业建筑、安装工程一切险的凭据。对本投保单所填之内容，保险人负有保密之责。

如本投保单的空间不足填写，可另附纸予以说明。

<table>
<tr><td>序号</td><td colspan="2">工程关系方</td><td colspan="3">名称和地址</td><td>组织机构代码</td><td>是否被保险人</td></tr>
<tr><td rowspan="5">1</td><td colspan="2">所有人</td><td colspan="3"></td><td></td><td></td></tr>
<tr><td colspan="2">承包人</td><td colspan="3"></td><td></td><td></td></tr>
<tr><td colspan="2">分包人</td><td colspan="3"></td><td></td><td></td></tr>
<tr><td colspan="2">被安装机器设备主要制造人及安装分包人</td><td colspan="3"></td><td></td><td></td></tr>
<tr><td colspan="2">其他关联方</td><td colspan="3"></td><td></td><td></td></tr>
<tr><td rowspan="3">2</td><td rowspan="3">投保人</td><td>单位名称</td><td colspan="5"></td></tr>
<tr><td>通讯地址</td><td colspan="5">邮编：</td></tr>
<tr><td>组织机构代码</td><td></td><td>联系人</td><td></td><td>联系电话</td><td></td></tr>
<tr><td>3</td><td colspan="2">保险工程名称和地址</td><td colspan="5"></td></tr>
<tr><td rowspan="5">4</td><td colspan="7">工程施工种类说明</td></tr>
<tr><td colspan="4">1）尺度（长、高、深、间距）</td><td colspan="3"></td></tr>
<tr><td colspan="4">2）地基施工方法及挖掘深度</td><td colspan="3"></td></tr>
<tr><td colspan="4">3）主体工程施工方法</td><td colspan="3"></td></tr>
<tr><td colspan="4">4）建造材料</td><td colspan="3"></td></tr>
<tr><td>5</td><td colspan="7">承包商对此类施工是否有经验?　是（　）　否（　）</td></tr>
<tr><td>6</td><td colspan="7">由分包人施工的项目：</td></tr>
<tr><td>7</td><td colspan="7">分包人对施工的项目是否有经验?　是（　）　否（　）</td></tr>
<tr><td rowspan="4">8</td><td colspan="7">安装机器设备说明（可另附清单）</td></tr>
<tr><td colspan="7">1）如系单项设备，请逐一列明名称、型号、技术指标、制造厂方及价格
2）如系成套设备，请列明主要设备的名称、技术指标、制造厂方及单价</td></tr>
<tr><td colspan="7">3）如有旧机器、设备，请逐一列明种类、价格和折旧情况</td></tr>
<tr><td colspan="7">4）单机装机容量情况</td></tr>
<tr><td rowspan="4">9</td><td colspan="7">安装前的机器设备</td></tr>
<tr><td colspan="2">1）储存地点</td><td colspan="5"></td></tr>
<tr><td colspan="2">2）储存条件</td><td colspan="5"></td></tr>
<tr><td colspan="2"></td><td colspan="5"></td></tr>
<tr><td rowspan="2">10</td><td colspan="7">承包商对这类安装是否有经验?　是（　）　否（　）
在同样环境条件下完成同样工程数量：</td></tr>
<tr><td colspan="7">设备供应商提供安装保障情况</td></tr>
</table>

<table>
<tr><td>11</td><td colspan="6">由分包人安装的项目：</td></tr>
<tr><td>12</td><td colspan="6">分包人对安装的项目是否有经验？　　是（　）　否（　）</td></tr>
<tr><td rowspan="5">13</td><td colspan="6">工程所在地的降雨量</td></tr>
<tr><td colspan="6">雨季　从　　　　至</td></tr>
<tr><td rowspan="2" colspan="2">最大降雨量（毫米）</td><td colspan="2">每　小　时</td><td>每　天</td><td>每　月</td></tr>
<tr><td colspan="2"></td><td></td><td></td></tr>
<tr><td colspan="6">暴风雨危险　　大（　）　中（　）　小（　）</td></tr>
<tr><td rowspan="9">14</td><td colspan="6">地质情况</td></tr>
<tr><td colspan="6">地形特点：</td></tr>
<tr><td colspan="6">地质及底土条件：</td></tr>
<tr><td colspan="6">地下水水位：</td></tr>
<tr><td colspan="6">最近江、河、湖、海的名称、距离：</td></tr>
<tr><td colspan="6">以往最低、一般和最高水位：</td></tr>
<tr><td colspan="6">历史发生地震情况：</td></tr>
<tr><td colspan="6">是否经过泄洪区：</td></tr>
<tr><td colspan="6">其他地质情况：</td></tr>
<tr><td rowspan="7">15</td><td colspan="6">工地周围环境状况</td></tr>
<tr><td colspan="6">现场周围建筑物的状况：</td></tr>
<tr><td colspan="6">现场施工会否影响周围建筑物：</td></tr>
<tr><td colspan="6">陆上工程是否封闭施工：</td></tr>
<tr><td colspan="6">海上工程航道或地下管线经过情况：</td></tr>
<tr><td colspan="6">海上工程海底筑线深度：</td></tr>
<tr><td colspan="6">工程所有人或承包人所有的现场建筑的情况：</td></tr>
<tr><td>16</td><td colspan="6">被保险人就同一工程项目是否有其他保险？ 是（　）　否（　）如有，请列出保险公司名称及保险内容：</td></tr>
<tr><td>17</td><td colspan="6">试车期、保证期时间长度：</td></tr>
<tr><td colspan="7">以下为投保信息（附投保清单）</td></tr>
<tr><td rowspan="3">18</td><td colspan="2">物质损失部分保险项目</td><td colspan="2">保险金额（赔偿限额）</td><td colspan="2">每次事故免赔额（率）</td></tr>
<tr><td colspan="2">1. 建筑工程（包括永久和临时工程及所用材料）
1）工程承包价
2）工程所有人提供的材料或设备
2. 安装项目
3. 施工用机具及设备（详见所附清单）
4. 清除残骸费用
5. 专业费用
6. 其他费用</td><td colspan="2"></td><td colspan="2"></td></tr>
<tr><td colspan="2">特殊风险</td><td colspan="2">赔偿限额</td><td colspan="2">每次事故免赔额（率）</td></tr>
</table>

<table>
<tr><td></td><td colspan="2">1. 地震，海啸
2. 洪水，暴雨
3. 龙卷风、台风、飓风</td><td></td><td></td></tr>
<tr><td></td><td colspan="2">第三者责任</td><td>责任限额</td><td>每次事故免赔额（率）</td></tr>
<tr><td></td><td colspan="2">1. 人身伤亡
每人
总额
2. 财产损失</td><td></td><td></td></tr>
<tr><td rowspan="4">19</td><td rowspan="4">保险期间</td><td>1）建筑（安装）工期</td><td colspan="2"></td></tr>
<tr><td>2）试车期</td><td colspan="2"></td></tr>
<tr><td>3）施工机械设备使用期</td><td colspan="2"></td></tr>
<tr><td>4）第三者责任</td><td colspan="2"></td></tr>
<tr><td>20</td><td colspan="4">是否需要其他保障，是（ ） 否（ ）
请列出具体内容：</td></tr>
<tr><td>21</td><td colspan="4">保费支付日期及支付方式：</td></tr>
<tr><td>22</td><td colspan="4">争议处理方式：仲裁________________
诉讼________________</td></tr>
<tr><td>23</td><td colspan="4">备注：</td></tr>
<tr><td colspan="5">请随同本申请书提供下列文件：
（1）工程合同 （2）工程设计书 （3）工地地质报告
（4）承包金额明细表 （5）工程进程表 （6）工地略图
（7）其他</td></tr>
</table>

<table>
<tr><td>投保人声明</td><td colspan="3">保险人已向本人提供并详细介绍了《 财产保险股份有限公司风电企业建筑、安装工程一切险（2009版）》及其附加险条款内容（若投保附加险），并对其中免除保险人责任的条款（包括但不限于责任免除、投保人被保险人义务、赔偿处理、其他事项等），以及本保险合同中付费约定和特别约定的内容向本人做了明确说明，本人已充分理解并接受上述内容，同意以此作为订立保险合同的依据，自愿投保本保险。

投保人签章：
年 月 日</td></tr>
<tr><td colspan="4">（以下公司内部作业栏，客户无须填写）</td></tr>
<tr><td>初审情况</td><td>业务来源：
☐直接业务 ☐ 个人代理
☐专业代理 ☐ 兼业代理
☐经纪人 ☐ 网上业务
代理（经纪）人名称：

业务员签字：
年 月 日</td><td>核保意见</td><td>

核保人签字：
年 月 日</td></tr>
</table>

附录 4-5：货物运输保险投保单（样本）

货物运输保险投保单
APPLICATION FOR CARGO TRANSPORTATION INSURANCE

本投保单内容以中文为准。 投保单号：

The interpretation of this Application shall be subject to Chinese version. Application No.

注意：请您仔细阅读投保单和所附保险条款，尤其是黑体字标注部分的条款内容，并听取保险公司相关人员的说明，如对保险公司相关人员的说明不明白或有异议的，请在填写本投保单之前向保险公司相关人员进行询问，如未询问，视同已经对条款内容完全理解并无异议，请您如实填写本投保单，您所填写的材料将构成签订保险合同的要约，成为保险人核保并签发保险单的依据，除双方另有约定外，保险人签发保险单且投保人向保险人缴清保险费后，保险人开始按约定的险种承保货物运输保险。

投保人 Applicant					
投保人地址 Applicant's Add				联系人 Contact	
电话 Tel.		传真 Fax.		电子邮箱 E-mail	
被保险人 Insured					
贸易合同号 Contract No.		信用证号 L/C No.		发票号 Invoice No	

标记 Marks & Nos.	包装及数量 Packing & quantity	保险货物项目 Description of goods	
			1.发票金额 Invoice value ____ 2.加成 Value Plus About ____ % 3.保险金额 Insured Value ____ 4.费率（%）Rate ____ 5.保险费 Premium ____

装载运输工具：Nume of the Carier：	业务编号：Business No.：	赔付地点：Claims Payable At：
起运日期：Departure Date：	运输路线： 自 From： 经 Via： 到达（目的地）To（destination）：	

包装方式： 1.散装 2.纸箱 3.罐装 4.木箱 5.编织袋 6.真空袋 7.桶装 8.裸装 9.苫布 10.其他方式：____

装载方式： 1.普通集装箱 2.冷藏箱 3.拼箱 4.整船 5.舱面 6.其他方式：____

货物项目： 1.精密仪器 是☐ 否☐ 2.旧货物 是☐ 否☐（此二项投保人如未注明告知，则保险人以全新的、非精密货物承保） 3.船龄：____年建

承保条件：Conditions： 投保人可根据投保意向选择投保险别及条款，并划√确认，但保险人承保的险别及适用条款以保险人最终确定并在保险单上列明的险种、条款为准。

进出口海洋运输： ☐一切险 ☐水渍险 ☐平安险 （平安《海洋运输货物保险条款》）
☐ICC（A） ☐ICC（B） ☐ICC（C） （伦敦协会条款）

<u>进出口航空运输</u>： ☐航空运输险 ☐航空运输一切险 （平安《航空运输货物保险条款》）

<u>进出口陆上运输</u>： ☐陆运险 ☐陆运一切险 （平安《陆上运输货物保险条款》）

<u>特殊附加险</u>： ☐战争险 ☐罢工险 （☐平安条款 ☐伦敦协会条款）

<u>国内水陆运输</u>： ☐基本险 ☐综合险 （平安《国内水路、陆路货物运输保险条款》）

<u>国内航空运输</u>： ☐航空运输险 ☐航空运输一切险 （平安《航空运输货物保险条款》）

<u>是否放弃或部分放弃向承运人的追偿权利</u> ☐是 ☐否 （如果是，请详细说明）

<u>其他承保条件</u>： 免赔额：____

（免赔额的金额和比例以最终保险单为准）

特别约定 Special Conditions：

投保人声明：

1.保险人已经就本投保单及所附的保险条款的内容，尤其是关于保险人免除责任的条款及投保人和被保险人义务条款向投保人作了明确说明，投保人对该保险条款及保险条件已完全了解，并同意接受保险条款和保险条件的约束。

2.本投保单所填各项内容均属事实，同意以本投保单作为保险人签发保险单的依据。

3.保险合同自保险单签发之日起成立。

投保人签字（盖章） 日期

附录 4-6：机动车辆保险投保单（样本）

被保险人信息	被保险人姓名			身份证号码			
	被保险人（自然人）职业	□党政机关/事业单位/大型企业/学校中高级管理者等　□金融/电信/医疗/IT中高级职员、律师、大学教师等 □普通教师、公务员和事业单位/企业一般员工等　□其他					
	被保险人地址：		约定驾驶人	姓名	性别	年龄	驾驶证号码
			□约定 □不约定				
	邮政编码						
投保车辆信息	被保险人与车辆关系	□所有　□使用　□管理		车主			
	号牌号码			号牌底色	□蓝　□黑　□黄　□白　□白蓝　□其他颜色		
	厂牌型号			发动机号			
	车辆初次登记日期	年　月		VIN码/车架号			
	核定载客	人	核定载质量　千克	排量/功率	L/KW	行驶区域	□市内　□省内　□境内　□出入境
	车辆种类/使用性质	□家庭自用汽车　非营业用客车：□党政机关、事业团体□企业　营业客车：□城市公交□出租租赁□公路客运 □非营业用货车　□营业货车　□摩托车　拖拉机：□农用型□运输型　□特种车：请填用途					
保险期间	自　年　月　日零时起至　年　月　日二十四时止						
机动车责任强制保险	责任限额	机动车责任强制保险	×××××元	无责任死亡伤残赔偿限额	×××××元		
		医疗费用赔偿限额	×××××元	无责任医疗费用赔偿限额	×××××元		
		财产损失赔偿限额	×××××元	无责任财产损失赔偿限额	×××××元		
	与道路交通安全违法和道路交通事故相联系的浮动比率：　%						
	保险费小计（人民币大写）：　（¥：　元）						

机动车商业险保险	投保险种			保险金额/责任限额（元）	保险费	备注
	□车辆损失险	□自负额				多次出险免赔： □加免赔□不加免赔
		□0 □200 □300 □500 □800 □1000 □1500 □2000				
	□商业第三者责任险					
	□全车盗抢险	盗抢险免赔率				停放场所：□固定 □不固定 防盗装置：□电子/机械防盗 □卫星定位系统（GMS/GPS）
		□0%□10%□20%□30%□50%				
	□车上责任险	□人员	□核定座位　投保人数	/人		
			□选择座位　投保人数	/人		
		□货物				
	□玻璃单独破碎险	□国产玻璃　□进口玻璃		按照条款规定执行		
	□自燃损失险					
	□车身划痕损失险					
	□不计免赔特约险	□车辆损失险		按照条款规定执行		
		□第三者责任险				
				其中，优惠保费（元）		
	保险费小计（人民币大写）：　（¥：　元）					
保险费合计（人民币大写）：　（¥：　元）						
特别约定						
保险合同争议解决方式选择			□仲裁 提交________仲裁委员会仲裁		□诉讼	

本保险合同由保险条款、投保单、保险单、批单和特别约定组成。

投保人声明：1.保险人已将投保险种对应的保险条款（包括责任免除部分）向本人作了明确说明，本人已充分理解。2.以上填写的内容均属实，同意以此投保单作为订立保险合同的依据。3.投保人同意按条款规定交纳保险费，保费未一次足额付清，保险责任自保费付清后开始。

投保人签名/签章：　　联系电话：　　____年___月___日

验车验证情况	查验人员签名：____年___月___日___时___分		
初审情况	业务来源：□直接业务□个人代理□专业代理□兼业代理□经纪人□电话/网上销售 代理（经纪）人名称： □续保　□新保 业务员签字：____年___月___日	复核意见	复核人签字：　年　月　日

附录 4-7：机动车商业保险（电子保单）样本

中国银行保险监督管理委员会监制

收费确认时间：

保单生成时间：

机动车商业保险（电子保单）

产品条款：中国保险行业协会机动车商业保险示范条款（2020版）

保险单号：

鉴于投保人已向保险人提出投保申请，并同意按约定交付保险费，保险人依照承保险种及其对应条款和特别约定承担赔偿责任。

<table>
<tr><td>被保险人</td><td colspan="6"></td></tr>
<tr><td>车主</td><td colspan="6"></td></tr>
<tr><td rowspan="3">保险车辆情况</td><td>号牌号码</td><td></td><td>厂牌型号</td><td colspan="3"></td></tr>
<tr><td>发动机号</td><td></td><td>初次登记日期</td><td></td><td>VIN码/车架号</td><td></td></tr>
<tr><td>机动车种类</td><td>客车</td><td>使用性质</td><td></td><td>核定载质量</td><td>核定载客</td></tr>
</table>

<table>
<tr><td>承保险种</td><td>费率浮动（+/-）</td><td>保险金额/责任限额</td><td>绝对免赔率</td><td>保险费（元）</td></tr>
<tr><td>机动车损失保险</td><td>37.50%</td><td>50764.40</td><td>—</td><td></td></tr>
<tr><td>第三者责任保险</td><td>37.50%</td><td>2000000.00</td><td>0.00</td><td></td></tr>
<tr><td>附加法定节假日限额翻倍险</td><td>37.50%</td><td>2000000.00</td><td>0.00</td><td></td></tr>
<tr><td>附加三者医保外医疗费用责任险</td><td>37.50%</td><td>50000.00</td><td>0.00</td><td></td></tr>
<tr><td>附加道路救援服务特约条款</td><td>37.50%</td><td>2次</td><td>0.00</td><td></td></tr>
<tr><td>附加车辆安全检测特约条款</td><td>37.50%</td><td>1次</td><td>0.00</td><td></td></tr>
<tr><td>附加代为送检服务特约条款</td><td>37.50%</td><td>1次</td><td>0.00</td><td></td></tr>
<tr><td colspan="5">特别提示：除法律法规另有约定外，投保人拥有保险合同解除权，涉及（减）退保保费的，退还给投保人。</td></tr>
<tr><td colspan="5">本保单投保人为：</td></tr>
<tr><td colspan="5">保险费合计（人民币大写）：（¥： 元 其中求助基金（%）¥：元）</td></tr>
<tr><td colspan="5">（不含税保费： 元， 增值税： 元）</td></tr>
<tr><td colspan="5">保险期间自 年 月 日 00:00:00 起至 年 月 日 24:00:00 止</td></tr>
<tr><td>特别约定</td><td colspan="4">全国统一客户服务电话：95510。保险期间内，如发生本保险合同约定的保险事故造成被保险车辆损失或第三者财产损失，保险人可采取实物赔付或现金赔付方式进行保险赔付。选择采取实物赔付方式的，由保险人和被保险人在事故车辆/财产修理前签订《实物赔付确认书》。条款内增值服务请登录阳光车生活App领取阳光卡，使用服务。尊敬的客户：您本次是通过直接销售渠道购买的车辆保险。渠道名称：甘肃省分公司兰州中心支公司电销业务部，联系电话：95510。本保险合同同时投保了驾乘无忧-阳光A款（方案一5座），保费合计300.0元。按照《 财产保险股份有限公司驾乘人员团体意外伤害保险（2022版）》 财产保险股份有限公司非工作日团体意外伤害保险（2022版） 财产保险股份有限公司附加驾乘人员团体意外伤害医疗保险（2022版）》《 财产保险股份有限公司附加驾乘人员团体意外伤害住院津贴保险《2022版）》约定，本保险单承保保险期间内，被保险人在乘坐或驾驶保险单中载明的机动车辆行驶过程中或为维护车辆继续运行（包括加油、加水、故障修理、换胎等）的临时停放过程中遭受意外伤害的保险责任。保险责任包括意外伤害身故、残疾保险金额非全民节日为20.0万元/座，全民节日为40.0万元/座；意外伤害医疗保险金额为10.0万元/座；意外伤害住院津贴保险金额1.8万元/座。其中意外伤害医疗绝对免赔额200元，赔付比例为90%；意外伤害住院津贴日给付金额为100.0元/天/座，免赔住院天数为3天，最高累计给付180天。18周岁以下未成年人的意外伤害身故保险金额以保险监管部门的相关规定为限。每个被保险人各项保险责任的累计赔偿限额以每座保额为限；各项责任的全车（5个座位）累计赔偿金额以每座保额×核定座位数为限。每辆机动车本保险最多可投保3份，对于多投保部分，保险人不承担保险责任。本保险单仅适用于5座的家庭自用车、非营业客车。全民节日：指全体中国公民放假的节日，包括新年、春节、清明节、劳动节、端午节、中秋节、国庆节的当日及与之连续放假的周六、周日和调休日（具体以国务院公布的放假方案为准）。退保：本合同成立后，投保人可以书面通知保险人要求解除本合同，但保险人已根据本合同约定给付保险金的除外。投保人要求解除本合同的，自保险人接到保险合同解除申请书之日次日零时起，本合同效力终止，保险人于接到上述证明文件和资料之日起三十日内退还保险单最低现金价值。最低现金价值=保险费×（1-保险经过天数/保险期间的天数）×（1-25%）。经过日期不足一日的按一日计算。</td></tr>
<tr><td colspan="5">保险合同争议解决方式诉讼</td></tr>
<tr><td>重要提示</td><td colspan="4">1. 本保险合同由保险条款、投保单、保险单、批单和特别约定组成。
2. 收到本保险单、承保险种对应的保险条款后，请立即核对，如有不符或疏漏，请及时通知保险人并办理变更或补充手续。
3. 请详细阅读承保险种对应的保险条款，特别是责任免除、投保人被保险人义务、赔偿处理和通用条款等。
4. 被保险机动车被转让、改装、加装或改变使用性质等，导致被保险机动车危险程度显著增加，应及时通知保险人。
5. 被保险人应当在保险事故发生后及时通知保险人。
6. 被保险人可通过保险人网站自主查询承保理赔信息。</td></tr>
</table>

附录 4-8：公众责任保险投保单（样本）

公众责任保险投保单

1.本投保单为保险合同的重要组成部分，填写前请仔细阅读本公司的保险条款，并特别提示注意保险条款的投保人权利义务、责任免除和保险责任部分；
2.请如实详尽填写本投保单各项内容，投保人如故意隐瞒或因重大过失遗漏相关信息，或对相关信息进行虚假、误导性陈述等足以影响本公司对承保风险进行评估的，本公司有权解除保险合同。

投保情况	□新投保业务 □续保业务（上年保险单号：__________________）		
投保人		联系人及联系电话	
投保人地址及邮编	□□□□□□		
被保险人		组织机构代码	
被保险人地址及邮编	□□□□□□		
被保险人所属行业			
行业类别	□1类 □2类 □3类 □4类 □5类 □6类	投保区域范围	
营业处所地址			
保险期间	自　　年　　月　　日零时起，至　　年　　月　　日二十四时止，共　　个月		
币种：□人民币 □美元 □港元 □其他________			
赔偿限额： 1）每次事故赔偿限额： 人身伤亡：　　　　其中，每人赔偿限额： 财产损失： 2）累计赔偿限额：			
每次事故绝对免赔额（率）：　　　　费率：			
扩展条款名称及条件：			
总保险费（大写）：　　　　小写：			
有无就本投保标的向其他保险公司投保相同保险？ □无 □有，请具体说明保险情况：			
因履行本合同或与本合同有关的争议，双方应协商解决；经双方协商未达成协议的，采取下列之一方式解决： □向__________仲裁委员会申请仲裁 □向被告方所在地人民法院提起诉讼。			
特别约定： 1. 付费约定：□一次性付费 付费日期：______年___月___日前 □分期付费 付费办法： 2. 投保人未按上述约定交纳保险费，保险合同不发生法律效力，当事人另有约定的除外。 3. 本合同的订立、效力、解释、履行等和一切争议的解决由中华人民共和国司法管辖，适用中华人民共和国法律。			
以往五年损失情况及其原因（可附说明）：			
投保人声明： 1. 投保人为投保本保险产品在本投保单所填上述内容和提供的其他相关资料以及所作的陈述全部属实，不存在故意隐瞒、因重大过失遗漏、虚假或误导性陈述等情况，并同意以本投保单作为订立保险合同的依据； 2. 投保人填写本投保单之前，保险人已经就本投保单及后附的保险条款的内容，尤其是关于保险人**责任免除的条款**及**投保人和被保险人义务条款**向投保人作了显著提示和明确说明，并特别就保险人**责任免除条款**相关的**概念、内容**及其**法律后果**以及**其他相关事项**向投保人作出了解释和明确说明，投保人确认已理解和明了这些条款的**真实含义**及**法律后果**。投保人对本投保单及后附的保险条款的内容不存在任何异议，并同意接受本投保单及后附的保险条款的约束。 3. 本声明为投保人真实意思表示，系投保人自愿签署。 **投保人签名（盖章）：** 年　　月　　日			

以下内容为保险公司人员填写					
业务员签名		业务员代码		业务员联系电话	
业务来源	□网上投保 □直接业务 □代理业务 □经纪业务 □其他				
中介机构名称			中介机构代码		
核保人意见： 核保人签章：　　　日期：　　年　　月　　日					

注：行业类别分类如下。1类：从事文职工作的单位，如代表处、办公室、设计院、咨询单位等；2类：低风险行业，如通信服务、包装物生产、工艺品或手工艺品制造、影视声像作品制作、电子产品制造、纺织服装业、食品加工制造、汽车修理业、酿酒业等；3类：中等危险行业，如货物装卸、需要使用锅炉设备的行业（如玻璃、橡胶制品生产）、冷藏仓库、卷烟制造和储存、水暖设备维修等；4类：高风险行业，如水泥制造、木材加工、油漆涂料生产、塑料化工行业、起重吊运或大件设备安装、桥梁维护管理、大型和超大型商场（超市或购物中心）、宾馆、娱乐场所等；5类：特别高风险行业，如建筑工地、大型设备安装现场、钢铁冶炼、地下管道管线安装、石油钻井等；6类：高空、深水作业、探险、勘探。

附录 4-9：公共营业场所火灾责任保险投保单（样本）

公共营业场所火灾责任保险投保单

尊敬的客户，感谢您在我公司投保！请您仔细阅读保险条款，尤其是黑体字标注部分的条款内容，并听取保险公司业务人员的说明，如对保险公司业务人员的说明不明白或有异议的，请在填写本投保单之前向保险公司业务人员进行询问，如未询问，视同已经对条款内容完全理解并无异议。

<table>
<tr><td rowspan="5">投保人信息</td><td>名称</td><td colspan="5"></td></tr>
<tr><td>证件类型</td><td colspan="3">□组织机构代码证 □税务登记证 □其他证件：________</td><td>证件号码</td><td></td></tr>
<tr><td>联系地址</td><td colspan="3"></td><td>邮政编码</td><td></td></tr>
<tr><td>单位电话</td><td colspan="3"></td><td>联系人家庭电话</td><td></td></tr>
<tr><td>联系人姓名</td><td></td><td>联系人移动电话</td><td></td><td>联系人办公电话</td><td></td></tr>
<tr><td rowspan="5">被保险人信息</td><td>名称</td><td colspan="5"></td></tr>
<tr><td>证件类型</td><td colspan="3">□组织机构代码证 □税务登记证 □其他证件：________</td><td>证件号码</td><td></td></tr>
<tr><td>联系地址</td><td colspan="3"></td><td>邮政编码</td><td></td></tr>
<tr><td>单位电话</td><td colspan="3"></td><td>联系人家庭电话</td><td></td></tr>
<tr><td>联系人姓名</td><td></td><td>联系人移动电话</td><td></td><td>联系人办公电话</td><td></td></tr>
<tr><td colspan="2">公共营业场所地址</td><td colspan="3"></td><td>邮政编码</td><td></td></tr>
<tr><td colspan="2">营业性质</td><td colspan="5"></td></tr>
<tr><td colspan="2">营业规模</td><td colspan="3">人数/座位/床位：__________</td><td>营业面积</td><td>__________平方米</td></tr>
<tr><td colspan="2">保险期限</td><td colspan="5">个月，自　年　月　日零时起至　年　月　日二十四时止</td></tr>
<tr><td colspan="2">责任限额</td><td colspan="5">（一）累计赔偿限额：________________
（二）每次事故赔偿限额：______________
每次事故每人人身伤害赔偿限额：______________；每次事故财产损失赔偿限额：______________</td></tr>
<tr><td colspan="2">免赔说明</td><td colspan="5"></td></tr>
<tr><td colspan="2">保险费</td><td colspan="3">（大写）</td><td colspan="2">（小写）</td></tr>
<tr><td colspan="2">付费日期</td><td colspan="5"></td></tr>
<tr><td colspan="2">特别约定</td><td colspan="5"></td></tr>
<tr><td colspan="2">司法管辖</td><td colspan="5"></td></tr>
<tr><td colspan="2">保险合同争议解决方式</td><td colspan="5">□提交____________________________仲裁委员会仲裁　　□诉讼</td></tr>
</table>

第 1 页

<table>
<tr><td>风险问询</td><td>1.营业场所是否取得消防验收合格证并通过本年度年审？□是 □否
2.营业场所的营业区域是否全部位于室外？□是 □否，若否，请回答下列问题：
1）营业场所所处楼层：____________
2）营业场所所处建筑的建筑结构：
□ 一类建筑（耐火结构，屋顶、楼板和墙面全部由砖、石、混凝土建造；包括钢筋混凝土框架结构、框架结构以及防火覆层达到4小时的钢架结构等）
□ 二类建筑（不可燃结构，屋顶、楼板和墙面部分由砖、石、混凝土建造，部分由钢架、铁皮建造，但耐火能力相对较差）
□ 其他建筑（一、二类建筑之外的其他砖木等建筑）
3.消防设施：□消防栓□灭火器□烟感器□自动喷淋□其他（请说明：________）
4.场所内及周围是否使用或存放易燃易爆物？□是□否，若是，请简述有关情况：______
________________________________</td></tr>
<tr><td>过往三年损失记录</td><td>（若未发生任何火灾、爆炸事故，请注明“无”，若有请告知事故发生时间、原因、赔偿金额、事后改善措施。）</td></tr>
<tr><td colspan="2">投保人声明：
上述各项内容填写属实，如非本投保人亲笔填写亦属于在本投保人授权下的行为。本投保人已收到并详细阅读投保险种对应的贵公司保险条款，尤其是黑体字部分的条款内容；并对保险公司就保险条款内容，特别是免除保险公司责任的条款的提示和说明完全理解，没有异议，申请投保。

投保人盖章：　　　　　　日期：　　年　　月　　日</td></tr>
</table>

<table>
<tr><td colspan="4">以下内容由保险公司人员填写</td></tr>
<tr><td>出单机构代码</td><td></td><td>业务归属机构代码</td><td></td></tr>
<tr><td>询报价号</td><td></td><td colspan="2">是否我司续保业务：□否 □是，上年保单号码：</td></tr>
</table>

<table>
<tr><td>□直接业务
渠道小类代码：

业务员代码：</td><td>□其他业务
中介人协议号：

子协议代码：</td><td>□寿销产业务
中介人协议号：
子协议代码：
寿险业务员代码：
寿险综合开拓专员代码：</td></tr>
</table>

<table>
<tr><td>初审员意见：□同意 □不同意，原因：</td><td>初审员签章：</td></tr>
<tr><td>核保员意见：</td><td>核保员签章：</td></tr>
</table>

附录 4-10：雇主责任保险投保单（样本）

雇主责任保险（A条款）投保单

投保须知：

1.本投保单和《 ·· 雇主责任保险A条款》及附加条款是保险合同的组成部分，请您仔细阅读《 · 雇主责任保险A条款》及附加条款，特别注意有关责任免除、投保人、被保险人义务的规定。
2.请您如实填写投保单，如故意隐瞒事实，不履行如实告知义务的，本公司有权解除保险合同或不承担保险责任，对已支付的赔款，本公司有权要求退还。
3.请您按本保险合同的约定及时缴纳保险费。

投保人信息

是否同被保险人：☐是　☐否　（投保人同被保险人时可不填写重复的投保人资料）				
投保情况	☐新投保业务　☐续保业务（上年保单号：________________）			
投保人	名称			
	证件类型	☐组织机构代码证　☐税务登记证　☐工商登记证　☐营业执照注册号　☐其他		
	证件号码			
通讯地址			联系电话	

被保险人信息

被保险人	企业成立时间：________（年份）			
	名称		联系电话	
	通讯地址		邮致编码	
	工作区域		行业类型	
	雇员总人数		投保雇员人数	
	证件类型	☐组织机构代码证　☐税务登记证　☐工商登记证　☐营业执照注册号　☐其他		
	证件号码			
近三年的损失记录（时间、原因、损失金额）				

投保信息

保险期间	自　年　月　日　时起至　年　月　日　时止						
雇员工种	人数	每人死亡赔偿限额	死亡赔偿费率	合计死亡赔偿保费	每人意外医疗费用赔偿限额	意外医疗费用费率	合计意外医疗费用保费

赔偿限额	每次事故赔偿限额			
	累计赔偿限额			
是否记名投保	☐是　☐否			
附加险	投保人可以选择授保以下附加险，并按照费率表缴纳附加险保费			
☐非列明方式承保附加险	☐临时出境工作附加险		☐申报工资附加险	
保费		每次事故赔偿限额 / 保费		保费
是否投保其他险种	☐工伤保险，参保比例____	☐团体人身意外（或医疗）保险	☐其他意外险或者健康险（　　）	
总保险费	（大写）：		（小写）：	
每次事故免赔说明	医疗费每次事故绝对免赔__________元或损失金额的______%，二者取高。误工费绝对免赔________天			
司法管辖	☐ 中华人民共和国司法（港、澳、台除外）　☐ 中华人民共和国司法（包含港、澳、台） ☐ 世界司法（美、加司法除外）　☐ 世界司法（包含美、加司法）			
付费日期	金额	付款起期	付款止期	
付费约定	1.投保人应按约定交付保险费。 2.约定一次性交付保险费的，投保人在约定交费日后交付保险费的，保险人对交费之前发生的保险事故不承担保险责任。 3.约定分期交付保险费的，保险人按照保险事故发生前保险人实际收取保险费总额与投保人应当交付的保险费的比例承担保险责任，投保人应当交付的保险费是指截至保险事故发生时投保人按约定分期应该缴纳的保费总额。			
及时报案约定	兹经合同双方同意，被保险人必须在知道或应当知道保险事故发生后的48小时内向保险人报案，如保单另有约定的，以保单约定为准，因延迟报案致使保险事故的性质、原因、损失程度等难以确定的，保险人对无法确定的部分，不承担赔偿责任。			

争议处理：☐提交________________仲裁委员会仲裁　☐向人民法院起诉

特别约定：

投保人声明

1. 本人兹申明上述各项内容填写属实。
2. 本人确认已收到了《雇主责任保险A条款》及附加条款，且贵公司已向本人详细介绍了条款的具体内容，特别就该条款中有关免除保险人责任的条款（包括但不限于责任免除、投保人及被保险人义务），以及付费约定的内容作了明确说明，本人已完全理解，并同意投保。

投保人签名（盖章）　　　　日期：　年　月　日

附录 4-11：食品安全责任保险投保单（样本）

食品安全责任保险投保单

尊敬的投保人：在您填写本投保单前请先详细阅读《 - - 财产保险股份有限公司食品安全责任保险条款》及其附加险（如投保），阅读条款时请您特别注意条款中的保险责任、责任免除、投保人被保险人义务、赔偿处理等内容并听取保险人就条款（包括前述需特别注意的内容）所作的说明。

投保人：					
被保险人：			身份证号码/组织机构代码		
联系地址：				邮 编：	
联系电话：				传 真：	
投保区域范围：					
经营性质：			年度销售额/营业收入：		万元
责任限额（万元）	每次事故	累计	每次事故每人人身伤亡	每人	保险费（元）
主险					
附加险					
每次事故免赔额（率）					
最低保险费	（大写）		¥		
保险费合计	（大写）		¥		
保险期间	个月，自 年 月 日零时起，至 年 月 日二十四时止				
追溯期	个月，自 年 月 日零时起，至 年 月 日二十四时止				
保险合同争议解决方式选择	□提交＿＿＿＿＿仲裁委员会仲裁 □诉讼				
特别约定					

投保人声明：保险人已向本人提供并详细介绍了《 - - 财产保险股份有限公司食品安全责任保险条款》及其附加险条款（如投保），并对其中免除保险人责任的条款（包括但不限于责任免除、投保人被保险人义务、赔偿处理、其他事项等），以及本保险合同中付费约定和特别约定的内容向本人作了明确说明，本人已充分理解并接受上述内容，同意以此作为订立保险合同的依据，自愿投保本保险。

上述所填写的内容均属实。

投保人签名/签章：

年 月 日

附录 4-12：产品责任保险投保单（样本）

产品责任保险投保单

重要提示：尊敬的客户，感谢您选择　保险有限公司！在填写本投保单之前，请您先仔细认真阅读投保单所附保险条款，阅读时请您特别注意保险条款中保险责任、责任免除、投保人/被保险人义务、赔偿处理以及其他免除保险人责任的条款内容，并听取保险人就条款内容，尤其是免除保险人责任的条款内容所作的说明，不明之处敬请咨询。在您充分理解条款后，请如实填写本投保单各项内容（请在需要选择项目前的“□”内画“√”表示，阴影部分的内容由我公司的业务员填写），并亲笔签字或盖章。我公司将严格为您所填写的内容保密。本投保单所填写内容如有变动，请及时到我公司办理变更手续。

请您在填写本投保单的同时，向我公司提供投保产品的使用说明书、安全警告标记及质量检验报告、质量合格证书、生产许可证、质量体系认证证书的原件和复印件。

<table>
<tr><td rowspan="3">投保人/被保险人</td><td>名称</td><td colspan="2"></td><td>组织机构代码</td><td>□□□□□□□□□□</td></tr>
<tr><td>地址</td><td colspan="2"></td><td>邮政编码</td><td>□□□□□□</td></tr>
<tr><td>电话</td><td colspan="2"></td><td>传真</td><td></td></tr>
<tr><td rowspan="5">保险产品</td><td>名称</td><td>规格型号</td><td>预计销售数量</td><td>预计销售额</td><td>销售区域</td></tr>
<tr><td></td><td></td><td></td><td></td><td></td></tr>
<tr><td></td><td></td><td></td><td></td><td></td></tr>
<tr><td>预计总销售额</td><td colspan="2"></td><td>承保区域</td><td></td></tr>
<tr><td>近三年来被索赔记录</td><td colspan="4"></td></tr>
<tr><td colspan="2">每次事故赔偿限额</td><td colspan="4">其中人身伤亡：　　财产损失：　　每人人身伤亡：</td></tr>
<tr><td colspan="2">累计期偿限额</td><td colspan="4"></td></tr>
<tr><td colspan="2">保险费率</td><td></td><td>每次事故免赔额</td><td colspan="2"></td></tr>
<tr><td colspan="2">预付保险费</td><td colspan="2"></td><td>最低保险费</td><td></td></tr>
<tr><td colspan="2">司法管辖</td><td colspan="4"></td></tr>
<tr><td colspan="2">保险期间</td><td colspan="4">个月，自　年　月　日零时起，至　年　月　日二十四时止。</td></tr>
<tr><td colspan="2">追溯期</td><td colspan="4">个月，自　年　月　日零时起，至　年　月　日二十四时止。</td></tr>
<tr><td colspan="2">争议解决方式</td><td colspan="4">□提交____________仲裁委员会仲裁　□诉讼</td></tr>
<tr><td colspan="2">保险费交付日期</td><td colspan="4"></td></tr>
<tr><td>特别约定</td><td colspan="5"></td></tr>
</table>

投保人声明：本人所填写的投保单已附投保险种所对应的保险条款，且保险人已将投保险种对应的保险条款内容，特别是责任免除、投保人/被保险人义务、赔偿处理以及其他免除保险人责任的条款向本人作了明确说明，本人已充分理解。上述所填写内容均属实，同意以此投保单作为订立保险合同的依据。

投保人签字（盖章）：　　　　年　月　日

<table>
<tr><td colspan="4">保险公司填写栏</td></tr>
<tr><td>初审</td><td>上年度是否在我公司承保：□是　□否
业务来源：________/________/________
代理（经纪）人名称：
业务员（签字）：　　年　月　日</td><td>复核</td><td>复核人（签字）：
年　月　日</td></tr>
</table>

第1页 共2页

附录 4-13：司法鉴定职业责任保险投保单（样本）

财产保险股份有限公司司法鉴定职业责任保险投保单

尊敬的投保人：感谢您来本公司投保。在您填写本投保单前请先详细阅读《 .. 财产保险股份有限公司司法鉴定职业责任保险条款》，阅读条款时请您特别注意条款中的保险责任、责任免除，投保人被保险人义务、赔偿处理等内容并听取保险人就条款（包括前述需特别注意的内容）所作的说明。

投保人：

联系地址：　　　　　　　　　　　　　　　　邮政编码：

电话：　　　　　　　　　　　　　　　　　　传真：

组织机构代码

1.被保险人： 联系地址：　　　　　　　　　　　　邮政编码： 电话：　　　　　　　　　　　　　　传真： 企业性质：　　　　　　　　　　　　成立时间： 组织机构代码
2.被保险人基本资料 是否有分支机构　□否　□是，请说明如下： 分支机构名称　　　　　　　　　　联系地址 ____________________ ____________________ ____________________
3.业务基本资料 上一年度业务总收入：________元，本年度预计业务总收入：________元
4.人员信息 具有司法鉴定执业资格的人员共____人，其他人员共____人 （请填写注册税务师人员清单）
5.以往损失情况 以往3年委托人或其他利害关系人是否提出索赔，如有请具体说明事故经过、损失金额 ____________________ ____________________ ____________________
以下为投保信息
6.投保限额 每次事故责任限额________元，累计责任限额________元 法律费用责任限额________元，每次事故免赔额________元
7.投保附加险信息 □ 附加账册文件丢失险，每次事故责任限额________元，累计责任限额________元
8.（预付）保险费交付时间：____年____月____日
9. 保险合同争议解决方式选择 □提交__________仲裁委员会仲裁；□ 诉讼
10. 特别约定：

投保人声明：保险人已向本人提供并详细介绍了《 .. 财产保险股份有限公司司法鉴定职业责任保险条款》，并对其中免除保险人责任的条款（包括但不限于责任免除、投保人被保险人义务、赔偿处理、其他事项等），以及本保险合同中付费约定和特别约定的内容向本人作了明确说明，本人已充分理解并接受上述内容，同意以此作为订立保险合同的依据，自愿投保本保险。

上述所填写的内容均属实。

投保人（签章）：　　　　年　　月　　日

财产保险股份有限公司司法鉴定职业责任保险

司法鉴定执业人员清单

姓名	资格证书号	获证日期	备注

注：上述人员如有因其职业行为而被有关部门处罚过，请另附页说明。

附录 4-14：企业国内贸易应收账款信用保险投保单（样本）

APPLICATION FORM–CREDIT INSURANCE
信用保险–投保书

Producer Code（Internsl Use Onhy）□□□□□□□□-□□□　　Producer Name（Internsl Use Onhy）________

尊敬的投保人：在您填写本投保单前请先详细阅读《国内企业应收账款信用保险条款》，阅读条款时请您特别注意条款中的保险责任、责任免除、投保人被保险人义务、赔偿处理等内容并听取保险人就条款（包括前述需特别注意的内容）所作的说明。

Name of Applicant:
投保公司：________　　Contact Name:
联系人：________

Type of Business/Goods Sold:
营业性质/所属行业：________

Credit terms offered Normal:　　Maximum:　　Years selling on credit terms:
给予买方的信用期限：通常信用期限______天　　最大信用期限：____天　　采用信用销售（赊账）的历史：______年

争议解决　1. □ 诉讼　　2. □ 中国国际经济贸易仲裁委员会：

Dispute Resolutioni Counission　　1. □ Litigation　　2. □ Submitted to China International Econonic and Trade Arbitration

SALES &LOSSES 销售量&损失	Applicant's Sales Turnover 年销售额	Total Bad Debt Losses 年坏账损失总计	Largest Single Bad Debt Loss 单笔最大坏账损失	Number of Bad Debts 坏账宗数
FISCAL 2008（2008年）				
FISCAL 2009（2009年）				
2010 ESTIMATE（2010年预计）				

ESTIMATED MAXIMUM RECEIVABLES（NEXT 12 Months）：________
未来12个月估计的应收账款金额最大将达到：

CREDIT SALES BY COUNTRY（采用信用销售/赊账销售的主要国家）

	Country Name 国家名称	Total Sales 销售额	Maximum Credit Period 最长信用期限	Maximum Exposure 最大信用风险金额
1				
2				
3				
4				

TOP BUYERS WITH A CREDIT PERIOD　　最大5个买方1年内信用风险调查（如有需要可添加附页）

	Customer Name & Address 买方客户名称和地址	Payment Terms 付款条件	Annual Insurable Turnover 年可保销售额	Credit Limit Requested 需申请的信用额度
1				
2				
3				
4				

投保人声明：保险人已向本人提供并详细介绍了《国内企业应收账款信用保险条款》，并对其中免除保险人责任的条款（包括但不限于责任免除、投保人被保险人义务、赔偿处理、其他事项等），以及本保险合同中付费约定和特别约定的内容向本人作了明确说明，本人已充分理解并接受上述内容，同意以此作为订立保险合同的依据，自愿投保本保险。

上述所填写的内容均属实。

Applicant's Signature（投保公司授权代表签章）：________　　Date（日期）：________

Applicant's Name（投保公司授权代表职务）：________

附录 4-15：个人信用保险投保单（样本）

财产保险股份有限公司个人信用保险投保单

尊敬的投保人：在您填写本投保单前请先详细阅读《　　　财产保险股份有限公司个人信用保险条款》，阅读条款时请您特别注意条款中的保险责任、责任免除、投保人被保险人义务、赔偿处理等内容并听取保险人就条款（包括前述需特别注意的内容）所作的说明。

投保单号：

<table>
<tr><td colspan="4">投保人：</td></tr>
<tr><td colspan="2">地址：</td><td colspan="2">邮政编码：</td></tr>
<tr><td colspan="2">联系人：</td><td colspan="2">电话：</td></tr>
<tr><td colspan="4">被保险人：</td></tr>
<tr><td colspan="2">地址：</td><td colspan="2">邮政编码：</td></tr>
<tr><td colspan="2">联系人：</td><td colspan="2">电话：</td></tr>
<tr><td>拟投保合同</td><td colspan="3"></td></tr>
<tr><td>拟保险责任</td><td colspan="3">□ 个人死亡而拖欠[必选]　　　□ 其他原因导致个人拖欠</td></tr>
<tr><td>投保金额</td><td colspan="3"></td></tr>
<tr><td>赔偿比例</td><td></td><td>免赔额</td><td></td></tr>
<tr><td>赔偿限额</td><td colspan="3"></td></tr>
<tr><td>保险期间</td><td colspan="3">个月，自　　年　月　日零时起，至　　年　月　日二十四时止</td></tr>
<tr><td>保险合同争议解决方式</td><td colspan="3">□ 提交________________仲裁委员会仲裁
□ 诉讼</td></tr>
<tr><td colspan="4">特别约定：</td></tr>
</table>

投保人声明：保险人已向本人提供并详细介绍了《　　　财产保险股份有限公司个人信用保险保险条款》，并对其中免除保险人责任的条款（包括但不限于责任免除、投保人被保险人义务、赔偿处理、其他事项等），以及本保险合同中付费约定和特别约定的内容向本人作了明确说明，本人已充分理解并接受上述内容，同意以此作为订立保险合同的依据，自愿投保本保险。

上述所填写的内容均属实。

投保人签名/签章：　　　　　　______年___月___日

附录 5-1：终身寿险投保单（样本）

个人人身保险投保单

第一部分　客户基本资料

投保人	姓名：	性别：	婚姻状况：	您是被保险人的：
	国籍（地区）：			
	出生日期：	有效证件：	证件号码：	
	证件有效期：			
	固定电话：	手机号码：	E-mail：	
	联系地址：			
	职业（工种）：			职业代码：
被保险人	姓名：	性别：	婚姻状况：	
	国籍（地区）：			
	出生日期：	有效证件：	证件号码：	
	证件有效期：			
	固定电话：	手机号码：	E-mail：	
	联系地址：			
	职业（工件）：			职业代码：

身故受益人	姓名	性别	您是被保险人的	联系电话	证件类型	证件号码	出生日期	受益比例（%）	受益方式
									法定
	姓名	职业（工种）	职业代码	证件有效期	国籍（地区）	居住地址			

第二部分　投保事项

保障计划

附加险单独投保的，请填写所附加的主险保单号：

险别	险种名称	险种代码	基本保险金额	份数或档次	保险期间	交费方式	交费年限	基本/标准保险费	职业加费	红利领取方式	年金领取方式	年金领取年龄

追加保险费：（大写）　　（小写）¥

保险费合计：（大写）　　（小写）¥

投保单号：

附录 5-2：两全保险投保单（样本）

个人人身保险投保单

第一部分 客户基本资料

投保人	姓名：	性别：	婚姻状况：	您是被保险人的：
	学历：	国籍：	户籍所在地：	
	出生日期：	有效证件：	证件号码：	
	证件有效期：			
	固定电话：	手机号码：	E-mail：	
	联系地址：			
	工作单位：			邮编：
	职业（工种）			职业代码：
被保险人	姓名：	性别：	婚姻状况：	
	学历：	国籍：	户籍所在地：	
	出生日期：	有效证件：	证件号码：	
	证件有效期：			
	固定电话：	手机号码：	E-mail：	
	联系地址：			
	工作单位：			邮编：
	职业（工件）：			职业代码：

身故受益人	姓名	性别	您是被保险人的	联系电话	证件类型	证件号码	出生日期	受益比例（%）	受益方式
									法定继承人

第二部分 投保事项

保障计划

附加险单独投保的，请填写所附加的主险保单号：

险别	险种名称	险种代码	基本保险金额	份数或档次	保险期间	交费方式	交费年限	基本/标准保险费	职业加费	红利领取方式	年金领取方式	年金领取年龄

追加保险费：（大写）	（小写）¥
保险费合计：（大写）	（小写）¥

投保单号：

附录 5-3：重疾险投保单（样本）

电子保险单（正本）

保单号码：

鉴于投保人已向本保险人投保 - - - - ，并按本保险合同约定交付保险费，保险人同意按照 · · · · 的约定承担保险责任，特立本保险单为凭。与本保险单有关的附加条款、特约条款、批单以及投保单是本保险单不可分割的组成部分。

明细表

<table>
<tr><td rowspan="3">投保人</td><td colspan="2">姓名：</td></tr>
<tr><td>证件类型：居民身份证</td><td>证件号码：</td></tr>
<tr><td colspan="2">手机号：</td></tr>
<tr><td rowspan="2">被保人</td><td colspan="2">姓名：</td></tr>
<tr><td>证件类型：居民身份证</td><td>证件号码：</td></tr>
<tr><td colspan="3">投被保险人关系：</td></tr>
<tr><td colspan="3">免赔说明：</td></tr>
<tr><td colspan="2">保险责任名称</td><td>保险金额</td></tr>
<tr><td colspan="2">重大疾病保险金</td><td></td></tr>
<tr><td colspan="2">总保险金额：（大写）：</td><td>（小写）¥：</td></tr>
<tr><td colspan="3">保险期间：　年　月　日　时至　年　月　日　时</td></tr>
<tr><td colspan="3">保险金受益人：</td></tr>
<tr><td colspan="3">适用条款：</td></tr>
<tr><td colspan="3">司法管辖：</td></tr>
<tr><td colspan="3">健康告知：
1.未获得过重大疾病保险理赔，且未被保险公司拒保、延期、加费或除外责任承保。
2.目前未接受任何治疗，或未被医师提出进一步检查、住院或手术的建议，或没有正在等待任何医疗检查结果。
3.最近6个月，未出现以下症状：淋巴结增大、胸痛、胸闷、气喘、咳血、痰中带血、呕血、持续吞咽困难或哽咽感、反复腹泻、腹痛、血尿、蛋白尿、便血、浮肿或水肿、皮肤出血点、紫癜、反复头痛、眩晕、体重下降超过5公斤（非健身和减肥原因）。</td></tr>
</table>

4.过去2年内没有健康检查结果异常，如超声（包括但不限于心脏、阴道、食道、腹部）、乳腺钼靶、心电图、脑电图、肌电图、X线、CT、造影、核磁共振、内窥镜、病理活检、眼底、血液、尿液、细胞学检查结果异常，并因上述检查结果异常而被建议治疗或进一步检查。

5.过去2年内未曾住院、手术，或因慢性病连续服药超过30天。

6.目前且投保后不会参与极限运动，包括但不限于跑酷、滑翔、攀岩、探险、搏击、赛车、蹦极；没有酒精依赖、酗酒、药物滥用或使用镇静剂、麻醉剂（不包含治疗性麻醉）、迷幻剂、其他成瘾性药物或毒品，或者接受戒毒治疗。

7.曾经或目前未患过以下症状或疾病。

（1）呼吸系统疾病：慢性阻塞性肺疾病、支气管扩张、间质性肺部（结节病、肺纤维化）、肺动脉高压、肺源性心脏病、肺结核、肺气肿、气胸、呼吸暂停综合征、呼吸衰竭；

（2）循环系统疾病：心功能不全（二级或二级以上）、心律失常、心肌梗塞、动脉粥样硬化、冠心病、高血压病（收缩压≥140mmHg或舒张压≥90mmHg）、心肌疾病、心瓣膜病、心包疾病、心内膜炎、动脉夹层、静脉血栓、动脉瘤、川崎病；

（3）血液、内分泌、免疫系统疾病：贫血、血友病、骨髓增生异常综合征、白血病、淋巴瘤、风湿病、类风湿性关节炎、红斑狼疮、强直性脊柱炎、自身免疫性疾病；

（4）内分泌及代谢疾病：甲状腺结节、甲状腺功能亢进/减低、甲状旁腺疾病，糖尿病，糖耐量异常，高血脂症，垂体疾病、下丘脑疾病、肾上腺疾病、库欣综合征；

（5）消化系统疾病：萎缩性胃炎、消化性溃疡、食管静脉曲张、溃疡性结肠炎、克罗恩病、肠梗阻、乙型肝炎、丙型肝炎、重度脂肪肝、多囊肝、肝硬化、脾大、胰腺炎、胆囊息肉、消化道出血；

（6）泌尿系统疾病：肾小球疾病、肾盂肾炎、肾积水、肾动脉狭窄、单肾、多囊肾、肾功能衰竭；

（7）精神或神经系统疾病：脑炎、脑膜炎、脑动静脉畸形、脊髓疾病、脑血管疾病、运动障碍（帕金森氏病、肝豆状核变性、肌张力障碍）、癫痫、多发性硬化、脑外伤后遗症、脑积水、肌营养不良症、肌无力、痴呆症、精神类疾病；

（8）其他：良、恶性肿瘤（含原位癌、癌前病变、绒癌、非典型增生）黑痣增大或破溃、体表或体内肿块、器官移植、家族性腺瘤息肉病、血管瘤、艾滋病或艾滋病病毒（HIV）携带、白内障、青光眼、视神经或视网膜疾病。

8.身体不存在智能障碍、失明、耳聋，或高度近视1000度（含）以上、身体发有异常、残疾、畸形或功能障碍等情况。

9.（若被保险人为女性）目前没有高危妊娠或孕检异常或孕周已超过28周，没有被检查到以下症状：有乳腺包块、肿块或结节、血性溢乳、子宫肌瘤、卵巢肿瘤、阴道不规则出血、重度宫颈炎、TCT或HPV阳性。

10. 2周岁以下被保险人出生时体重不低于2.5公斤，不存在早产、难产、过期产、抽搐、窒息、缺氧等情况。

本保险合同投保人已确认被保险人符合以上健康告知。

特别约定：

1.本产品首次投保或非续保时，自本合同生效之日起90天内为等待期。

2.续保本保险或因遭受意外伤害导致罹患本合同所定义的重大疾病的无等待期。

本人同意贵公司为本保险及与本保险之相关服务的目的收集本人的个人资料，无论该资料是从本投保申请或其他地方所获取。本人理解贵公司为提升保险服务质量，可能会与第三方机构、组织或个人合作，此类合作可能需要使用本人的个人资料。在此理解下，本人同意并授权贵公司及与贵公司存在合作关系的机构、组织或个人将收集的本人的个人资料用于：（1）该保险的投保审核；（2）该保险的理赔；（3）提供与该保险有关之服务；（4）与本人联络。 签单日期： 签单机构： 中介机构： 公司地址：	公司网址：

附录 5-4：个人意外伤害险投保单（样本）

意外伤害保险保险单

保单号：

鉴于投保人已向本公司投保意外伤害保险及附加险，并按照本保险单条款约定缴纳保险费，本公司特签发本保险单并同意按照意外伤害保险条款及其特约承保条件的约定，承担被保险人下述所列项目的保险责任。

<table>
<tr><td>投保人</td><td colspan="3"></td><td>联系电话</td><td></td></tr>
<tr><td>通讯地址</td><td colspan="3"></td><td>邮政编码</td><td></td></tr>
<tr><td>被保险人</td><td></td><td>证件类型</td><td></td><td>证件号码</td><td></td></tr>
<tr><td>性别</td><td></td><td>出生日期</td><td colspan="3"></td></tr>
<tr><td>适用条款</td><td colspan="5"></td></tr>
<tr><td>保险期限</td><td colspan="5"></td></tr>
<tr><td>司法管辖</td><td colspan="5">中华人民共和国（港、澳、台地区除外）</td></tr>
<tr><td>地域范围</td><td colspan="5">中华人民共和国境内（港、澳、台地区除外）</td></tr>
<tr><td>总保险费</td><td colspan="5"></td></tr>
<tr><td>保险项目</td><td colspan="3">保险金额/赔偿限额（元）</td><td colspan="2">每次事故绝对免赔（元）</td></tr>
<tr><td>意外伤害保险</td><td colspan="3"></td><td colspan="2"></td></tr>
<tr><td>附加意外伤害医疗保险</td><td colspan="3"></td><td colspan="2"></td></tr>
<tr><td>特别约定</td><td colspan="5">承保被保险人在足球、篮球、排球、棒球、垒球、壁球活动中发生的意外伤害风险</td></tr>
</table>

保险公司：

公司地址：

客户热线：　　　　保险公司签章

传　　真：

查询网址：

签单日期：

附录 5-5：团体保险投保单（样本）

财产保险股份投保单

投保单编号：

投保人、被保险人根本信息［团体客户］

投保人根本信息						
*名称[全称]						
*组织机构代码				有效期	年 月 日	
	省（自治区、直辖市） 市 区（县）			邮政编码		
	（具体地址）					
联系人	姓名		身份证号码			
	手机号码			身份证有效期	年 月 日	
	号码	区号： 总机： 分机：		电子邮箱		
*上年末员工总数	人	*上年度营业收入	万元	*上年末资产总额	万元	
上级团体			组织机构代码			
*主营业务行业类型	□采矿业 □建筑业 □房地产业 □农、林、牧、渔业 □住宿和餐饮业 □金融业 □制造业 □国际组织 □租赁和商务服务业 □批发和零售业 □教育 □居民服务和其他服务业 □卫生、社会保障和社会福利业 □电力、燃气及水的生产和供给业 □交通运输、仓储和邮政业 □水利、环境和公共设施管理业 □科学研究、技术服务和地质勘查业 □公共管理与社会组织 □文化、体育和娱乐业 □信息传输、计算机服务和软件业					

□被保险人信息与投保人一样[无须填写被保险人信息栏] □被保险人信息与投保人不同[请填写不同项]

被保险人根本信息						
*名称[全称]						
*组织机构代码				有效期	年 月 日	
	省（自治区、直辖市） 市 区（县）			邮政编码		
	（具体地址）					
联系人	姓名		身份证号码			
	手机号码			身份证有效期	年 月 日	
	号码	区号： 总机： 分机：		电子邮箱		
*上年末员工总数	人	*上年度营业收入	万元	*上年末资产总额	万元	
上级团体			组织机构代码			
*主营业务行业类型	□采矿业 □建筑业 □房地产业 □农、林、牧、渔业 □住宿和餐饮业 □金融业 □制造业 □国际组织 □租赁和商务服务业 □批发和零售业 □教育 □居民服务和其他服务业 □卫生、社会保障和社会福利业 □电力、燃气及水的生产和供给业 □交通运输、仓储和邮政业 □水利、环境和公共设施管理业 □科学研究、技术服务和地质勘查业 □公共管理与社会组织 □文化、体育和娱乐业 □信息传输、计算机服务和软件业					

填写说明：1. 请务必准确填写标注"*"的信息，如需要电子保单的，请务必准确填写联系人"电子邮箱"地址；
2. 如曾经填写过相关信息的，仅需填写名称[全称]、组织机构代码，以及新增或变更的信息；
3. 如在所提供的证照复印件及其他投保材料上已有的信息，可不必填写。

投保人、被保险人补充信息［团体客户］

<table>
<tr><td colspan="6">投保人补充信息</td></tr>
<tr><td rowspan="3">法定代表人/负责人</td><td>姓名</td><td></td><td>号码</td><td>区号：　　总机：</td><td>分机：</td></tr>
<tr><td>手机号码</td><td colspan="2"></td><td>电子邮箱</td><td></td></tr>
<tr><td>身份证号码</td><td colspan="2"></td><td>有效期</td><td>年　月　日</td></tr>
<tr><td colspan="2">工商营业执照号码</td><td colspan="2"></td><td>有效期</td><td>年　月　日</td></tr>
<tr><td colspan="2">税务登记证号码</td><td colspan="4"></td></tr>
</table>

□被保险人信息与投保人一样[无须填写被保险人信息栏]	□被保险人信息与投保人不同[请填写不同项]

<table>
<tr><td colspan="6">被保险人补充信息</td></tr>
<tr><td rowspan="3">法定代表人/负责人</td><td>姓名</td><td></td><td>号码</td><td>区号：　　总机：</td><td>分机：</td></tr>
<tr><td>手机号码</td><td colspan="2"></td><td>电子邮箱</td><td></td></tr>
<tr><td>身份证号码</td><td colspan="2"></td><td>有效期</td><td>年　月　日</td></tr>
<tr><td colspan="2">工商营业执照号码</td><td colspan="2"></td><td>有效期</td><td>年　月　日</td></tr>
<tr><td colspan="2">税务登记证号码</td><td colspan="4"></td></tr>
</table>

特别提示：根据反洗钱相关监管要求，客户应提供身份信息及身份证明文件，配合金融机构履行客户身份识别工作。

附录 5-6：团体意外伤害保险投保单（样本）

财产保险有限公司团体意外伤害保险（2015版）保险单

保单号：

根据投保人申请，本公司在投保人缴付约定保险费后，按本保险计划、条款及所附批单所列事项承担保险责任，特立本保险单。

<table>
<tr><td rowspan="5">投保人信息</td><td>客户名称</td><td colspan="4">股份有限公司</td></tr>
<tr><td>邮政编码</td><td></td><td>统一社会信用代码</td><td colspan="2"></td></tr>
<tr><td>联系地址</td><td colspan="4"></td></tr>
<tr><td>营业性质</td><td colspan="4"></td></tr>
<tr><td>营业处所</td><td colspan="4"></td></tr>
<tr><td>被保人信息</td><td colspan="5"></td></tr>
<tr><td>保险期间</td><td colspan="5"></td></tr>
<tr><td>含税总保费</td><td colspan="5"></td></tr>
<tr><td>未税总保费</td><td colspan="5"></td></tr>
<tr><td colspan="6">保障方案如下：</td></tr>
<tr><td colspan="2">保障条款</td><td colspan="2">赔偿项目</td><td>每人责任限额</td><td>总保险金额</td></tr>
<tr><td colspan="2"></td><td colspan="2"></td><td></td><td></td></tr>
<tr><td colspan="2"></td><td colspan="2"></td><td></td><td></td></tr>
<tr><td colspan="2"></td><td colspan="2"></td><td></td><td></td></tr>
<tr><td colspan="2"></td><td colspan="2"></td><td></td><td></td></tr>
<tr><td colspan="6">特别约定：</td></tr>
<tr><td colspan="6">1.医疗费用：每次事故医疗费用在医保范围内发生之合理医疗费用在扣除绝对免赔RMB 100元/人后，超出部分按照100%比例赔付。
2.就医医院规定：北京平谷、密云、怀柔地区及天津滨海、静海地区医院医疗就诊及住院产生的费用不予以赔付。
3.住院日额津贴绝对免赔天数为3天，赔偿天数以180天为限。</td></tr>
<tr><td>司法管辖</td><td colspan="5">中华人民共和国管辖</td></tr>
<tr><td>保险合同争议解决方式</td><td colspan="5">诉讼</td></tr>
<tr><td>签单公司</td><td colspan="4"></td><td rowspan="5"></td></tr>
<tr><td>签单地址</td><td colspan="4"></td></tr>
<tr><td>签单日期</td><td colspan="4"></td></tr>
<tr><td>全国统一客服电话</td><td colspan="4"></td></tr>
<tr><td colspan="5"></td></tr>
</table>

参考文献

北京当代金融培训有限公司组织编写：《个人风险管理与保险规划》，中国人民大学出版社 2019 年版。

陈秀娟等：《从保险欺诈看寿险公司财务核保的重要性》，《上海保险》2019 年第 3 期。

邓大松、向运华主编：《保险经营管理学》（第二版），中国金融出版社 1999 年版。

付菊、李玉菲主编：《财产保险核保核赔》，中国金融出版社 2013 年版。

付永进主编：《寿险核保核赔实例解析》，中华工商联合出版社 2016 年版。

高菁等：《保险新常态下理赔实践探索与展望》，上海交通大学出版社 2015 年版。

郭宏彬：《责任保险专题研究》，中国政法大学出版社 2022 年版。

黄开旭主编：《财产保险公司保险调查理论与实务》，中国金融出版社 2007 年版。

兰虹主编：《财产与责任保险》（第四版），西南财经大学出版社 2023 年版。

李聪：《健康保险欺诈的理论分析与实证研究》，中国社会科学出版社 2018 年版。

李玉泉、乔石：《大金融背景下保险欺诈的新特征和风险防范路径》，《保险研究》2021 年第 4 期。

栗丽主编：《国际货物运输与保险》（第六版），中国人民大学出版社 2020 年版。

欧阳天娜主编：《人寿保险财务核保》，中国金融出版社 2004 年版。

田玉敏：《风险管理技术在火灾风险管理中的应用》，《消防科学与技术》2000 年第 1 期。

童纯江主编：《寿险核保核赔案例解析（互联网篇）》，中华工商联合出版社 2021 年版。

江生忠、祝向军主编：《保险经营管理学》，中国金融出版社 2001 年版。

王卫国等编著：《保险法》，清华大学出版社、北京交通大学出版社 2010 年版。

王稳、范娟娟主编：《健康保险经营与管理》，中国财政经济出版社 2018 年版。

王永盛主编：《车险理赔查勘与定损》（第 4 版），机械工业出版社 2019 年版。

魏华林、林宝清主编：《保险学》（第四版），高等教育出版社 2017 年版。

魏巧琴编著：《保险公司经营管理》（第三版），上海财经大学出版社 2010 年版。

魏巧琴编著：《新编人身保险学》（第五版），同济大学出版社 2021 年版。

吴海波、陶四海主编：《健康保险核保与理赔》（第 2 版），科学出版社 2024 年版。

许崇苗：《保险法原理及疑难案例解析》，法律出版社 2011 年版。

许飞琼编著：《财产保险案例分析》，中国金融出版社 2004 年版。

许谨良编著：《财产保险原理和实务》（第五版），上海财经大学出版社 2015 年版。

叶明华：《中国机动车保险欺诈：经济理论与实证分析》，光明日报出版社 2010 年版。

尹江鳌等：《保险欺诈的表现形式及危害》，《中国金融》2012 年第 16 期。

张代军编著：《保险经营管理学》，立信会计出版社 2019 年版。

张虹、陈迪红主编：《保险学教程》（第二版），中国金融出版社 2012 年版。

张洪涛、王国良主编：《保险核保与理赔》，中国人民大学出版社 2006 年版。

郑功成、徐琼飞主编：《财产保险》（第五版），中国金融出版社 2015 年版。

众安金融科技研究院：《新保险时代：金融科技重新定义保险新未来》，机械工业出版社 2018 年版。

周建涛等：《保险公司应对欺诈的诉讼研究》，《北京工商大学学报（社会科学版）》2011 年第 4 期。

朱铭来编著：《保险法学》，高等教育出版社 2014 年版。

朱南军编著：《财产与责任保险》，中国人民大学出版社 2016 年版。

［美］哈瑞特·E. 琼斯、丹尼·L. 朗：《保险原理：人寿、健康和年金》（第二版），赵凯校译，中国财政经济出版社 2004 年版。

［美］肯尼斯·S. 亚伯拉罕（Kenneth S. Abraham）：《美国保险法原理与实务》（第四版），韩长印等译，中国政法大学出版社 2012 年版。

［美］乔治·E. 瑞达（George E. Rejda）、迈克尔·J. 麦克纳马拉（Michael J. McNamara）：《风险管理与保险原理》（第十版），刘春江译，中国人民大学出版社 2015 年版。